Emperor Kangxi's
Red Manifesto

康熙的红票

全球化中的清朝

孙立天／著

SINCE 1897
商务印书馆
The Commercial Press

图书在版编目(CIP)数据

康熙的红票:全球化中的清朝/孙立天著.—北京:商务印书馆,2024(2024.6重印)

ISBN 978-7-100-23424-5

Ⅰ.①康… Ⅱ.①孙… Ⅲ.①中国历史—研究—清代 Ⅳ.①K249.07

中国国家版本馆 CIP 数据核字(2024)第 044788 号

康熙的红票
全球化中的清朝

孙立天 著

商 务 印 书 馆 出 版
(北京王府井大街 36 号 邮政编码 100710)
商 务 印 书 馆 发 行
北京中科印刷有限公司印刷
ISBN 978-7-100-23424-5

2024 年 3 月第 1 版　　开本 880×1240　1/32
2024 年 6 月北京第 2 次印刷　印张 12½ 插页 2

定价:78.00 元

目　录

图片目录

序

　　2019 年北京春季艺术品拍卖会上，出现了一张康熙时期发去欧洲的谕令。拍卖时的名字是《康熙帝寄西洋众人谕》。这件拍品不是康熙亲笔谕旨，而是一份印刷品，宽 39 厘米，长 93 厘米，于 1716 年由康熙内务府以公开信形式印刷出来，命广东官员发放给欧洲来的商船，让他们带回欧洲。这份公开信印刷出来呈朱红色，历史上又称"红票"，英文世界，称为"Red Manifesto"。

　　红票内容用汉文、满文和拉丁文三种文字印出。其中汉文部分内容是：

　　武英殿等处监修书官伊都立、王道化、赵昌等，字寄与自西洋来的众人。我等谨遵旨于康熙四十五年已曾差西洋人龙安国、薄贤士，四十七年差西洋人艾若瑟、陆若瑟，奉旨往西洋去了。至今数年，不但没有信来，所以难辨真假。又有乱来之信，因此与鄂罗斯的人又带信去，想是到去了。必竟我等差去人回时，事情都明白之后，方可信得。若是我等差去之人不回，无真凭据，虽有什么书信，总信不得。因此，唯恐书信不通，写此字，兼上西洋字刊刻，用广东巡抚院印，书不封缄，凡来的众西洋人，多发与带去。康熙五十五年九月十七日。

文字的内容很直白，就是康熙向欧洲陈述一个事实，说他在1706年（康熙四十五年）和1708年（康熙四十七年）派了两组人到西洋去，现在人都没有回来。除了一些各方面不知真假传回来的消息，他派出去的人并没有正式文书寄回。

这是一封印刷品，按理说价值不大。但拍卖前，拍卖行给出的估价是70万到80万元。拍卖行估到这个价位，显然是做过功课的。在拍品介绍的底部，提到红票只在欧美十来所图书馆有馆藏，在中国内地（大陆）与香港、台湾地区尚未发现过该票，在华语地区是第一次出现。

红票受到关注，也是近二十年来的事。长期以来，红票里面提到的"事情明白之后"是什么事情，康熙为什么发这张红票到欧洲，都是个谜。因为大清所有官修史书都没有提到过这张红票，与之相关的事件也完全没有记录。2011年牛津大学图书馆中国古籍部主管大卫·海里威（David Helliwell）在网上分享了一段他与红票的故事。海里威说，早在1970年代，他就在牛津一座书库中看到过一张红票，当时是卷起来和一个木板绑在一起的。上面只是简单有个库存编号，也就表示前任馆员们都不知道这张红票的历史，不知道应该把它归到哪里去。当时海里威打开看后也没有头绪，又把它原封不动放回了原位。一直到1992年，他去参观法国国家图书馆举办的中西印刷文物展的时候，展出的一张红票让他回想起十几年前在牛津书库里见过的那张。展出中，关于红票的简单历史脉络已经被法国国家图书馆馆员整理了出来。海里威回去后，很快就找到了牛津书库中的那张红票。当他再次把卷起来的红票打开，给红票做相应的索引介绍的时候，发现红票背面有很浅的铅笔印记"F. Douce"。海里威说这表示红票是古籍收藏家法朗士·戴希（Francis Douce，1757—1834）捐给牛津的，也就是说这张红票在牛津书库里放了一百多年，一直没人知道其来历背景。海里威把他发现这张红票的经历写出来发到网上，很快收到世界各地发来的消息，告诉他还有哪些地方也藏有红票。经过统计，现在世界各地有18 张红票，它们是：

1. 巴伐利亚州立图书馆，慕尼黑
2. 赫尔佐格·奥古斯特图书馆，沃尔芬比特尔（副本 1）
3. 赫尔佐格·奥古斯特图书馆，沃尔芬比特尔（副本 2）
4. 柏林国立图书馆普鲁士文化遗产
5. 牛津大学博德利图书馆
6. 大英图书馆，伦敦
7. 剑桥大学图书馆
8. 伦敦木班基金会
9. 法国国家图书馆，巴黎
10. 莱顿汉学研究所
11. 梵蒂冈使徒书院，梵蒂冈城
12. 斯德哥尔摩皇家图书馆

看到红票而不知其来历的不止牛津的馆员，近现代清史大家陈垣先生也不知道红票相关的历史。清朝灭亡以后，很多北京学者都在抢救宫内的各种文物资料。1930 年 2 月，陈垣先生在故宫的懋勤殿，发现了三份康熙手稿。手稿上能看到康熙在文字上的各种亲笔涂改，其中一份就是红票汉字部分的草稿。由于清史中没有记载，当时国内学界也不知道红票的存在，陈垣自然也就无从知道这张草稿背后的故事。草稿上修改后的文字和红票上印刷出来的汉字相同，唯一不同的是草稿上没有标注日期。陈垣为此费力多方考证，通过文字中提到的俄罗斯人等信息断定这份草稿的时间是在康熙五十六年，与实际时间康熙五十五年九月相差无几。不过陈垣知道这封手稿定有其历史价值，在他整理故宫文物的前后数十年中，还发现了其他十二份康熙时期与欧洲相关的手稿，结合当时出版的各种西方教会材料，他已大概看出了事件的脉络，就是康熙与罗马教廷有着长达十五年的往来磋商。他把发现的十三份原始手稿集结起来，由当时的故宫印刷所影印成了一本小册子，取名为《康熙与罗马使节关系文书》。发现手稿的懋勤殿在乾清宫旁边，最早是康熙的书房。这些手稿大概在康熙朝后，就一直放在那里。大清历朝史官有没有翻看过不得而知，但是已知的是乾隆年间，在朝廷编订的《皇清职贡图》中，说到罗马教皇一节（原书中称教化王），就已经不知道康熙与罗马教皇曾经互派过使节，有长时间的往来磋商了。

红票本身，印刷精美大气，展开后有约一米长，这大概也是当年欧美藏家们尽管不知道其背后故事，却都纷纷收藏的原因。就红票的内容来说，读过以后都会有疑问：为什么康熙要派人去欧洲，而且还派了两队人去？红票中提到的龙安国、薄贤士、艾若瑟、陆若

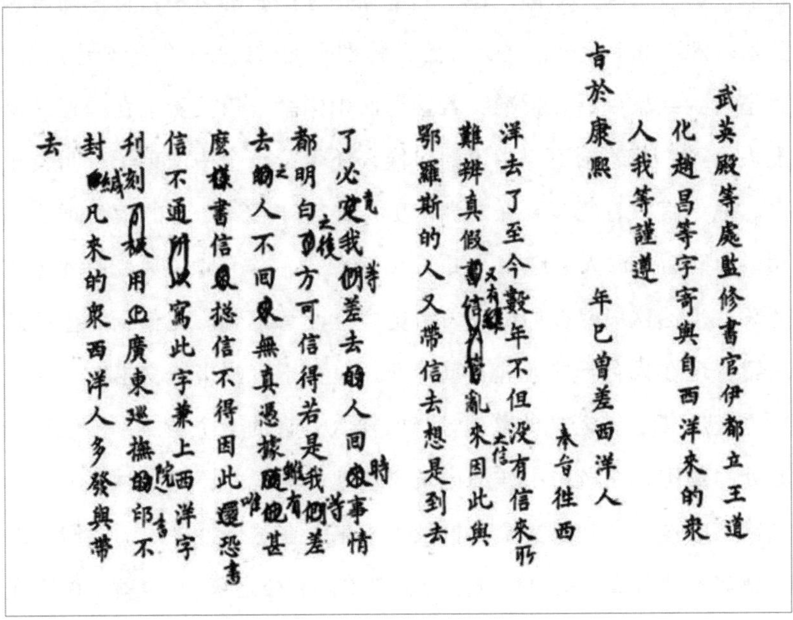
武英殿等處監修書官伊都立王道
化趙昌等字寄與自西洋來的衆
人我等謹遵
旨於康熙　年已曾差西洋人
奉旨往西
洋去了至今數年不但沒有信來所
難辨真假又有書信亂來因此與
鄂羅斯的人又帶信去想是到去
了必定我們差去的人回來時事情
都明白之後方可信得若是我們差
去的人不回來無真憑據即他甚
麼樣書信也總信不得因此唯還恐書
信不通所以寫此字兼上西洋字
刊刻用廣東巡撫院的印不
封凡來的衆西洋人多發與帶
去

图 0.1　康熙御批红票草稿

图片来源：陈垣编，《康熙与罗马使节关系文书》。

瑟四位西洋人都是来华的传教士，清代官修史书中并没有提到过这四人出使西方，他们到底是以什么身份被康熙派出的？红票中只说四人是被"差"去西洋，是"奉旨往西洋去了"。同时，红票中的拉丁文翻译，写的也是被皇帝派往欧洲，没有给出一个名号。龙安国原名 Antonio de Barros，是葡萄牙人；薄贤士原名 Antoine de Beauvollier，是法国人。二人去欧洲时选择跨越太平洋，走的是美洲路线，到达巴西后还给欧洲寄过信，但后来二人在从巴西去欧洲的路上遇到风暴，死在了途中。艾若瑟原名 Giuseppe Provana，是意大利人；陆若瑟原名 José Raimundo de Arxo，是西班牙人。这二人走的是印度洋路线，最后都到达欧洲，还受到了葡萄牙国王的热情接待。陆若瑟到达欧洲不久后就病故了。在红票传到欧洲时，只有艾若瑟还活着。教皇看到红票以后，批准艾若瑟返回中国。可惜艾若瑟在回程的船上去世了。艾若瑟离开中国的时候，还带了一个中国弟子，叫樊守义。他一直跟着艾若瑟在欧洲游历，最后守着艾若瑟的棺材抵达广州。康熙后来派人去广州，买了 36 亩土地用作墓地，风光厚葬了艾若瑟。当然这段厚葬的历史，清史中也没有记载。艾若瑟的墓早已被毁，现在只有一些大理石墓碑残片，存于广州市博物馆中。好在19 世纪后期，艾若瑟的墓地是当时洋人爱去的一个景点，一位行经此处的英国人在游记中详细记录了墓地的情况，还把当时墓碑和墓志铭上的拉丁文和汉文全部抄录了下来。在这份抄录中，我们可以看到艾若瑟的墓碑正面，刻出的是"钦差艾公之墓"，也就是说康熙赐给艾若瑟的名头是"钦差"。艾若瑟的墓碑上还有长篇墓志铭，记录下了康熙派内务府人到广州操办墓地的事，同时还比照《汉书·苏武传》，赞美了艾若瑟"钦差大西洋公干"而滞留海外十三载后，不虑"波涛险幻，坚为复命"的美事。盖棺而后论定，这四位来华的欧洲传教士在康熙心中，都是他的"钦差"。

为什么大清皇帝会派洋人做自己的"钦差"出访？这些传教士和康熙是什么关系？他们为什么能得到康熙的信任？这些都是本书要探索的问题。红票的拉丁文下面，还有十六位来自欧洲各国的在京传教士，为康熙发出的红票签名，确认红票内容的真实性。

英文拼写	中文名	入华时间	国家
Matteo Ripa	马国贤	1710	意大利
Teodorico Pedrini	德里格	1711	意大利
Kilian Stumpf S.J.	纪理安	1694	德国
Joseph Suarez S.J.	苏霖	1684	葡萄牙
Joachim Bouvet S.J.	白晋	1687	法国
Jean-François Foucquet S. J.	傅圣泽	1699	法国
Dominique Parrenin S. J.	巴多明	1698	法国
Pierre Vincent de Tartre S. J.	汤尚贤	1701	法国
Pierre Jartoux S.J	杜德美	1701	法国
Jean Francisco Cardoso S. J	麦大成	1710	葡萄牙
Joannes Mourao S. J.	穆经远	1710	葡萄牙
Giuseppe Baudino S. J.	鲍仲义	1694	意大利
Frantz Stadlin S. J	林济各	1707	瑞士
Jacobus Brocard S. J.	陆伯嘉	1701	法国
Joseph da Costa S. J.	罗怀忠	1715	意大利
Joseph Castiglione S. J.	郎世宁	1715	意大利

这些签名的传教士和康熙又是什么关系？康熙和传教士关系密切并不是什么秘闻，当年传教士在寄回欧洲的信中经常炫耀他们和康熙的关系，以至于有些欧洲人燃起了一丝希望：康熙有没有可能成为第二个君士坦丁大帝（罗马第一个接受基督教的皇帝）？

从中国的政治史角度看，康熙和传教士的关系也很特殊。大部分传教士都没有官衔，却能往来于宫中，侍奉在康熙左右。紫禁城按功能分为内廷和外廷。大臣上朝议事，处理公务都在外廷；内廷算是皇帝的私人领域，是皇帝生活起居与日常办公的地方。让当时朝臣都羡慕的是，传教士被康熙允许出入内廷。尽管有几个传教士在朝廷也有过官衔，负责天象观测这种技术活儿，但按理他们都是不能出入内廷的。出入紫禁城从来不是件容易的事，更不要说日常出现在皇帝身边。以前的研究者大多都认为，传教士能在康熙左右，是因为康熙对西学感兴趣，传教士对他有用处。这种说法颠倒了先后关系。兴趣源自接触，康熙对西方学问的兴趣，是不可能凭空产生的。古往今来，能长时间接触到皇帝，先决条件都是信任。所以先后顺序应该是，康熙先有了对传教士的信任，才会有和他们的接触，从而他们才有机会教康熙西方的学术和技术。只有康熙学习了这些知识以后，他才能对西学有兴趣，也才能理解传教士那些学问的用处所在。

康熙对传教士的信任，不仅仅体现在让他们出入紫禁城，派他们去欧洲，甚至连跟俄罗斯的边界谈判这样核心的国家事务，他也派出了两位传教士加入到谈判队伍中。著名的1689年中俄《尼布楚条约》，就是两位传教士作为清朝的实际谈判代表，和俄罗斯人谈出来的。双方会谈语言是拉丁语。最后的合约由拉丁文、满文和俄文三种语言签订，没有汉文。传教士在谈判中说着拉丁文但又忠于清朝，这让俄罗斯谈判代表很吃惊，而且他们发现传教士坚决捍卫清朝利益，比以前谈判过的满人还要强硬。最后签订的条约，彼得大帝不满意，而且对传教士竟然帮助异教徒谈判很不理解，一怒之下，把两位传教士所属的耶稣会给禁了，不允许任何耶稣会的传教士进入俄罗斯。

在北京的传教士，大多都属于耶稣会。耶稣会1540年成立于欧洲。在环球航海的大背景下，耶稣会立会的一个宗旨就是要把天主教传播到世界各地，这一点得到了罗马教皇的支持。该会七大创始人之一圣方济各·沙勿略（St. Francis Xavier）早在1551年就远渡重洋，来到了广东外面的岛屿，准备找机会进入中国。后来著名的利玛窦神父，也是耶稣会传教士，他是在万历年间进入的中国内陆。之后陆续到达的耶稣会神父一直孜孜不倦地探索如何融入中国的士大夫圈子，在中国传播他们的福音。耶稣会神父在江南成功进入了一些文人圈子，同时也为一些当时的名人施洗入教。明朝末年，耶稣会神父汤若望进入了朝廷体制，在明朝的钦天监做官。当时他在京城与朝野士人多有结交。

明清易代之际，在华传教士跟当时所有国人一样经历了战争的痛苦。对他们来说，朝代更替也是一次机会，一个让他们走进统治阶层权力圈子的机会。传教士从最初见到进京的多尔衮，到后来的顺治皇帝，再经历鳌拜专权，最后走进康熙的世界。在康熙的孩提时代，传教士就在他身边。在康熙跟着翰林们学习汉语和经史子集的同时，传教士在内廷里教他数学等西方学问。传教士后来又一步步地帮助康熙和欧洲建立起了各种联系，同时也让欧洲对这个东方皇帝产生了兴趣。

莱布尼茨、伏尔泰等欧洲科学家和哲学家都在饶有兴致地阅读康熙的传记。红票正好是全球化之初中西交流中留下的一页。大概也是近年中外历史学界对这段历史的挖掘，让红票的历史位置日渐清晰，拍卖中的红票，一路竞价，最后以 161 万成交。

图 1   康熙坐像，故宫博物院藏。画中人物和书架的透视关系以及后面的阴影
         都是典型的西洋画技法，展现出全球化之初中西文化的互动。（上页）

图 2   "中国皇帝外出巡幸"挂毯。尺寸：254×415.3 cm，产地：法国，年份：
         1697—1705。盖蒂博物馆藏。挂毯图案为根据入华传教士写回欧洲的
         信件中关于中国皇帝的故事而想象创作。

第
一
部
分

进入清朝权贵圈的西洋人

第一章　佟家的奴才

　　顺治十二年二月二十七日（1655 年 4 月 3 日），耶稣会传教士利类思和安文思给顺治皇帝呈上六件礼物外加一份中文写的奏本，感谢顺治皇帝以及清朝长期以来对他们的优容和恩养。在奏本中，他们简要介绍了他们一路走来的经历。奏本是这样写的：

大西洋耶稣会神父远臣利类思、安文思谨奏：

　　微臣感恩无地，敬进西国方物，以表臣忱事。臣等产于西洋，从幼弃家修道。明季东来至蜀，居堂传教有年，不幸遭寇掳待戮。于顺治三年，幸逢大兵西剿，恭遇肃王恩释，依随来京。仰荷皇上隆恩，特送礼部，光禄寺，图赖固山家豢养，朝夕焚烛万寿，今经五载。感激无涯，兹有方物六种，躬献阙廷，伏祈皇上，俯赐勒收。[1]

两位神父明朝末年就到了中国。利类思是西西里人（现属于意大利），

1636 年（崇祯九年）来华；安文思是葡萄牙人，1640 年到成都，和利类思一起在那里传教。后来二人一直一起在中国传教，直到安文思1677 年去世。

当 1655 年二人上这份奏本的时候，他们已在中国待了快二十年，早已不是来华的新人了。奏本中的遣词造句也可以看出，二人对于清初官场政治很了解。奏本感谢了肃王豪格和佟图赖固山（固山是八旗内的官职，是一旗的统帅，后改为都统）两个人，然后还提到了两个机构：礼部和光禄寺。为什么会感谢人的同时，又感谢机构，而不是感谢负责这个机构的人呢？这恰恰显示出了二人的圆滑老练，因为他们要隐藏和一个人的关系。

这个人就是摄政王多尔衮（1612—1650）。当二人在 1648 年跟着豪格的征西大军班师归来抵京时，他们的身份有两个：一是叛贼张献忠朝廷的逆臣；二是战地俘虏，已归为奴籍。[2] 所以二人到京之时，是戴罪之身。当时在京做官的同为耶稣会神父的德国人汤若望，既不敢和他们联系也不敢把他们收留在他的教堂中。[3] 但当时实际掌控北京的多尔衮，并没有为难二人，反而把二人交给专管接待外交使节的礼部来照顾，并且还给予了他们在北京城中活动的自由。[4] 对于在成都张献忠的大西朝当过官的人来说，这二人最初能在北京没有被追究，并平稳地安顿下来，不得不说多尔衮对二人是有恩的。但是，二人上奏本的时候，多尔衮已经去世五年，早已不是一个可以在朝堂上提及的人。多尔衮的爵位在他死后几个月，就因为朝堂政治斗争被剥夺了。[5]两个神父很清楚当时的政治气氛，知道哪些名字可以提，哪些不能提。

当然，他们提到的两个人，豪格和佟图赖，都是当时政治气氛中对于他们有利的人。那两个神父又到底跟这两位满人权贵有什么联系？这其实就涉及两位神父是如何从张献忠朝廷的罪臣身份一步步和满人权贵搭上线的问题。从二人1648年进京算起，到1677年安文思去世、1682年利类思去世，他们在满人统治下在北京待了超过三十年，历经了两位清朝皇帝。要了解二人怎么慢慢进入满人朝廷的故事，就得从他们与两位满人权贵的关系说起。

战场上的俘虏

跟二位神父相关的大清历史大概得追溯到1643年，也即满人入关的前一年。后世称为清太宗文皇帝的皇太极（1592—1643），在没有留下遗诏指定继承人的情况下，这一年突然驾崩了。这不可避免地引发了各方势力的争位行动。简单来说，当时有两方势力不分伯仲，一派支持皇太极的长子豪格继位，另一派支持皇太极的弟弟多尔衮。为了避免满人内部的分裂，双方妥协达成了第三个方案：推举皇太极的第九子、当时六岁的福临，也就是后来的顺治皇帝登位。作为附加条件，多尔衮和济尔哈朗（努尔哈赤之侄）一起为顺治当摄政王。虽然最后皇位问题得以妥协解决，但是争位的多尔衮和豪格叔侄双方成了仇敌。

1648年3月，也就是满人控制北京的第四年，多尔衮以谋反的罪名逮捕了豪格。逮捕前一个月，豪格刚结束四川西征，剿灭了张献忠，得胜回京。豪格在被逮捕当月就死于狱中。无论正史、野史都基本一致认为豪格是被多尔衮害死的。最让时人惊诧的是，多尔衮在豪格死后，还把豪格的夫人纳入府中。就连北京的汤若望神父也把这当成奇谈写进了他发回欧洲的信中。

1651年2月，多尔衮去世。在他死后两个月，顺治皇帝就在济尔哈朗的支持下剥夺了多尔衮家的爵位，瓦解了多尔衮在朝廷中的残余势力。同时，豪格的所有爵位得到了恢复。1651年以后，多尔衮就不是适合在朝堂上攀附的名字了。

有了这个背景，才可以理解为什么两位神父在奏本中提到了豪格的名字，而不提多尔衮。不过，两位神父提豪格也不能算是攀附。因为二人确实和豪格有实在的联系。豪格是西征张献忠大军的最高统帅，而两位神父于1644至1647三年间在张献忠成都的朝廷中做官。[6] 按他们自己的话说，他们是张献忠大军进入成都后，为了活命不得不听命于张献忠。他们从西医角度，认为张献忠患有精神疾病，也亲眼见证了张献忠残酷掠杀老百姓。后世各种关于张献忠暴虐的传闻，都能在二人的记录中得到印证。

两位神父是在战场上遭遇豪格大军的，两人都在战场上中箭倒地。他们的欧洲人面孔救了他们，赶上来补刀的满人士兵没有杀他们，反而把他们带到豪格的大帐中。所幸当时随军的满汉语翻译和北京的汤若望神父有私交，救了二人的命。有了随军翻译的这层关系，二人虽然是战俘，并没有被为难，还得到了特别的关照。[7]

从四川被俘到最后1648年落脚北京，二人在豪格部队中跟着满人士兵一起走了一年半左右。[8] 很多满人士兵也知道二人，知道豪格关照他们。有一次，豪格传令大部队，让士兵在各自俘房中寻找两位神父的一个仆人。最初，抓住这个仆人的满人士兵并不想把他交出来，后来听说是豪格在找这个人，这个士兵亲自把仆人带到豪格帐内，当成礼物送给了豪格。[9]

满人传统中，士兵行军打仗都是自备武器和粮草，擒获的战俘归士兵私有，成为士兵的奴隶。对于士兵来说，获得战利品和获取奴隶都是同等重要的经济回报。在满人世界中，奴隶和牛、马、衣服这些一样，都是私有财产。奴隶最大的来源就是战场上的俘虏，所以俘获仆人的士兵一开始并不想交人；后来他把仆人交给豪格，和献给豪格一匹布是差不多的。

由于有豪格的照顾，满人士兵不久也把两个神父当成了自己人。大概在二人被俘五个月以后，部队回京路过西安。这时，两个神父已经知道满人军队内部的行事习俗。当时满人军队进入城市，按例都要临时征用寺庙等公共设施来驻扎。两位神父率先找到了当地的天主教堂，住进去后，就对后来的士兵吹嘘这里已经被部队内某某大人物征用了。士兵听他们这样说，就离开另寻他处去了。[10]

当然，两位神父跟着满人部队，适应满人生活的过程还是很痛苦的。从他们第一天在战场遇到满人士兵，他们就知道这些士兵是"外国人"。这些人和他们熟悉的汉人不一样，不会说汉语。尽管二位神父早已精通汉语，无奈从士兵到豪格，都不通汉语，完全没办法交流，他们所有交流都需要翻译。[11] 满人军人吃的也和汉人不一样，两位神父得跟着满人学他们在行军中吃马肉。[12] 跟着满人军队以后，两位神父的基本身份也跟以前在明朝以及在张献忠大西朝廷的不一样了，因为现在他们不算皇帝的臣民，而就是擒获他们的人的奴隶，是他们主子的私有财产。最开始的时候，两位神父各自有自己的主子。这样他们二人的生活，比如吃什么，吃多少，都由二人的主子决定。利类思运气较好，他的主子比较大方，能基本吃饱。但安文思就没有那么好运气，他的主子连基本食物都不给够，他好几次都差点饿死在路上。[13]

在行军路上的某个时候（1647—1648），二位神父的奴籍被转到了豪格名下。主奴关系是满人八旗世界中最基本的阶层关系之一。在满人的理念中，主子给奴才提供生活所需，而奴才对主子尽忠。[14] 满人统治者也深知奴隶是重要的经济资源。因而他们推崇主奴之间以家为单位，和睦相处。用努尔哈赤的话说，就是要形成一种"奴才爱主子，主子爱奴才"的社会。[15] 由于主奴关系中蕴含着家庭关系，因而外人在对待一个奴才的时候得看主人是谁；同样，要是主人升官了，自家奴才也跟着高兴，感觉脸上有光。

满人入关以后，汉族大臣极力反对满人的主奴统治，但满人上层还是力排众议，坚持主奴关系是满人八旗制度的基础。最有名的例子就是清初严厉执行《逃人法》，这个法令的核心就是重罚那些胆敢容留逃跑奴隶的人。[16] 也是因为这个原因，当汤若望神父知道两位神父是奴隶身份，就不敢在他设在北京的教堂中收留他们了。[17]

对于做过豪格奴才的这一身份，两位神父并没有隐瞒。因为满人社会中的奴才和中国传统社会的"奴"是不一样的。中国的"奴"属于贱民阶层，地位在贵族、官吏、平民之下。简单来说，在中国社会，"奴"和其他属于贱民阶层的人社会地位低，在社会多方面受歧视，而且法律和社会习俗还对贱民阶层有很多专门的行为约束。[18] 但在满人社会，奴才的身份不代表一个人的社会地位，他们的社会地位主要取决于他们主子的社会地位。用通俗的话来说，在满人世界，重要的不是你是否是奴才身份，而是做的是谁家的奴才。如果是皇帝和达官贵人家的奴才，那是一种有利的身份。

两位传教士知道做过豪格奴才，表明了他们算是豪格一脉的人。这个背景对二人在顺治朝廷是有利的，因而他们在给顺治上奏本的时候专门提到这个已经过世了七年的前主子。

康熙母亲的娘家

在豪格1648年去世以后，两位神父的奴籍转到了佟图赖名下。[19]佟图赖是正蓝旗汉军都统，是整个佟氏家族的核心人物。满人八旗，每一旗有一位旗主，旗下又分为满、蒙、汉三旗，也就有三位都统。由于旗主必须是努尔哈赤的后代，所以都统这个职位是非努尔哈赤后代在八旗中能达到的最高职位。

明末以来，佟氏家族一直是满人龙兴之地——辽东地区的名门望族。努尔哈赤娶的第一位夫人就来自佟家，他还用"佟"作为他的汉族姓氏。佟氏家族从努尔哈赤时期起就在满人政坛中有重要地位。满人1644年入关以后，佟家子弟遍布朝野，当时甚至有"佟半朝"一说。

在满人政坛中，佟氏家族的最大特点是其成员兼具满人和汉人两方面的文化特点。由于康熙的母亲出自佟家，因而佟家是汉人还是满人就决定了康熙到底有没有汉人血统的问题。历史上一直争论不清到底他们是汉化了的满人还是满人化了的汉人。[20]但无论观点如何，都承认佟氏兼具了汉满两方面的特质。在17世纪初，明清在争夺辽东的时候，两方也都认为佟氏家族是自己人，两方都在争取他们。[21]在辽东地区，佟氏是少有可算作书香门第的家族。1616年，佟卜年中了明朝进士。当时明朝廷经营辽东的熊廷弼就把佟卜年招致麾下，希望他能作为佟氏的代表，帮自己打理辽东。

佟氏家族中的佟养性和佟养真在1619年投奔到努尔哈赤帐下。努尔哈赤按照游牧民族的老传统，嫁了自己氏族中一位女子给佟养性，把他称为额驸（驸马），这样通过婚姻纽带来巩固双方的关系。[22] 在明廷看来，两位佟氏重要人物投靠努尔哈赤，意味着整个佟氏家族的叛变。因而佟氏家族的成员在明朝疆域内集体受到了牵连。按照佟家后人的记载，佟家成员一些被迫逃进山区，有些不得不隐姓埋名来躲避明廷的追查。[23] 佟卜年也被查下狱，最后冤死狱中。至死，佟卜年都在喊冤，死前还留下了一份绝笔痛陈其清白。[24]

满人没有介意佟氏和明朝的种种联系，反而视佟氏家族与汉人的联系为佟氏的特有价值所在。努尔哈赤和后来的皇太极都信任佟氏家族的人，佟氏家族的人在满人军队和朝廷都得到重用。1620年代以后，皇太极更是直接把所有与汉人相关的事务交给佟养性来打理。这包括满人区域内的汉人、明疆域内迁徙过来的移民，以及在战争中抓到的汉人俘虏。[25]

利类思、安文思在奏本中提到的佟图赖是佟养真的二儿子，是满人朝廷中"佟二代"的领军人物。从军事上来说，佟图赖声名显赫，不仅在最初满人的辽东扩张中有各种军功，在后来攻占明朝本土、消灭南明势力时，也立了大功（他带的部队入关以后一直打到广西）。入关以后不久，顺治皇帝还娶了佟图赖的女儿。1654年，也就是利类思、安文思上奏本的前一年，佟氏给顺治皇帝生了一个儿子。这个儿子就是后来的康熙皇帝。

对于佟氏家族，跟本书相关的一个问题就是，为什么佟图赖会在豪格死后，同意接收利类思、安文思成为自家的奴才？而且让他们二人吃住在自己的府上，也即让他们做的不是普通奴才，而是包衣奴才？"包衣"是满语的音译。据清史前辈孟森解释："包"是满语"家"的意思，而"衣"相当于汉语中的虚字，类似于"之"字。包衣奴才就是指跟主子关系最近的、家周围的奴才。[26] 满人入关以后，包衣奴才专指满人权贵家里面的奴才，是整个奴才群体中地位最高的一群。后来许多清朝名人都是包衣奴才出身。比如曹雪芹的祖父曹寅，他就是康熙的包衣。

对于佟图赖为什么会把两位传教士收入府中做他的包衣，当时在北京的汤若望在写给欧洲的书信中解释过，他说是因为佟图赖和西洋人的关系一直都好，和他自己的私交也很好。[27] 汤若望所谓的"和西洋人关系好"指什么？如果真是这样，那么这个好关系又是怎么建立起来的？这些问题和佟氏家族及清朝汉军八旗建立的历史有关。

满人对西洋人的印象

在满人最初辽东发迹的过程中，明军使用的西洋"红衣大炮"一直是满人骑兵的心腹大患。当明军在城池上架起西洋大炮，战无不克的满人骑兵基本束手无策。17 世纪二三十年代，满人军队打的败仗基本都和明军用大炮有关。努尔哈赤自己就是在 1626 年的宁远战役中被大炮所伤，几个月后就死了。[28] 皇太极在即位后第一年，就兴兵为父报仇，但都败在宁远和锦州的大炮之下。不过这也让皇太极认识到了大炮的威力，开始致力于发展满人的炮兵部队。在 1620 年代后期，明满双方都意识到了西洋大炮在战争中起到的关键作用。1626年宁远大捷以后，明廷甚至派礼部官员给立功的红衣大炮做了祭祀典礼，望其能够继续发挥作用，以保大明江山。[29] 袁崇焕也在宁远大捷后给朝廷奏事时总结道，对付满人最有效的策略就是"凭坚城以用大炮"。[30] 同样，满人在大凌河之战中使用大炮获得胜利后，也确定行军打仗，大炮必不可缺。[31]

但在1620年代末期，明朝还没有技术仿制欧式的"红衣大炮"，而主要依赖从澳门的葡萄牙人那里进口，以及依靠他们训练军队，提高大炮的命中精度。1625年，已经受洗成为天主教徒的明朝大臣徐光启派了两个门人到澳门去谈购炮之事。当时在澳门的葡商以及传教士都认为大炮贸易是天赐良机，可以借此加强和大明的关系。所以澳门的商人和传教士对大炮一事都很上心。1629年，耶稣会神父陆若汉（João Rodrigues，1561—1634）带领30位葡萄牙炮手和40尊大炮从澳门出发去往北京。[32] 1630年1月，队伍在抵达距离北京约60公里的小城涿州时，正好遇到了满人南侵围城。他们一行便在城上架起了大炮迎敌。据记载，满人骑兵仅仅是听到如雷般的炮声，还没有开始真正攻城，就撤退了。[33] 有了这个战绩，自然整支队伍到北京后受到了相当高的礼遇，而且北京还给团队中每个人开出了很高的薪俸。当时只有带队的陆若汉因为自己的神父身份拒绝了明廷的俸禄。明军的前线将领得知这批带着大炮的洋人队伍来京以后，都纷纷上书朝廷要这些洋人和洋炮。[34] 在这一背景下，明廷在5月又派陆若汉带人到澳门磋商进一步购买大炮和雇佣葡萄牙炮手的事宜。11月，陆若汉带着100名葡萄牙炮手和12门炮从澳门启程赶赴北京。可惜的是，当时明廷内部廷议不能平息，一些大臣反对雇佣西洋人。整个队伍到达南昌以后，朝廷又命整支队伍返回澳门候旨。[35]

在满人那边，皇太极命佟养性负责办理所有大炮事宜。1631 年 2 月 8 日，在佟养性监督下，满人制造出了第一批大炮。其中最大的一尊取名为"天佑助威大将军"。佟养性的名字连带一帮负责造炮工匠的名字都刻在这尊大炮的炮身上。[36] 七个月以后，佟养性就用这批大炮在大凌河之战中立下了首功。[37] 乾隆年间，清朝官修历史总结"红衣大炮"的章节，写道：

其年，征明，久围大凌河，而功成以用"大将军"力也，自后，师行必携之。[38]

大炮生产出来的那一年就在艰难的大凌河一战中发挥了关键作用。这就是后来满人出征都会携带大炮的原因。

官修历史中没有记载满人的造炮技术到底是从哪里学来的。在 1630 年代，明朝这边是没有技术制造出欧式大炮的，主要依赖进口。当年修史的人大概也发现了这个问题，只能用春秋笔法留下疑问，没有给出答案：

先是连鸟枪尚未造，造炮自此始。[39]

鸟枪都造不出的满人，突然技术大进，造出了大炮。这个技术的跨越，史官只能感叹，没办法解释。清史学者牟润孙猜测，满人可能直接从西洋人那里得到了技术，因为负责造炮的佟养性在投奔满人之前是在北京做买卖的商人，那时他接触到了西洋人。[40] 尽管牟润孙没有能给出证据来支持这一猜测，但似乎这是唯一能够解释为什么满人突然能够超越明朝，自己把欧式大炮造出来的原因。[41]

可以肯定的是最晚至 1633 年，满人军队中就有葡萄牙的炮手了。这一年，孔有德带领一支明朝部队投奔了皇太极。这支部队是当时明朝最精锐的炮兵部队，由受洗了天主教的孙元化一手创建。孙氏自己就是明朝最有名的造炮专家。[42] 在 1632 年冬，耶稣会神父陆若汉和他带进中国的葡萄牙炮手们就和这支部队一起驻扎在登州。他们经历了孔有德带领部队叛变的全过程。在孔有德部队围困了登州以后，陆若汉半夜借着大雪的掩护，跳下城墙，突围出去，通知了北京朝廷孔有德部队叛变的消息。[43] 葡萄牙士兵有 12 人在和叛军交战时战死。最后叛军占领登州，剩下 13 名葡萄牙士兵跟着叛军一起投降了满人。[44]

孔有德叛军选择走海路投降满人，这样他们可以把大炮弹药等辎重一起带上。当皇太极知道这支精锐部队来降之时，大喜过望，亲自骑马出城十里迎接。据估计，这支部队有 27 门当时最先进的欧式大炮（而当时整个满人部队只有 12 门），以及 12000 士兵外加经过葡萄牙炮手训练出来的明炮兵精锐。[45] 由于这支部队的特别战斗能力，皇太极破例没有将其编入到任何八旗中去，而是让其保留独立建制，成为一支劲旅。[46] 1633 年 8 月，在投降皇太极三个月以后，这支部队就在攻打旅顺的战役中大放异彩。旅顺是当时辽东的一个战略要地，城墙坚固，装备也很完善。尽管如此，旅顺还是经不住孔有德部队大炮的持续攻击。历史记载，旅顺在孔有德炮兵连续七天炮击后，被满人士兵破城拿下。[47] 后来的战争中，孔有德部队都是满人南下的先锋，他们用大炮为满人骑兵拿下一个个战略要地扫清了道路。[48] 从某些方面来说，这支部队不仅大大提升了整个满人军队的炮兵实力，而且还让满人见识了西洋大炮和西洋人训练出来的炮兵技术。

1631 年大凌河一役后，皇太极不仅认识到了大炮的作用，同时也认识到了汉人在军队中的特殊作用，因为制造和使用大炮这一新式武器都离不开汉人。在满人社会中，以及在明朝北方的所有游牧民族中，军功都是衡量社会地位的主要标准。当汉人使用的西洋大炮在战争中发挥作用以后，汉人在军事上的实力也大大提升了，发挥了满人、蒙古人都无法替代的作用。在这个背景下，皇太极在大凌河胜利后，开始把汉人归结到一起，组建独立于满旗和蒙古旗以外的汉军旗编制。[49] 成立汉军旗也便是正式确认了大炮部队成为满人军队的特别兵种。这样 1620 年代以来形成的明朝炮兵与满人骑兵之间的军事平衡就被打破了。满人在其骑兵基础上建制了炮兵，军事的天平就开始向满人军队一侧倾斜了。对于这一点，史家陈寅恪在读这段历史的时候，称这是"明清兴亡之一大关键"。[50]

至少，满人越来越多地使用大炮，使清朝疆域内汉人士兵成为满人部队的重要部分，同时提升了汉人整体的社会地位。乾隆朝官修的《皇清开国方略》中就坦陈红衣大炮的使用是成立汉军旗的主因。同样也是这个原因，负责制造大炮的佟养性成为了第一支汉军旗的固山。当时皇太极在任命的时候，指出佟养性负责管理所有跟汉人有关的事务。同时皇太极还预感到，从各旗中抽调出汉人来集中管理，成立新的旗，肯定会损害到一些王公们的利益，所以还专门强调在汉人相关的问题上必须要服从佟养性的安排。[51] 对于集中在一起单独成旗的汉人来说，新成立的汉军旗无疑大大提高了汉人在满人社会中的地位。[52]

第一支汉军旗成立于 1631 年，1637 年发展成两旗，1639 年变成四旗，最后 1642 年发展成了八旗。[53] 每一次汉军旗的扩展都和满人缴获大量火器和汉人俘虏有关。1637 年 3 月，满人终于在占领朝鲜后，拿下了皮岛。皮岛，现称椵岛，属于朝鲜。地理上看，该岛离朝鲜更近。1620 年代以来，毛文龙率军驻扎在皮岛，一直是满人南下时后方的一块心病。该岛士兵以使用欧式红衣大炮闻名于世。该岛的炮兵是葡萄牙人训练出来的。1631 年皇太极御驾亲征皮岛之时，守岛的炮兵就是在葡萄牙人带领下击退了满人的进攻。1637 年的登岛之战是鳌拜的成名之战，他带领一支敢死队突破了守军防线，成功拿下了三个月都没有攻下的皮岛。登岛后，按照惯例，作为不投降的惩罚，满人屠杀了全部守军。所以皮岛之战的胜利，基本没有增加多少汉人俘虏，满人主要得到的是皮岛上面大量的火器和弹药（满人军队在岛上缴获了约10 门红衣大炮，而当时满人已有约 38 门）。[54] 在 1637 年 9 月，也就是攻占皮岛后半年，汉军旗从一旗发展成了两旗。

1638 年秋，皇太极开始从两个方向进攻明朝。1639 年，满人军队占领山东大部分地区，在济南缴获大量火器和弹药。山东人口密集，当时占领区有超过 50 万的人口。为了管理大量新缴获的火器以及汉人，八旗的汉军增加到四旗。1642 年，在取得松锦之战胜利后，满人又获得了大量的火器和汉人，汉军旗进一步扩展到了八旗。这样汉军八旗就和满八旗以及蒙古八旗形成了相等的建制规模。至此，满人军队据称拥有了一百门红衣大炮，而明朝只剩下10门红衣大炮可用来拱卫京师。对于满人炮兵实力的迅速增加，辽东巡抚黎玉田在1643年3月上奏北京朝廷，分析双方的军事力量：

> 我之所以制酋者，向惟火器为先，盖因我有而酋无，故足以取胜。后来，酋虽有而我独多，犹足以侥幸也。今据回乡称说，酋于锦州造西洋大炮一百位，我之所有曾不及十分之一。设不幸，卒如回乡所言，酋以大炮百位排设而击，即铁壁铜墙恐亦难保也。[55]

这一前线的报告对于双方军力消长的分析，就是立足于火器对比之上的。应该说双方都深知大炮对于整个战况的影响，这份报告也从侧面说明了为什么善于骑射的满人从1630年代以后一直重视炮兵的发展。

八旗汉军旗的成立和大炮使用之间的联系还体现在汉军旗的满语名字上。在满语中，汉军旗叫 Ujen cooha，在汉文中直接音译为"乌珍超哈"。[56] 在满语中，汉人叫 nikan，写成汉字音译是"尼堪"。这里就有一个问题，为什么汉军旗不叫"nikan cooha"（尼堪超哈），而是用"Ujen"（本意是"重的"）这个满语词？[57] 陈寅恪在《柳如是别传》中已经注意到这个问题，并有简要论述：

> 至满洲语所以称"汉军"为"乌珍超哈"而不称为"尼堪超哈"者，推其原故，盖清初夺取明室守御辽东边城之仿制西洋火炮，并用降将

管领使用，所以有此名号。[58]

关于"乌珍超哈"和大炮的联系，皇太极在成立第一支汉军旗时做的安排就揭示了其中的奥秘，

集诸贝勒大臣——其随营红衣炮、大将军炮四十位，及应用挽车牛骡，皆令总兵官佟养性管理。[59]

用牛车和骡车拉着的大炮，对于满人骑兵来说，肯定是"重"装备。当皇太极下令把这些重型器械收归到一处，统一交给汉军旗管理以后，各支满蒙旗都如释重负，这样他们便可以更好地发挥他们快速奔袭的骑兵特色。

就像是在经济发展中出现的社会分工一样，汉军旗的成立其实是满人根据战争需要而进行的一次部队的军事分工。1633 年，皇太极把满人权贵聚集到一起，研究攻打朝鲜和大明的方略。豪格就提出应该让满蒙骑兵从北京的北面南下，穿过大漠，闪击北京。同时让汉军从北京的东北方向携带大炮一个城池一个城池地进攻。[60]豪格的这个建议，就很明显地表明满人军队在创立汉军旗的时候，对汉军旗携带大炮的战术特点有清晰的认识。

另外，满人使用"重"（Ujen）而不是用"汉"这个民族概念来命名"汉军"，还有可能是为了避免不必要的民族矛盾。因为当时在八旗的"汉军"中有很多使用汉语，但不是民族意义上的"汉人"，最有名的就是契丹人的后代，有些书中称为辽人，他们在东北的满人领地内

属于汉化程度很高的一个族群。另外佟养性之后的第二位汉军旗统领石廷柱，就肯定不是汉人（有可能是契丹人的后代，也有说是满人）。据《清史稿》记载，他家从他父亲一辈才开始使用汉族的"石"姓。[61]

神父与大炮生意

耶稣会神父自明末入华以后，他们在中国的发展与明清双方引进西洋大炮都有关联。他们希望借助大炮贸易进一步接触到明清双方的权贵阶层，以便推进他们的传教事业。在 1630 年成功和明廷做了第一笔大炮生意以后，耶稣会神父陆若汉在第二批运送大炮的队伍中加了五位神父进去。由于第一笔生意受到了明廷的肯定，因而第二支队伍从澳门出发进入内地后，一直受到沿途官员的优待。[62]尽管后来明廷内党派之间不能统一意见，不能决定到底是不是应该信任洋人，在这支队伍走到南昌以后，让他们原路返回了，但陆若汉安插的五位神父还是悄悄地按照原定计划去到了各自的目的地。[63]同时，大名鼎鼎的汤若望神父，其实除了在明廷做一个天文历法的官员外，还在教授造炮技术。[64]他的讲解在明末编辑成书，名为《火攻挈要》。[65]

有了大炮这个引子，才能了解传教士和八旗中汉军旗之间的关系。在满人中，使用西洋大炮的汉军就是八旗中最容易接纳西洋传教士的人群。最明显的一个例子就是孔有德解救耶稣会神父谢务禄（Alvaro Semedo，1585—1658，又名曾德昭，葡萄牙人）。与汤若望神父投降清廷不一样，谢务禄一直死忠于明廷，后来追随南明一直南撤，直到在广州被清朝士兵俘虏。在清朝士兵要对谢务禄行刑之前，孔有德得知他是西洋传教士，亲自出面救下他。孔有德还把他接到自己的住处，礼遇有加，并说降了谢务禄，而后委派他作为使节到澳门去和葡萄牙人议和，因为葡萄牙人不久前刚派了一支军队到广州。[66]

孔有德是当时最为著名的降清汉人之一，他带着部队一路从东北打到广州。心怀大明的汉人都恨他入骨，认为他是最大的汉奸。问题是像他这样的清朝汉军统帅，为什么会出手救一位素昧平生的耶稣会神父？这就是因为耶稣会神父与当时的大炮军火购买有密切关系。当孔有德还是明朝将领的时候，他的顶头上司是孙元化。孙元化是明末受洗天主教的著名高官之一，同时也是明朝中大炮火器的专家。孙元化的部队长期以来都和葡萄牙人以及耶稣会神父往来密切。当孔有德率部队叛变准备降清的时候，部队中就有三十几位葡萄牙大炮教官以及一名耶稣会神父。[67]所以降清以后，孔有德部队一直是清朝军中使用火炮的王牌军。孔有德和耶稣会神父的渊源可以说就是来自于他的部队对大炮军火的使用。通过军火交易，孔有德接触过耶稣会神父，他深知这些神父的用处。这就是为什么他会出手搭救一位自己不认识的神父，而且还能很快说服他，让他在与葡萄牙的谈判中为自己效力。对孔有德因为火炮的因缘搭救谢务禄，当时传教士也都知道，也告知了欧洲。[68]

另外，明亡以前到中国的传教士基本都只学过汉语，不懂满语。这样八旗中的汉军自然而然就成为传教士的依靠。1646 年，利类思和安文思神父在四川遭遇豪格大军，下到士兵上到豪格，都不会汉语。多亏八旗汉军的一位随军翻译从中斡旋，才使二位神父得到豪格的优待。巧合的是，在 1644 年满人入京的时候，汤若望神父也和这位翻译打过交道。[69] 这位翻译的名字背景已不可考，但同一个人两次出现在传教士面前，已经说明清朝八旗中的汉军是传教士在明清易代之际的贵人。[70]

佟氏家族与传教士

耶稣会神父具体是什么时候和佟氏成员开始往来联系的，现在已不可考。但有详细记载的是，在满人军队入京的第二天，汤若望神父上了一道陈情书给范文程。范文程是当时清朝负责恢复北京战后秩序的核心官员。满人进京后，第一项大工程就是要把北京城北面的住户全部迁到城南，城北归满人贵族特有。这样的大工程就涉及大量住在城北的达官贵人，这些人都希望得到范文程的特许，允许他们不迁出城北。汤若望的教堂就在城北，他也用中文写了陈情书，希望他的教堂得到特许。根据汤若望自己的记载，由于他是外国人，他写的条陈才得以送到了范文程手中。范文程后来派了几个人去汤若望的教堂实地考察了一番，最后特许教堂不用搬迁。[71]

从家世来说，范文程和佟氏渊源深厚。他的姐姐就嫁到了佟家。由于佟氏是名门望族，部分佟氏名人降清以后，明廷震怒，在明朝土地上的佟氏族人受到迫害，范文程曾通过各种渠道出手相助。佟世思（1652—1692）在其写的家传《先高曾祖三世行略》中，就记载了佟氏受到迫害后，范文程对佟氏的种种保护。满人入关以后，范又帮助佟氏谋取官职。[72]

范文程自称是范仲淹的 17 代孙。1619 年，他投奔努尔哈赤，显赫的家世背景使得努尔哈赤重用了他。[73] 也是这一年，佟氏家族的佟养性和佟养正投奔了努尔哈赤。皇太极 1636 年在沈阳称帝后，要按照明朝廷的规模来积极组建自己的朝廷和汉式的官僚体制，范文程是负责人。当范文程得知李自成攻陷北京后，认为是天赐良机，上书催促多尔衮出兵，这大概是他对满人最大的贡献。[74] 入京以后，他负责维系保证已有的明朝官僚体系继续运作。

范文程熟知中国官僚系统运作方式，因而他知道精通天文历法的汤若望神父对清初稳定天下有大用处。天文历法跟中国传统中的"天命"观念紧密相连。比如，1644 年 9 月 1 号，出现了日食，与汤若望测算的误差仅有几分钟；汉官的测算误差是半小时，而回回的测算误差为一小时。[75] 范文程明白，如果大清公布的历法能切合天象，就能让老百姓在心理上接受清取代明是天命使然。因此，范文程不仅特许汤若望的教堂不用搬迁，还让他掌管钦天监，成为朝廷命官。汤若望后来和范家保持了密切来往，范文程不仅给汤的教堂捐了钱，他的女儿以及一些家丁还都信了教。多尔衮去世以后，范文程还动用私人关系把汤若望引荐给了顺治皇帝。[76]

在满人入京的第一个月中，代善（1583—1648）多次去教堂拜访汤若望，谈论满人历史。[77] 代善是努尔哈赤的二儿子，自 1615 年努尔哈赤的大儿子去世后，代善就是努尔哈赤家族中的长子。在努尔哈赤和皇太极去世后的两次汗（帝）位争夺中，代善通过协调各方，避免了满人内部的分裂。在 1644 年的北京，代善理所当然地是当时最重要的亲王。这也是为什么汤若望特意把代善来访的消息记录下来，写在邮寄回欧洲的信中。现在已不可考到底是谁把汤若望引荐给代善的，但可以确定的一点是：代善母亲所属的满人佟佳氏和康熙母亲的佟氏家族有很深的渊源。佟家后来也改姓为佟佳。

京城以外，明清交替之际，佟国器在江南地区关照传教士是当时天下皆知的。佟国器的父亲佟卜年是明末进士，还在明廷做过官。后来受佟氏家族降清的影响，佟卜年下狱并冤死狱中。佟卜年死后，佟国器和他的母亲得到当时佟卜年江南师友的资助，辗转住在武昌、南京，最后定居宁波。佟国器的母亲陈氏出身书香门第，在佟卜年中进士后在抚顺等候官缺之时嫁入佟家。据陈寅恪考证，陈氏诗文水平颇高，能和江南才子们唱和往来。[78] 佟国器除了父母都是能文之人，自身也是典型的传统文人，也有诗文传世。从文化角度看，佟国器是典型的江南士人。但佟国器和江南士人最大的不同就是他的籍贯，他属于抚顺的佟氏家族。正是因此，当佟图赖 1645 年率领的正蓝旗军队打到嘉兴以后，便把佟国器招至旗下，使他从一介平民一跃成为地方官，管理江南最富裕的浙江嘉兴湖州片区（浙江嘉湖道）。[79]

作为佟氏家族在江南的代表，佟国器仕途亨通，一路青云直上。1653 年升任福建巡抚，1658 年调任浙江巡抚。佟国器一家和传教士有很深的渊源。他的夫人就是受洗的天主教徒，在西文中的天主教名字是 Agathe。1645 年他出仕为官以后，就一直在帮助传教士。在明清之交的动荡年代，意大利卫匡国（Martino Martini）神父在江南的活动就多仰仗佟国器的关照。在江南为官期间，佟国器还在多地为天主教重修教堂。[80] 他跟当时很多神父都有往来，他还给神父阳玛诺（Manuel Diaz, 1574—1659）、何大化（Antonio de Gouvea, 1592—1677）和贾谊睦（Girolamo de Gravina, 1603—1662）出版的神学著作写了序言。[81] 简单来说，佟国器支持保护天主教在当时是很出名的。后来，在 1664 年反天主教的教案中，他被归为天主教"三大护法"之一。[82]

消除奴籍

传教士通过西洋大炮火器和八旗中的汉军搭上了线，和汉军旗中负责大炮的佟氏家族有渊源往来。明白了这个基本背景之后，才能理解为什么豪格去世以后，利类思和安文思两位神父的奴籍会过户到佟图赖家去。而且，当汤若望知道两位神父过户到佟图赖名下以后，大赞这是最好的结果。

从佟图赖优待两位神父的种种具体表现来看，他无疑是亲天主教的八旗权贵之一。佟图赖把两位神父的吃住都安排在了自己府上。[83]也就是这段时间，两位神父和佟图赖的两个儿子佟国维、佟国纲建立了深厚关系。他们二人和佟图赖家族的关系不是什么秘密，无论在当时的中国还是欧洲，都是广为人知的。就是七十年以后的 1723 年，巴多明神父在一封信中写到和雍正朝隆科多的交往时，还在念叨佟家和传教士的长期关系，还提到了这两位神父住在佟家的往事。[84] 隆科多就是佟国维的儿子，他和传教士的故事在后面会讲到。

1653 年，佟图赖帮两位神父消除了奴籍，让二人成为自由身。佟图赖具体怎样操作解除奴籍的细节已不可考。但是据传教士留下的记录，可以看到佟图赖为两位神父消除奴籍没少费周章。他曾经几次摆席宴请官员来打通关节。[85] 两年之后，也就是 1655 年，在佟家的引荐下，顺治皇帝赏钱赐地给两位神父，帮助他们修了属于自己的教堂。[86]

对于两位神父来说，佟图赖作为主子能帮他们消除奴籍是对他们天大的恩赐。[87] 在满人的传统中，只有对主子家庭有大贡献或者在战场上立了大功，才有可能在主子和朝廷相关部门都同意的情况下，解除奴籍。[88] 对于两位神父来说，去除了奴籍才能更好地、不受约束地传教，接触信众。但同时，根据满人传统，解除奴籍以后，奴才和前主子之间的派系、政治纽带关系并不会解除。[89] 这样一来，在朝堂上，两位神父还是佟家一系。明白了他们和佟家的这层关系，也才能明白为什么在本篇开头的奏本中，他们要特别提到佟图赖。因为两位神父明白，在清初的朝堂政治中，家族派系是一切活动的基础，而佟家就是他们在满人世界中的"娘家"。

小　结

1655 年，也就是利类思和安文思两位神父递上开篇那份奏本的当年，他们盼望已久的教堂终于落成。教堂取名圣若瑟教堂。由于其位置在紫禁城东边，又俗称东堂。这座教堂今天是北京的一个景点，在现在的王府井大街 74 号。这座教堂凝聚了两位神父多年的心血。

长期以来，传教士的历史都忽略了利类思和安文思二位神父的存在。历史书写都把目光集中在了传奇人物汤若望身上。汤公在满人入关第二天就获礼遇，被邀入朝，成为一个典型的中式大臣。再加上汤公曾在明末朝廷做官，李自成入京以后也对他礼遇有加，这些经历注定他是基督教历史中的传奇人物。汤公在清廷做官时，言谈和书写都使用汉文，而且顺治皇帝还经常邀他入宫深谈。作为第一个在顺治皇帝身边的传教士，汤若望很自然地被视为传教士步入清宫的源头，他和顺治的君臣关系也被视为后来康熙与传教士关系的源头。

由于利类思和安文思 1648 年到北京后，汤若望拒绝他们住在他的教堂中，二位神父就一直希望有一座属于他们自己的教堂。据汤若望的记载，二人被俘入京后，他的朝廷眼线告知他二人的身份是张献忠朝廷的罪臣，而且已归为奴籍，让他不要贸然接触。同时，汤若望也请示过他所在教区的上级傅汎际（Francisco Furtado，1589—1653），傅也指示不要接触，以免影响到整个北京的传教事业。[90] 龙华民（Nicholas Longobardi，1559—1654）也是同样的意见：不要接触，以免影响整个中国的传教事业。利玛窦以后，龙华民接任中国耶稣会的会长。他资历老，此时已经九十多岁。他在 1651 年写过一封信给罗马，解释利类思和安文思二人为奴的情况，也指出了收留二人有可能给整个传教事业带来麻烦。[91] 后来据写《汤若望传》的魏特考证汤若望的各种书信，认为他其实一直关注着二人的案子，在可能的情况下暗暗帮助他们。不过，汤若望和这两位神父还是结下了怨。1650 年之后的十来年中，两位神父一直在向罗马教廷控告汤若望，指控他作为神父入朝为官、参与算命，以及私生活不检点。中国大部分的传教士也都被牵涉进来，接受罗马来来回回的各种调查问讯。[92] 在经过数十年的调查后，最后罗马裁决汤若望无罪。[93] 一直到 1664 年，也就是汤若望去世前一年半，两位神父才和汤若望改善了关系。因为这时清初著名的历狱开始了，而案子针对的是整个天主教群体，他们不得不和汤若望站在一起，共同应对。从 1648 到 1664 年，两位神父和汤若望神父之间有 16 年时间的对立，这也意味着两个群体在满人占领下的北京按着自己的路线互不来往地开辟着各自的传教事业。

汤若望在满人入京后降清，然后仕途一帆风顺，成为了清初大臣，执掌钦天监，这些都是历史中为人熟知的。然而利类思和安文思二位神父是在战场上与满军相遇，在战斗中，利类思被箭射中大腿，安文思被射中手臂。[94] 在战场上的生死瞬间，满人士兵因为发现二人的西洋人长相，竟然在手起刀落的一瞬，突然停下了砍向两位神父的刀。两位神父用文字记录下了这生死瞬间，并为此感谢上帝，认为是上帝救了他们。[95] 不过，对于读史的人来说，一定有疑问，为什么满人士兵会有这样的意识，认为西洋人有用，从而刀下留人？

对于明清之交的满人士兵来说，他们所能直接熟知的西洋利器就是大炮。早在 1633 年，豪格论述攻明良策的时候，就坦言用军中的汉军炮击攻城才是正道，而他所掌管的正蓝旗下的汉军旗一直以火炮攻击见长。[96] 所以当豪格军中士兵在 1647 年的战场上遇见二位神父，看见他们的西洋面孔，他们就知道这二人可能有用。西洋大炮的威力，大炮对战事的作用，跟着豪格一路从东北打到四川的满人士兵是知道的。因而与其说是杀红眼的满人士兵突然感悟到了上帝之光而放下了屠刀，不如说是西洋大炮的威力救了两位神父的命。大炮和西洋面孔的绑定思考并不是猜想，而是当时亚洲世界的普遍情况。有在印度的传教士就提到无论是否参与过大炮贸易，有些地方规定，所有西洋面孔的人都不能通行，原因就是西洋大炮在那些区域的使用。[97]

二位神父在战场上捡回性命后，被归入奴籍，挂入了清朝八旗中。

他们归顺清朝统治的轨迹和汤若望神父完全不一样。汤若望跟许多降清的汉臣轨迹相似，改朝换代后又直接成了新朝廷的大臣。而二位神父是以战俘奴隶身份进入到满人世界中的。他们的这一历史轨迹在后来的历史中已经被慢慢淡忘了。然而他们二人才是对天主教后来在华发展真正产生了决定性影响的人。特别是他们的奴籍在豪格死后转到了佟图赖名下，而佟图赖又是康熙皇帝的外公。也就是说，由于佟图赖的关系，两位神父被归入了康熙的外戚圈子之中。这一层关系，为后来传教士进入康熙的世界开启了大门。这其中的故事就是下面三章的内容。

第二章 满汉之争中的传教士

明清之交，战争连绵，人口锐减。据估计，大概有四千万人死亡，占了当时两亿人口的20%。[1] 面对尸横遍野的场面，传教士将其比喻为基督教传说中的"最后审判"。[2] 在那些动荡的岁月中，在华教会并没有统一的部署，传教士投靠归顺哪一方，完全取决于他们自己对形势的判断和估计。汤若望神父在清军入京以后就归顺了大清。但谢务禄神父就死心塌地地效忠于明朝廷，跟着南明朝廷一路南撤。另外，浙江的耶稣会神父卫匡国先是忠于南明朝廷，后来1645年清军打到浙江的时候，他按照清军要求换了一身衣服，就算投靠满人了。当时，教会没有办法准确预测到底明清双方谁会是最后的胜利者，因而到底该投靠哪一方，完全是传教士自己的选择。

1650年以后，尽管南方很多传教士知道清军势如破竹，一路向南，也知道汤若望神父在北京大清朝廷中有了官位，但他们还是没有放弃南明复国的希望。来华的传教士文化程度都很高，他们内心深处是欣赏中国传统文化的，希望明朝能够复国。他们当时叫满人为"鞑靼"人，认为满人入侵是蛮族入侵。"鞑靼"这个词本身在欧洲就有来自蛮荒之地的意思。现在一些欧洲餐馆的菜谱上还能看到一道菜叫"鞑靼牛肉"（Tartar Steak）。这道菜的主体是一个生鸡蛋打开后淋在一块切成肉末的生牛肉上。整盘菜完全生吃，不做任何烹调。"鞑靼牛肉"是不是真的来自满人已不可考，不过这道菜很具体形象地刻画出欧洲人印象中"鞑靼"的原始感。

从传教角度看，追随南明朝廷的传教士还是很成功的。他们已经成功接触到了南明皇帝及其身边的人。卜弥格（Michel Boym）和瞿安德（Andreas Xavier Koffler）神父为南明永历帝的生母王太后施洗，给她取的天主教名字为海伦娜（Helena）。瞿安德神父把王太后受洗的消息传回了欧洲，认为要是南明能够复国，会对天主教在华传播极其有利。卜弥格神父更是在 1651 年带着王太后的信，返回了欧洲，甚至在欧洲游说各国派兵援助南明。[3]

澳门隔岸观火的传教士，可能由于身在局外，因而罗马认为他们发回的报告更客观。经过比较和对形势的推测，澳门传教士认为在清廷的汤若望比在南明朝廷的传教士对未来在华的传教事业发展更有利。[4] 1650 年，卫匡国神父被派遣返回欧洲全面报告在华的传教事业。卫匡国神父对满人统治持正面意见，这和他自己以及北京神父与满人高层的接触有关，他们认为满人统治是有利于天主教在华传播的。除了向罗马汇报在华传教事业以外，卫匡国神父的另一个重要任务就是在欧洲招募更多的神父到中国来传教，为长期在华传教打下基础。卫匡国神父还带了一个年轻的华人到欧洲学习天主教。这个人叫郑玛诺，字惟信，后来在欧洲加入了耶稣会，也是历史上第一个加入耶稣会的华人神父。[5] 卫匡国 1653 年到达挪威，从那里进入欧洲大陆。去罗马汇报之前，他用了一年时间在欧洲各国巡游，积极宣传中国的传教事业。这一年中，他还出版了三本关于中国的书，其中一本叫《鞑靼战纪》，就是关于满人历史以及他们如何一步步征服中国的书。这三本书在当时都是畅销书，被翻译成了欧洲各种文字。1656 年，返回中国的时候，卫匡国顺利招募到十名传教士跟他一起到中国。

卫匡国神父返华后五年，于 1661 年病逝于杭州，他是第一个回欧洲乐观介绍清朝统治的神父。他对未来的乐观估计首先来自于他自己的切身感受。当清朝军队打到浙江的时候，并没有为难他，反而对他礼遇有加，后来还保护了他和他的教堂。另一方面是来自于北京耶稣会传教士的消息，他们已经在北京朝廷建立起了关系网。当时汤若望在清廷做官，同时还和顺治皇帝有私交。那时在华的传教士都知道，顺治皇帝几次拜访汤若望的教堂，还公开用满文喊汤若望爷爷（玛法）。另一方面，利类思和安文思神父在北京与佟家有关系，而且在佟家引荐下，顺治皇帝让安文思做自己西洋器物的管家。[6] 前文已经提到过，汤若望与利类思、安文思神父分属两派，互相不合，但神奇的是，两派都通过自己的关系网与顺治皇帝建立起了私人关系，并且都得到了顺治的信任。比起明朝崇祯的时候，传教士在顺治这里的情况可以说要好很多。对于传教士来说，顺治皇帝不是高高在上的一个符号，反而是一个有血有肉的、可以一起谈话聊天的皇帝。[7]

不过，十几岁的顺治皇帝虽然对汤若望讲的东西以及安文思带来的西方机械小物件都有兴趣，但这并不是这些传教士能够接近顺治的原因。准确来说，应该是这些传教士首先找到了关系，有机会接近顺治，顺治才开始对他们的东西感兴趣。汤若望是范文程引荐给顺治的，而安文思是通过佟家的关系接触到的顺治。另外，顺治虽然对传教士讲的东西有兴趣，但他自己是虔诚信佛的，他把浙江天童寺住持木陈忞请入宫中内廷，常年讲法。[8]汤若望写回欧洲的信中，也承认了这一点，说顺治常年被和尚"迷惑"。[9]顺治笃信佛教，后来还一度在宫中落发潜修。以至于后来民间有传说，他并没有去世而是上五台山出家了。所以传教士虽然和顺治有很多往来，但这些往来停留在世俗层面，是基于君臣关系和主奴关系的，和天主教信仰无关。[10]

传教士被抓

传教士在顺治身边走动，为整个传教事业换来了十多年风平浪静的局面。传教士的好日子在顺治死后四年，也就是 1664 年结束。这一年，汤若望被参劾，罪名包括谋反在内的多条。大部分罪名经审查都子虚乌有，但汤若望还是栽在一桩他完全意想不到的事件上。1658年，也就是被参劾前六年，那时顺治还健在。顺治最爱的董鄂妃为他生了一个儿子，可惜三个月就夭折了。朝廷各部门各司其职，按照既定程序把这个夭折的皇子安葬了。而汤若望最后被定罪的关键一条，就是他把这位皇子埋葬地的风水算错了，而且被认定这导致了二十三岁的顺治在皇子下葬后不到三年，也就是 1661 年，就英年早逝了。汤若望是当时负责选风水的钦天监监正，是该部门的第一负责人。参劾汤若望的核心人物是杨光先（1597—1669），他在崇祯时期就以参劾大臣得名。除了参劾葬址风水问题以外，杨光先还参劾了汤若望和他的天主教有谋反举动，因此全国各地的传教士都被各省官员押送到京接受调查。经过八个月的调查，1665 年 4 月朝廷认定钦天监确实选址有误，但是传教士没有谋反之事。结案结论是汤若望以及钦天监内一帮汉官是有意错选埋葬风水，判决凌迟处死。巧合的是，结案不久，北京发生了一场地震，当时人认为这是案中有冤情之故。顺治皇帝的母亲孝庄太皇太后直接出面干预，汤若望被赦免死罪。不过，其他汉官没有被赦免，只是没有凌迟，5 月被处斩了。

　　整个案子审了八个月。由于风水对错、安葬时间等都涉及历法计算，历史上又称此案为"清初历狱"。汤若望这位洋神父是案子的中心人物，因而这个案子长期以来被视为中西文明冲突的一个案例。[11] 但这种文化冲突理论有个根本缺陷，就是没有考虑作为统治者的满人，他们扮演了什么角色？满人在中西冲突的二元对立理论中直接被忽视了，或者说因为最后的判决是偏向杨光先，中西冲突理论就把满人简单看成了汉人文人士子的代言人。[12] 而且最后的结果，好像是杨光先获胜了，但实际上传教士基本没有损失。整个案子最大的受害方是钦天监里的汉人，核心成员都被处斩了。

　　满人在整个案子中的关键作用其实随处可见。首先这个案子不是朝廷系统中的任何一个部门在处理，而是由凌驾于朝廷系统之上的满蒙权贵组成的议政王大臣会议成员在负责调查。[13] 其次，由于整个案子是议政王大臣会议在负责，所有案件的材料都是用满文书写的；有汉人证人出席的证词也都直接翻译成了满文，没有原始汉文记录。这两点就已经说明这是一个满人办的案子，他们才是控制整个案子走向的一方。最后，从历史的大环境上说，案子发生在顺治死后四年，康熙尚幼，还未亲政。这段时期朝政由四大辅政大臣打理，有些历史中，也称这段时期为"鳌拜专权时期"。1669年康熙智擒鳌拜是历史、小说、影视剧中都广为流传的桥段。而从1661年顺治驾崩算起，鳌拜专权时期持续了八年。对传教士来说，鳌拜专权时期的历狱一案让他们认清了世道，明白了该如何在满人的天下生存。而就这个案子来说，核心问题是为什么这个关于风水的案子会在选址下葬数年以后突然被翻出来？这一切就得从顺治驾崩说起。

满汉路线之争

1661年2月5日，顺治皇帝在染天花后驾崩，年仅二十三岁。在遗诏中，他传位于佟氏所生的时年八岁的玄烨（后来称为康熙皇帝），并任命了四位满人老臣为辅政大臣。这份遗诏，同时也是顺治写的一份罪己诏，承认自己执政期间的诸多问题。第一条，顺治这样写道：

朕以凉德承嗣丕基，十八年于兹矣。自亲政以来，纪纲法度、用人行政，不能仰法太祖、太宗谟烈，因循悠乎，苟安目前，且渐习汉俗，于淳朴旧制日有更张，以致国治未臻，民生未遂，是朕之罪一也。[14]

对于为何"国治未臻，民生未遂"，顺治总结的原因是"渐习汉俗，于淳朴旧制日有更张"。简单来说，就是用了汉族的传习，而更改了满人祖制。尽管顺治在位十八年，但是减去多尔衮辅政的八年，顺治实际是十三岁开始亲政，到二十三岁终，亲政仅十年。年纪轻轻的顺治，从满人帝系上看虽然不是第一个皇帝，但他确实是第一个在北京统治中国的满人皇帝。除了南方南明势力以及各地持续不断的反清复明活动以外，顺治面对的最大问题就是如何平衡农耕传统下的汉族统治和游牧方式下的满蒙传统。对于这个问题，顺治没有多少历史经验可以借鉴。元代的忽必烈汗（1215—1294）是第一个在北京统治的蒙古皇帝。尽管忽必烈名声很大，但顺治和朝堂上的大臣都知道元代的很多政策实际上是失败的。忽必烈死后，元代在中国的统治也只持续了七十年。

对顺治来说，平衡满汉两个传统其实也是摸着石头过河。他的很多政策也因此在不停地变化。顺治有几年重用汉官以及太监，这些都被视为有违满人祖制的汉化政策。所以在顺治的罪己诏中，才会出现"渐习汉俗，于淳朴旧制日有更张"这样自我批评的总结。当然这份诏书落款日期是顺治去世当天，历史上也有说法认为，这份诏书是顺治生母孝庄拟定的。不过，无论是顺治还是孝庄的意思，这份遗诏都体现了满汉传习是当时朝堂之争的一个核心问题。

从现实角度看，这份罪己诏最实际的作用其实是借顺治之口承认了以前朝堂政策中的汉化问题。这就为后来辅政大臣上台以后的一系列变革扫清了道路。比如辅政大臣重整了宫中的管理，裁撤了太监的很多部门，把太监放到了满人控制的内务府之中，废除了太监的权力。这样终于终结了长期困扰历代政治的宦官问题。

历狱始于 1664 年，是辅政大臣执政的第四年。从大环境上看，案子发生在辅政大臣打压汉官汉制的大背景下。就连礼部上奏建议给康熙皇帝开蒙，让他学习汉字，辅政大臣都不批准。康熙只能私下从身边的太监那里学习一点简单的汉文。[15]

满人、汉人和洋人

前书已经讲过，满人最初和传教士接触其实不是因为天主教，而是因为传教士带来的各种新奇的西洋物件。满人权贵对天主教和西洋人并不抵触和敌对。在大多数满人的认知中，传教士就是一帮懂大炮、天文，经常有奇珍异宝，而且长相跟汉人不同的来自远方的人。满人社会内部的阶层是建立在军功基础上的，懂西洋大炮的传教士一开始就给满人留下了好印象。

对满人来说，天主教确实是一个外来的、陌生的宗教。但天主教和他们不熟悉的其他宗教并没有太大区别。刚开始进入中国的时候，满人对中国的道教以及汉传佛教的禅宗一样感到陌生。这些宗教和满人自己的萨满教以及后来蒙古人带来的藏传佛教区别很大。总体来说，满人在长期征战中，早就习惯了遇到陌生的宗教和文化。对于归顺的人，他们不在乎你信的是什么教，唯一在乎的是这些外来文化或者宗教会不会把满人自己老祖宗留下的东西给改变掉。前面讲到辅政大臣要在北京朝堂上改变汉人传统，就是满人老派势力的反抗。满人进入中国各地以后，八旗上下都慢慢喜欢上了中国习俗，而渐渐忘了满人的祖制。满人上层真正担心的是满人自身忘了本，被改变掉，而天主教根本就不在满人上层的眼里。1660年代，当时天主教在北京只有四个传教士，是一个影响小到不值一提的宗教。

就汉人来说，整体氛围也不反对西洋人和天主教。清初的北京，汉人权贵其实有两类。一是满人入关前就效力于清朝的汉人。这些汉人是八旗子弟，隶属于八旗的汉军旗。还有一类就是明遗民，即清入关后降清的汉人士大夫。前面章节已经讲过，传教士和八旗中的汉军关系良好，他们进入满人上层网络主要也是通过这些人。同时，传教士和明末士人关系也一直很紧密。传教士自明万历年间入华以后，融入汉人的士大夫圈子是他们始终坚持的一个方针。他们认为打入士大夫圈子有利于他们在中国站稳脚跟，便于传教。明末清初，耶稣会神父经过几十年的持续努力，已经在北京和江南的士大夫圈子中小有名气了。

汤若望应该算是当时北京士大夫圈子内最有名的一位传教士。明末和清初，他都在朝廷做官，自然也为他融入士大夫圈子打开了方便之门。他和士大夫圈子的交流可以在众多北京士人为汤若望七十一岁大寿祝颂的贺文中看到。这次寿宴在1661年4月29日举行，也就是历狱发生前三年，大概在顺治死后一年多，而距离杨光先1659年第一次公开批判汤若望已有两年的时间。[16]这次祝寿对于汤若望来说，可能并没有什么特别之处，只是他长期和北京文人士大夫们互相交流中的一次。但对后世来说，这次交流的特别之处是有很多文字流传了下来。汤若望收到了士大夫们的祝寿贺文，贺文都对汤若望赞誉有加，

表格 1　汤若望大寿贺文摘要

祝寿者	资历简介	贺文摘要*
金之俊 （1593—1676）	明万历年间进士（1619年）；明末任礼部郎中。降清后，为太子太保、兵部尚书、左都御史、吏部尚书、国学院大学士、中和殿大学士。清决定为崇祯皇帝立碑，就由金之俊撰文。	贺文全长约800字。 "如诸君子之言，先生殆以术而寓乎道者；余谓先生则以道而忘乎术者也。盖闻先生之全乎道，非以术教，而以身教者也。" "士大夫之朝夕于先生者，钦其卑牧，饮其和纯。"
魏裔介 （1616—1686）	1646年顺治朝进士；太子太傅、光禄大夫。官至太子太保、保和殿大学士。	贺文全长约1200字。 "盖闻命世大材，经纶名教者，不必华宗夏士。" "以余观于道未汤老先生，殆大神宏，而无愧古之圣贤者已。" "又发前人之未发，是以密合天行，所谓博物君子，学贯天人者，先生之谓也。" "先生为西海之儒，即中华之大儒可也。"
龚鼎孳 （1615—1673）	1634年，18岁中进士。诗文大家，和钱谦益（1582—1664）、吴伟业（1609—1672）一起并称"江左三大家"。	贺文全长约1000字。 在天文方面，把汤若望与僧一行和郭守敬并举。 特别赞美了汤若望对顺治皇帝的劝谏。把汤与历史上的名臣相提并论。
胡世安 （？—1663）	1628年明代进士；武英殿大学士、太子太傅、兵部尚书。	贺文全长约400字。
王崇简 （1602—1678）	1643年明崇祯朝进士，翰林学士，任《明史》撰修。	贺文全长约600字。称汤若望到中国来"迪我中华"。

* 引自《赠言》，1367—1375。

在华传教士也许觉得脸上有光，认为这些贺文是他们多年耕耘的成果。于是传教士把这些贺文收集起来，连同江南士人写给其他传教士的朝贺书信一起，编订成册，发回了欧洲。最早的一个版本就是祝寿当年即1661年编订的，现存奥地利国家图书馆，该图书馆还把全书扫描到了网上，方便阅览。[17]

从表中整理出来的头衔可以看出，写贺文的都是当时汉人士大夫中的名流。他们选择用诗文唱和的方式为汤若望祝寿，其实已经说明了他们认可汤若望是他们圈子里的人。从贺文内容来看，汤若望和当时北京士人关系融洽，这些人都很敬重汤若望。

传统的中国儒家士大夫在宗教层面是兼容并蓄的，可以接受不同的宗教信仰。儒家士大夫和道士、高僧往来切磋的故事大量存在，并不会因为信仰不同而有阻碍。明末清初的士人受王阳明学派影响最大，在求"真"上很执着。具体到对僧侣的评判标准，就是看该人是否为"知行合一"的"真"修行者，是否能够身体力行平时宣讲的道理。比如，明末的笔记小说中，有大量嘲笑和尚道士不能守戒律，经不起世俗诱惑的故事；但同时，也有很多故事记录实修的僧道，赞扬他们用功修行的。当时的标准很直接，你能做到自己宗教宣扬的清规戒律，就值得尊重褒奖。当时士人评判佛教、道教、回教信徒基本都是这个标准。甚至对犹太教，士人也是这个标准。清初开封大水后，那里住的犹太人重修犹太教堂，当时进士给他们写的汉字碑文，也是按照这个标准在写。[18] 他们对汤若望的评价当然也在这个评价思路之下。

从贺文中可以看出，当时士人清楚地知道汤若望是来中国传教的，而做官只是为了方便传教；同时他们也承认汤在天文历法方面的造诣。这些士人对汤若望通过世俗学问以及做官来便利传教，并不觉得有什么不妥，反而还很认可。因为他们经常把汤若望和唐代僧一行作对比。尽管擅长天文历法的僧一行是佛教中的和尚，但他的故事一直都是历史中的美谈，是和尚入世造福天下的善举。所以汤若望以传教士身份为朝廷做天文历法是完全被当时士人接受的，而且都认为他的水平很高，适合为朝廷效力。[19] 除此以外，当时士人对汤若望的道德品行也是推崇的。他们知道汤若望年少就出家成为了传教士，凭着一腔信念，远渡重洋、背井离乡来到中国。到了中国以后，言行举止都有风范。据传教士记载，当时顺治皇帝派了探子白天晚上打探汤的品行，后来证明汤若望确实是言行一致，值得推崇。[20] 所以在贺文中，这些儒家士大夫给了汤若望他们对修道之人的最高评价，赞扬他是"得道"之人。

杨光先的地位

如果汤若望和北京士人的关系真的像上面生日贺文中展现出来的那样高山流水，互相欣赏，那么杨光先攻击汤若望、攻击天主教的文章又算什么？确实，杨光先写有多篇批驳汤若望和天主教的文章，都铿锵有力，表现出一副要把天主教赶出中国的架势。尽管长期以来杨光先作为反天主教、反西方的早期代表人物，一直颇受学者的关注，但有几个问题鲜有人追问过：到底杨光先在他所处的时代算是什么分量？他的议论能代表当时士人的想法吗？如果能，那么可以说他的主张从某方面反映了当时士人的想法；如果不能，那么杨光先的议论就只是他的个人观点。

要了解当时士人对杨光先的看法，最直接的方法就是看跟他同时代的人怎么评论他：

1. 章正宸（？—1646），崇祯四年进士，复社社员，后跟随南明反清，最后拒绝降清，遁入空门。

"杨光先，草莽甲士，妄干朝事，已属不经；且以不祥之器轻污禁地，滔天之罪，可胜诛耶！盖条陈参劾亦常事耳，何须作此怪诞之为？"[21]

2. 王士禛（1633—1711），顺治十五年进士（1658），在官场、文坛、诗坛都有盛名。

"杨光先者，新安人，明末居京师，以劾陈启新，妄得敢言名，实市侩之魁也。"[22]

上面两条都是对杨光先在崇祯末年抬棺进宫一事的评论。当时杨光先为表示死谏决心，抬着棺材进了朝廷。明末党争，互相参劾是朝堂文化的一部分。文士以敢于坚持谏言、坚持意见为荣。如果因为进谏、议论而被处死或者下狱，这在当时被文士视为一种荣誉，堪比武将战死沙场。[23]当时杨光先带着棺材进宫参劾陈启新，确实惹怒了崇祯皇帝，把他流放去了辽西。当然带棺进宫一事也成为北京士人的谈资。上面两条评论中的章正宸、王士禛与杨光先是同时代的人，也都是当时京城士人中的头面人物。可以看出，两位对杨抬棺之举并不认可，认为杨只是通过乖张行事来博取关注而已。所以二人对杨进谏的论点都没有提及。除了对杨光先持负面评价外，二人在评论中都对杨的身份颇有微词。明代重视科举，能够通过各级科试考取功名，是当时士人资历的根本所在。章正宸和王士禛都是一路通过科试，进京拿了进士的人。而反观杨光先，连最基层的科试都没有考过。杨光先生长在黄山脚下的安徽歙县，是人才辈出之地，也是著名的歙砚产地。而章正宸说"杨光先，草莽甲士"，很明显这不是在说他来自偏远不毛之地，而是指他没有功名，出自"草莽"之中，也就是没有什么来历。明白这一点，才能理解为什么章要说杨"妄干朝事，已属不经"。在章的眼中，没有功名，不属于士大夫圈子的杨光先根本不配干预朝廷之事。王士禛的评论，虽然没有章正宸的尖刻，但是对杨光先的鄙夷也是跃然纸上。不仅说他"敢言"之名是妄得，还说他是"市侩之魁"。显然，王把杨归到市侩之中，而非士林之下。

对于任何历史人物，其实有两套基本评价体系。一是时人的评价，二是后来人的评价。很多时候，我们看待历史，容易将这两套体系混淆，会以己度人，以今度古。跟杨光先同时代的人，对杨的评价并不多，倒是他去世一百多年后，陆续有人注意到杨反天主教、反西洋人的论述。由于切合了后世的一些局势，关注杨光先的人慢慢多了起来。本书主要关注同时代的人对杨光先的评论，以寻求还原接近当时实情的历史。对于杨参劾汤若望一事，王士禛也有评价：

康熙六年，疏言西洋历法之弊，遂发大难，逐钦天监监正加通政使汤若望，而夺其位。然光先实于历法毫无所解，所言皆舛谬。……先刻一书，曰《不得已》，自附于亚圣之辟异端。可谓无忌惮矣。[24]

王士禛是 1658 年的进士，后在康熙朝做官。从杨光先 1659 年第一次参劾汤若望到 1664 年历狱发生，王士禛都可算是京城官场内部的亲历者和见证人。王士禛是否跟杨光先有过来往，已无从考证。但作为时人，王士禛认为杨光先对汤若望的攻击"所言皆舛谬"，而且将杨光先攻击汤若望的真正目的归结为要夺汤若望钦天监监正的位置。王还提到了杨光先的《不得已》一书，对这本攻击天主教的书基本可以说是不屑置评，因为杨光先竟然在书中自比亚圣孟子来辟异端，这对王士禛这样的传统士人来说，简直是天大的笑话。所以王士禛评论说"可谓无忌惮"，相当于说杨恬不知耻。当时杨光先在北京士人中落下不知廉耻的印象大概也不是孤案。1664 年，传教士介绍天主教的《天学传概》要出版，许之渐读过后觉得还不错，为这本书写了序。许之渐是进士出身，在朝做官，同时也是北京士林里的头面人物。杨光先当时正在参劾汤若望和天主教，他私下找到许之渐，要许表态他写的序是应酬文章，并非出自本心，这样他就可以不参劾许。这下把许之渐惹怒了，认为杨寡廉鲜耻，是在侮辱他。[25] 后来许之渐并没有撤下他写的序，当然也因为杨的参劾被牵连到案子中。这是后话。

通过这些简单回顾，可以看到当时北京的士人圈子并不认可杨光先，不认为杨是他们中的一员，更不可能把杨视为士人的代表。尽管杨光先的名字在后世书写的清史书中经常被提及，也在西方写的天主教传华历史中出现，但这是因为后来写史和读史的人对中西冲突方面的历史有特别兴趣，因而杨作为其中的典型人物被记录了下来。但从任何角度看，杨光先在当时的士人圈子中都是没有地位的，他的言行自然也不能代表当时士大夫的态度。

传统社会中的算命

杨光先在当时社会真正被接受的是他算命的技术。他真正被社会认可的身份是"术士"。前文提到过，给汤若望写过贺信的魏裔介就在他写的书中引用和提到过杨光先的算命理论。[26] 传教士南怀仁也承认杨光先是懂算命术的术士，但同时指出他不懂天文历法。康熙中期，朝廷禁止过一些命书，禁书书单中就有杨光先的著作。[27]

在传统社会，算命风水是社会生活中不可或缺的一部分。老百姓一出生，取名、开蒙、读书、考学乃至后来的婚丧嫁娶都离不开占算。中国传统数学就有很大一部分跟算命风水测算等相关。算命自古就是一个大行业。上至帝王将相，下至贩夫走卒，都或多或少要用到算命。在朝廷中，提供算命风水等相关技术的部门就是钦天监。钦天监的一大职能就是要根据观测到的天文，制定每年的黄历。黄历之中包括了很多测算中需要的信息。杨光先精通的是紫微斗数。这个算命方法至今仍然是最流行的算命方法之一，在互联网上的各大算命论坛都能看到。紫微斗数不属于秘传算命方法，有很多书存世，供有兴趣之人自行钻研。因而，紫微斗数一直是社会中广泛使用的算命方法。

黄一农教授细致考证过杨光先和汤若望主持的钦天监产生矛盾的渊源。中国传统天文把天空分成二十八个扇形区间，每一个区间就是一宿，俗称为天宫二十八宿。由于地球在围绕太阳公转的同时，还在绕着地轴自转，会产生岁差。这样经过几百年以后，站在地球同一位置、同一时节观测到的星空和几百年前是不一样的。清朝初年，汤若望根据自己的观测，把传统天宫图中相邻的参宿与觜宿的位置做了改动。由于他当时是钦天监监正，这一改动就成了代表朝廷做出的官方改动。[28]

而这一改动对很多算命风水堪舆术都造成了冲击。现代社会，星宿已经不在日常话语体系之中。但在古代，星宿的基本知识是读书人必备的，属于他们生活的一部分。最直接的例子就是杜甫的名句："人生不相见，动如参与商。""参"与"商"就是两个星宿，而这句诗还与两个星宿在天宫的位置相关，即这两个星宿不会同时出现在人的视野中。杜甫的这句诗表明，星宿是他以及诗的读者共有的常识。还有风水中常说到的青龙、白虎、玄武，这些也是星宿知识的一部分。尽管汤若望当时对参宿与觜宿的位置改动是根据观测结果来的，而且结果还经过其他人的核实，但他改变不了的是参、觜在算命风水等书中各有指代，同时参、觜二者的五行还正好相对，参属水而觜属火。他这一改，一些书中的推演法则、判词就失灵了。所以汤若望这看似是一个科学观测的修正，却对整个测算行业都有很大影响，尤其是对杨光先等擅长紫微斗数的人更是影响重大。紫微斗数算命是基于人的出生时间和年月日，找出人的生辰八字。比如 2020 年是干支纪年法中的庚子年，然后再根据规则，将月、日、时辰各兑换成天干地支中的两个字，这样与年合在一起就是人的生辰八字。一个人的生辰八字是不变的，就是所谓命。而紫微斗数推演一个人每年的不同际遇，就是用八字去比对不同年份的天宫图，然后进行预测。所以天宫图中星宿的排列对紫微斗数至关重要。杨光先最先盯上汤若望，并不是因为天主教，而是在汤若望改了天宫图以后。

为了扩大影响，杨光先将汤若望改天宫图的问题上升到汤不尊重中华古制、不尊重儒家传统的层面，以期在士人圈子中取得更多的支持。公正地说，杨光先的逻辑也不完全是牵强附会。从周文王幽而演《易》，到孔子勤奋读《易》"韦编三绝"，中国传统士人历史上就一直和推演、各种算命术有不解之缘。古人没有今人的科学观，所以算命技术高超是被社会肯定的。士人能推演未来，被认为是懂得自然韵律、感知天道的表现。因而，杨光先称汤若望修改天宫图破坏了中国传统，想以此得到北京士人的支持，也不能说是无稽之谈，异想天开。

汤若望参与算命

从实际效果上看，杨光先洋洋洒洒引经据典写的批判汤若望的文章，在传统士人圈子中，并没有引起反响。[29] 但他却被满人上层注意到了。后来杨光先向礼部上了参劾汤若望的奏本，礼部把奏本转递给了当时大清的最高权力部门议政王大臣会议。朱维铮先生注意到了一个重要细节，就是礼部当天就把杨的奏本转到了议政王大臣会议那边。[30] 当时杨是一介平民，正常情况来说，他的奏本上到礼部，礼部都未必会接收，就算接收了，也不知道要等多久才会有人处理。而杨的奏本竟然当天就被转到议政王大臣会议那边，朱维铮分析这只有一个可能，那就是杨递这个奏本是满人上层提前安排好的。议政王大臣会议是满人的祖制，主要由八旗各旗的旗主，以及军队中的满蒙高官组成。在清初，议政王大臣会议这个机构是凌驾于整个朝廷之上的，是当时的最高权力机构，主要处理军务大事。很明显，如果没有提前安排，议政王大臣会议根本不可能处理杨光先这种朝廷内文人参劾的奏本。

当时议政王大臣会议使用满语。尽管没有具体数据，但里面的成员应该大多都不懂汉语。杨光先的奏本递上去以后，满人开始了长达八个月的调查审问。现存所有关于此案的卷宗都是满语写成的。尽管很多证人是汉人，最初的审问对话应该也是用汉语进行的，但记录下来后都翻译成了满语。比如，为了裁决杨光先和汤若望以及钦天监官员到底谁说的算命理论正确，就得传唤社会上的算命高手，听取他们的意见。这些人谈到算命理论，阴阳五行的内容很明显是用汉语讲的，而且涉及很深入的推演测算内容，这些都翻译成了满语。这些命理风水内容都很艰涩，长篇大论，很难想象平时骑马打仗的议政王大臣们会有兴致和耐心搞明白其中的是非曲直。[31] 这其实就引出了一个问题，为什么这些议政王大臣会有兴趣来管这件事？议政王大臣会议在康熙中期以后，就渐渐丧失了主导地位，因为它影响了皇帝的权力。但在议政王大臣会议存在的几十年中，它主要处理的是军国要事，尤其是军事上的。这个历法案子是它唯一一次过问这种文人参劾，而且是非紧急的案子。

在南怀仁神父用拉丁文写回欧洲的记录中就提到，确实有很多满蒙将领对这个案子完全没有兴趣，根本听不下去里面的内容。每当这个案子提出来的时候，很多人就直接离席了。[32] 其实要理解为什么有些满人权贵会对这个案子感兴趣，就必须理解杨光先参劾的目标——汤若望和他领导的钦天监，以及他们在朝廷中的特殊职能。首先要明确的是，钦天监不是一个简单观测天象的天文站，它其实是为朝廷提供算命风水这些玄学建议的一个机构。也就是说，这个机构的测算建议会影响到朝廷以及皇帝很多现实中的决定。

笼统来说，钦天监的职能分为两个部分：一是观测部分，二是解释部分。观测部分用现在的话来说就是科学的部分，客观地观测天象变化。汤若望靠他从欧洲带来的天文学知识，已经在朝廷和社会中证明了他是观测方面的权威。但是，真正让钦天监成为朝廷一个有话语权机构的是它的解释部分。也就是如何解释观测到的天象，并将之与现实中的人和发生的事联系起来。这个解释部分就是中国传统测算、占卜、风水理论发挥作用的地方。

现在无法确知到底汤若望是否真的相信中国的各种占算方法，以及他是否学过中国测算。不过，可以明确的是汤若望知道占算的解释在朝堂上有很大分量，也知道占算会在社会中引起很大反响。有一个当时有名的例子。满人进京以后，多尔衮不想沿用明代的皇宫，想另外修建一处皇宫。当时满朝文武没人能劝阻多尔衮，最后是汤若望出来上奏。在奏疏中，汤若望先说明代建的皇宫如何选址精妙，讲了一堆风水理论，大意就是明代皇宫上合天文，下顺地利，然后结论话锋一转说："今新建基址，乃龙脉之余气。"就是新址风水选位上不行。说完风水不好，汤若望接着讲占卜，结论是："兹若建城，恐蹈前占，未可轻举。"最后结尾还加了一句："事关重大，臣不敢缄默。"汤若望这样把风水、占卜的招数都使出来后，多尔衮也招架不住了，把汤若望召进宫，让他当面细讲。多尔衮听完后也只好说："你说的是，主意定了，不作了，该你说的。"[33] 就这样，一代枭雄多尔衮精心筹划的新皇宫建设计划就终止了。汤若望这份上奏不是密陈，是从公开的朝廷渠道一步步递上去的，也就是说，是当时朝堂大臣都知道的。汤若望在这样的大事上都说得上话，这也是他在汉人士大夫圈子中很有分量的原因。汤若望使用中国的占算理论在当时也不是秘密，都是公开的。不仅当时的国人知道，罗马教皇那边也知道。因为许多神父都反对汤若望在中国做占算，认为有悖天主教教义。他们把汤若望告到了罗马教廷，不过后来罗马内部辩论过后，默许了汤若望的占算行为。[34]

汤若望作为钦天监监正，给顺治皇帝上了不少的奏疏，下面这一份就是汤若望结合天象观测和中式占卜来劝谏顺治皇帝的。

汤若望占：

> 顺治十年十一月十三日乙巳辰时观见日生右珥。占曰：日有珥，人主有喜。一曰日珥有风。日有珥，人君有重宫妇人阴事。日朝珥，国主有耽乐之事，其不可行。女人惑之，不则有忧。臣汤若望。[35]

汤若望这份奏疏是从报告观测到日珥开始的。日珥是自然现象，起码对于有欧洲天文学知识的汤若望来说，日珥不是什么稀奇的天象，是经常发生的。[36]但汤若望明显借助观察到的日珥在劝谏顺治。后面写的"占曰"，是引用的《观象玩占》中的批语。《观象玩占》传说是唐代李淳风写的，是传统星象占卜中的经典。汤若望通过经典中的批文，劝谏顺治不要沉溺女色。顺治二十三岁就死了，但他的感情生活非常波折，先后立过三次皇后。顺治虽有不少妃子，但大部分都是政治联姻。前文提到过，他的母亲孝庄皇太后来自蒙古，为了加强蒙古势力，就把六名她蒙古本部的女子嫁给顺治。董鄂妃大概是唯一顺治自己遇见并喜欢上的女子。根据汤若望记载，董鄂氏本来是已经结了婚的，进宫来服侍孝庄皇太后时被顺治看上。因为这事，孝庄废止了命妇入宫的制度。后来董鄂氏的丈夫去世，顺治就把董鄂氏娶进了宫。满人有游牧民族传统，娶丧夫之妇，甚至娶兄弟或侄子的遗孀，并不是什么禁忌，后来很多讲究其实是满人汉化以后形成的。汤若望还记载，顺治和董鄂妃原来的丈夫还有过面对面的冲突，冲突中，顺治还打过那人一个耳光。其中的是非曲直暂且不论，通过汤若望的记录，可以看到他确实关注过，或者说担心过当时年仅十六岁的顺治在女色问题上处理失当。而从上面的奏议可以看到，汤若望利用他作为钦天监监正的职位，通过天象、占卜或者说是玄学中的神秘力量在向皇帝进谏。而且汤还不止一次利用日珥说事。这条奏议中的日珥是女人，还有一次，他把日珥说成西藏来的喇嘛。[37]

汤若望不仅在宫中使用测算，在社会上也利用算命来传教。北京的另外两位传教士安文思和利类思就对这一点很有意见，认为算命完全背离了天主教。这两人写了很多书信到罗马去状告汤若望。根据安文思所言，汤若望的测算包括看罗盘、看手相以及解梦。[38]至于汤若望用的是西方罗盘术还是中国的方法，现在已不可考。对去找他算命的人来说，这应该无所谓，不管什么方法，能算准就好。但是对于当时很多以算命谋生的人来说，汤若望用罗盘算命，看起来就跟当时流行的紫微斗数算命方法很相似。杨光先就是当时北京紫微斗数的权威。

安文思还向罗马告状说，汤若望算命在当时的社会上影响很大。这大概没有冤枉汤若望。五世达赖喇嘛1652年到北京觐见顺治皇帝，曾在北京短暂停留。他在后来留下的回忆自传中，提到了汤若望的占卜术了得。达赖入京是从蒙古过来，一路大雪多次阻断行程。当时满蒙高层都在期盼达赖的到来，想知道他到底还有多久能到，而汤若望竟然提前算准了他到京的日子，这在当时是很轰动的。之前汤若望精准算出日食时间，就已经让北京高层见识了他的能耐，现在又算准了达赖的到达日期，更是大大提升了他的名望。要是读过些中国古代占卜算命的书，就会知道算归期、算到达日期，统称算应期，这在通讯不发达年代，是占卜中最常见的显示技术的测算。达赖一路不顺，由于天气缘故，他自己其实都不知道究竟何时能到北京。因而在到达北京后，听说有人居然算准了他的到达日期，达赖自己都很惊讶，对此印象深刻。后来他在自传中特地记录了这件逸事，不过在他的记忆中，一直以为汤若望是来自天竺印度的占星高人。[39]

在满蒙统治传统中，能预知未来的是巫师、萨满教通灵师这样的人，这些人在关键时刻给出的建议、说的话，在政治上是很有分量的。汤若望作为钦天监监正，看起来好像是一个技术官员，一个边缘人物，但事实并非如此。他在满蒙大臣眼中更接近他们认知中的巫师。顺治朝廷中，汉人官员和满蒙官员，由于政治传统和观念不同，有很多分歧。汤若望介入他们的争斗，站在汉人官员一边，让满蒙官员很头痛。举一个小的例子。由于藏传佛教是当时满蒙世界里最流行的宗教，满蒙大臣希望顺治皇帝能够到北京郊外去迎接达赖喇嘛，以示对达赖的特殊尊崇。顺治自己也相信佛教，所以已经答应亲自出京迎接达赖，并且都已经通知了在路上的达赖一行。但汉族大臣反对，认为哪有皇帝出城迎接和尚的道理。在满蒙大臣和汉臣双方争执不下的时候，汤若望上了一份天文报告，说金星最近很亮，有时都和太阳亮度相仿了；同时还报告，有流星落入紫微宫（十二天宫之一，被认为是天上代表皇宫的星宫）。汤若望报告天象的第二天，洪承畴领衔的汉官上奏："窃思日者，人君之象，太白（指金星）敢于争明；紫微宫者，人君之位，流星敢于突入。上天垂象，诚宜警惕。"洪承畴的意思是如果出城，顺治会有危险。在这样夹带着天象的劝说下，顺治只好同意不去迎接。满蒙官员也不敢在"上天垂象"前继续辩驳。[40]顺治后来派了一个满人亲信代表他去迎接，并向达赖喇嘛表示了歉意。[41]从汤若望和汉官一起打的这套组合拳中，明显能看到，在朝廷争论中，汤若望要是从天象方面加入他的解释，偏向汉官，那么满蒙官员就很难有胜算。尽管在我们后人眼中，汤若望是欧洲来的天主教神父，但是在当时的朝堂中，朝廷官员并不这样看待汤若望。汤若望会说汉语、写汉语，观测后引据的经典也全是汉人的书。在朝堂政治中，对于满蒙官员来说，汤若望不折不扣是汉官的代表。

明白了汤若望和他的占算在朝廷中的特殊功能，才能理解为什么满蒙高层看到杨光先参劾汤若望，立刻接受了他的参劾并着手开始调查。[42]杨光先是懂占算的技术性人才，只有他这样的人才有可能从专业方向上挑战汤若望以及钦天监。从后来案子的审理来看，杨光先也确实发现了汤若望和钦天监的技术性错误。[43]在审问的档案中可以看到，杨光先不仅能多次指出汤若望的错处，还能直接说出相关问题应该在哪本书里面查找印证。

在历狱中，杨光先从算命的技术角度指出钦天监在埋葬夭折皇子的时辰以及墓地方位上，都选错了。这些错误成为后来定罪的依据。

有趣的是，同样的事由，汤若望带着钦天监官员在六年前（1658 年）还参劾过礼部，说礼部没有按照钦天监算出的时辰埋葬皇子，而是自作主张晚了两个时辰下葬。钦天监隶属于礼部，汤若望参劾礼部就是直接参劾上级主管部门。这位夭折的皇子在顺治心目中的地位非同一般，因为这是他最喜欢的董鄂妃所生。因而当时顺治对礼部的处罚很重。礼部的满人主管和六位满人官员被革职，其中两位还是死罪。[44] 当时礼部里的满人并没有人懂这些风水测算，因而完全没有办法和汤若望以及钦天监官员争辩，导致最后损失惨重。这次参劾礼部也让汤若望得罪了一部分满人权贵，汤若望在发给欧洲的信函中就提到了这一点。所以当 1664 年杨光先站出来，从测算的专业角度攻击汤若望时，满人官员如获至宝。他们终于找到了能在占算上直接挑战汤若望和钦天监的技术人才。

历狱审判

历狱审判前后持续了八个月，传召了各方面的证人。[45] 所谓的中西文化之争，儒家和天主教之争，这些都是现代书写历史的人关注的问题，在当年的审讯中完全没有出现，因为这些都不是满人关心的话题。历狱之初，北京传教士汤若望、南怀仁、安文思和利类思确实都被召到朝廷，就天主教传播相关问题接受审问。但审理的核心不是天主教教义，而是查天主教是否有谋反行为。当然后来没有发现有谋反举动，审问就停止了。后来整个案子审理的方向都集中在顺治夭折皇子的墓葬问题上。[46]

案件之初，杨光先和汤若望以及钦天监里的汉官都滔滔不绝，各谈自己的理论。里面涉及的古代天文和测算知识，大概满朝文武没有人能听懂，更没有人能判断到底他们谁对谁错。试举一小段他们的技术辩论：

讯汤若望：据尔前供，冬至之太阳不躔寅宫，而躔丑宫之箕三度，云云。据杨光先供称，冬至太阳躔寅宫箕三度，云云。此事怎讲？

汤若望供称：寅宫位于丑宫之西，以新法言之，众星天自西往东行，而箕三度之分秒，古时位于寅宫，今已入丑宫。今之冬至太阳，已位于箕三度之分秒，故曰位于丑宫。杨光先言众星天不自西往东而行，箕三度之分秒亦在寅宫，故曰今之冬至太阳在寅宫，而不在丑宫。等语。

杨光先供称：箕三度在寅宫，箕四、五、六、七、八度，斗初、一、二、三度，亦皆在寅宫，当行至斗四度，始过丑宫。今之冬至太阳行箕三度，而西洋人不知宫度不移之理，故而每岁视冬至为可移动者，并移一分五十秒，列入丑宫初度初分。若按彼之法，万万年之冬至太阳皆躔丑宫初度初分矣。实非如此。等语。

看不懂上面文字是很正常的，因为当时的礼部高官也看不懂。这只是一小段，据笔者粗略统计，这样的辩论大概有两万字。礼部尚书和他的官员看完后，只能上书说："天文精微，且又至关重大，臣等难以悬拟。"然后建议朝廷通知各省大员，到各地寻访高人，送到北京来判定汤若望和杨光先的供词。他们还特地提到云南、贵州、四川、广东、广西等边远地区也要访求。后来康亲王杰书和一班满人权贵，代表议政王大臣看完双方的长篇大论后，也是差不多的结论："天道精微，孰是孰非，难以悬议。"刚开始的调查，其实没有给汤若望和钦天监带来大的麻烦，毕竟古代算命风水理论众多，很多都能自圆其说。总结起来，在理论层面的审问中，汤若望应对自如，庭审并没有给他带来问题。[47]

给汤若望以及钦天监真正带来致命打击的是安葬中很具体的风水问题。杨光先指出汤若望和钦天监把埋葬荣亲王的时间和墓地下葬的地方都算错了。荣亲王就是董鄂妃所生，三个月就夭折的皇子（1658年2月25日去世）。尽管只活了三个月，顺治还是给这位皇子封了荣亲王，下葬也是按着"王"的标准。诡异的是，荣亲王下葬后两年，年仅二十二岁的董鄂妃就在宫中病逝（1660年9月23日）；而顺治也在半年后突然染天花驾崩了，死时仅二十三岁。皇贵妃和皇帝年纪轻轻接连去世，朝廷上下都觉得很蹊跷。而杨光先用测算理论，指出这一切都是因为汤若望和钦天监把荣亲王葬期、墓地方位风水选错导致的。杨光先在审讯中，给出了他对荣亲王的八字命理推导：

凡阴阳二宅，以其人之本命为主，山向岁月俱要生扶本命，最忌克命。选择造命之理，要生扶之四柱，忌克泄之四柱。……〔长篇阴阳五行的具体分析略〕使荣亲王之葬，年犯三杀，月犯生杀，日犯党杀，时犯伏吟，四柱无一吉者，不知其凭何书何理而选之也！

死后墓地称为阴宅，人生前所居为阳宅。杨光先首先总论"阴阳二宅"选取应该与人本来出生时的生辰八字匹配。人一出生，生辰就定了，年、月、日、时四个部分，算命中称为"四柱"。每一柱根据万年历又可转换成天干地支的两个汉字（比如庚子、辛丑这样的两个字），这样四柱总共就八个字。所以算生辰的又称"四柱八字"。天干地支的八个字各有阴阳五行属性，而五行属性的"木火土金水"互有相生相克的关系。五行相邻两字，前一个"生"后一个，同时"克"后面间隔的一个。比如木"生"后面的火，是相生的关系，同时木"克"间隔一个的土，二者就是相克的关系。另外"火"在被生的时候用掉了"木"，这在算命中称为火"泻"木。同样的属性，比如"木"和"木"在一起称为相"扶"，取相互扶持的意思。在传统的中国文化中，自然界的一切都有五行属性。如此，人的八字五行就可以和自然界的一切相联系起来，进行推算。当然具体推算中什么是吉什么是凶，就是测算人的本事了。杨光先在这个引用中就给出了他的判断逻辑，他认为在选阴阳二宅的时候，山的朝向、下葬时间五行，都要"生"或者"扶"该人的八字五行，忌讳"克"这人的八字五行。在这个总论之下，杨光先又洋洋洒洒地具体分析了荣亲王的八字命局。最后结论是荣亲王下葬的时间方位等都是错的，犯了大忌。对于杨光先的八字分析，汤若望称他"仅知天文历法"，测算、地理、风水这些都是下属送上来，他只是例行公事，盖了印而已。[48]

道理上，虽说被测算的人是身份非同一般的荣亲王，但是这位皇子毕竟是一个三个月就夭折的婴儿，所以很多下葬环节钦天监确实没有仔细推敲。根据口供看，埋葬时的 1658 年是戊戌年，钦天监官员的口供显示，其实他们也知道杨光先所讲到戊戌年在丧葬方面的一些禁忌，而且他们还向顺治皇帝派来负责丧葬事宜的佟吉提到过。但是否相信这些传说中的风水禁忌，很多时候是看主管人自己的理解。代表顺治出面的佟吉有可能自己不怎么相信，也可能是为了尽快完成任务，好向顺治交差。无论什么原因，佟吉的回答是"小王无碍"，也就是说小王丧葬不用忌讳这些。[49] 从众多参与办理丧葬事宜的人提供的口供来看，出去选葬址及操作下葬的人，都以尽快完事，不要节外生枝的态度在办理。所以整个丧葬过程就算不说是敷衍，但说没有人真正上心在办是不为过的。

这样的办理过程自然经不起杨光先来细推。而且审讯中，由于都过了六年，很多细节也记不得了，互相又在推诿，举一列口供：

> 杜如预供称：小的奉差在外，不曾共同选择日期。等语。
> 杨宏量供称：不曾有人前来传唤小的，小的不曾共同选择。等语。
> 汤若望供称：杜如预、杨宏量共同选择属实。等语。[50]

这只是一个例子。钦天监算日子和选墓地的是两组人，如果把汤若望单独算，那钦天监就涉及三组不同利益的人。算日子和选墓地的人，当年就对一些细节有不同意见。他们两组人在一些五行分析上意见不一致本来也属正常。长期以来，遇到意见相左的情况，两组商量一下，统一意见就完事了。没料到这次遇到杨光先这样的高手来追究。而且整个审理的大环境对钦天监极为不利，因为现实就是荣亲王下葬不到三年，董鄂妃和顺治就接连去世。这相当于已经坐实了钦天监风水选取有错。所以杨光先提出下葬问题以后，整个审讯的基调不是调查之前的下葬风水到底有没有错，而是在调查错误出在哪里，是谁的责任。大概汤若望也知道这个问题没有辩驳的希望，所以代表他回答的南怀仁神父（当时汤若望神父中风了，说话吃力，朝廷允许他和南怀仁用德语交流，再由南怀仁答辩）完全没有谈理论，一开始就是在划清界限，说汤若望不懂风水，选日期和选墓地他都没有实际参与。

埋葬风水选取要考虑两个问题，一是埋葬人的八字五行分析，二是埋葬地方和埋葬时间的五行分析。从钦天监官员给出的口供看，他们对杨光先分析的荣亲王八字中的五行属性、五行强弱这些没有异议。双方辩论的焦点是1658年埋葬那一年和那个月的五行以及墓地的方位五行到底应该怎么算属性。概括起来，杨光先认为那一年五行属水，而钦天监说那一年属火。

而就是这五行属火的分析口供给整个钦天监带来了灭顶之灾。杨光先在看了钦天监给出的口供后，指出如果是属火的话，这个说法只可能出自一本叫《灭蛮经》的历法书。按杨光先解释，《灭蛮经》是有意把五行日历搞乱，然后再把这本书传播到蛮夷之地去混淆视听用的。作为"蛮夷"之一的满人，得知这个解释以后，整个审问的性质就完全变了。钦天监的错误一下从技术失误上升到了反清谋反的高度。用审问者的话来说："今用《灭蛮经》选择，以壬水为火，埋葬荣亲王，险恶用心。"[51]

从传统算命风水理论来看，当年钦天监给出的结果是有考虑不周的地方。但公正地说这应该都是技术上的失误。但在审讯中，钦天监的人为了自圆其说，就把一些年份的五行按照符合他们测算结果的方向作解释。他们完全没有想到，这些技术细节上的解释，会被杨光先抓住把柄，上升到谋反的程度。

当杨光先说那年属水的时候，给出了依据，并指出在哪些书上能验证他的说法。同时他质问钦天监说的属火是依据哪本书，钦天监回答不出。而当杨光先说唯一有记录这年属火的书是《灭蛮经》时，钦天监的人也没有找到反驳理由。

满人高层为了确认杨光先的说法，专门派人到浙江、福建等地，寻访了一些当时公认的算命方面的高人，这些人都确认了杨光先的五行分析是正确的。同时这些人也听说过《灭蛮经》，印证了杨光先的说法。其中一位还说《灭蛮经》是中国人所编写，而传至外藩，"使彼用而断根绝后"。这就使整个案子急转直下，刑部看完卷宗后，给议政王大臣会议的建议是所有钦天监参与占算的人都以"大逆之罪"论处，而刑部引用的刑律中"大逆之罪"的处罚是"不分首从，俱行凌迟处死"。刑部认为汤若望是当时掌印之官，也难辞其咎，也要凌迟处死。后来，和硕康亲王杰书主持的议政王大臣会议商议后，认可了刑部的谋反认定，同意将参与占算的人全部凌迟处死。[52]

前面已经提到过，由于北京在该案审判定罪后发生了大地震，很多人相信这个案子有冤情。在孝庄皇太后出面干涉后，汤若望被赦免了。不过还是在赦免的批文中写到，汤若望作为掌印之官，"本当"处死，只是念其"效力多年"，免了死罪。但汤若望属下汉官的死刑还是执行了，只是没有凌迟。

案情之外，有一个细节特别值得注意，就是此案议政王大臣会议审理了八个月才结案。对比之下，三年以后鳌拜被抓，同样是和硕康亲王杰书主持审理，议政王大臣会议用了八天就判了鳌拜三十条大罪。为什么汤若望这个案子会拖那么久？这是因为有满人高层势力在暗中保护传教士，也就是利类思和安文思神父背后的佟家势力，以及豪格的正蓝旗。佟家是康熙母亲的娘家，一直是满人中的大家族，康熙即位以后，佟家作为外戚，势力更超从前，朝廷各个部门都有佟家的人。

前章已经讲过，汤若望与安文思、利类思虽然同属耶稣会，但由于各种私人矛盾，双方一直不和，在北京各有各的教堂，各传各的教，几乎没有往来。历狱一案开始以后，汤若望由于已经中风，所有辩护相关的重任落到了当时汤若望的助手南怀仁神父身上。南怀仁和汤若望不同，他跟安文思和利类思有良好的私交。由于杨光先在历狱开始时还连带打击整个天主教，这样安文思和利类思就走到了南怀仁身边，一起对抗杨光先。安文思和利类思背后的佟家势力，也在杨光先攻击天主教的时候被牵扯进来。当时在江南长期资助天主教的佟国器被召回北京，接受审问。佟国器是封疆大吏，之前在江南几个省都做过巡抚。从审讯记录来看，佟家势力很明显干涉了审讯，佟国器在承认给教堂捐过一点小钱后，很快就被放了出来，审讯也不继续纠缠他和天主教的关系了。[53] 刑部满人尚书尼满也暗中为汤若望开脱，把罪过推到汉官身上。后来显亲王富绶专门密奏，说汤若望其实是"专司天文"的，因而选择错误不应该罚他。[54] 显亲王富绶是豪格的儿子。尽管密奏上只有富绶一个人的名字，但这说明汤若望和传教士并不是在孤军奋战，他后面是有一个满人权贵群体在相助着。

正因为有满人权贵暗中帮助，传教士在整个历狱后，才有可能全身而退。刚开始的时候，杨光先的参劾中还提到天主教是外来的邪教，有谋反的举动。当时满人入京仅二十年，各地反清复明的活动还此起彼伏。谋反的指控在当时是很敏感也很现实的问题。因而各地的传教士被召到了北京，接受审问。大家都很惶恐，不知道最后审问的结果会是什么。他们都很担心半个世纪前（1620 年代）日本禁止天主教的历史会重演。传教士最初是被礼部审问的，后来礼部给出的建议是禁止天主教，没收教堂。但满人主导的议政王大臣会议并没有发现这些传教士有谋反行为，因而对于天主教和传教士并没有任何实际的惩处。后来汤若望获罪，完全是因为他钦天监监正的身份：判决和他的职务相关，和他传教士的身份以及天主教都没有关系。在汤若望的死罪赦免以后，北京的另外三个传教士也被允许留下来，汤若望就由他们照顾。之前传言要没收、拆毁北京的教堂，后来也允准全部保留、维护。[55] 被召到北京的传教士，本来是要安排送到澳门。但人到广州后，就得到了当时两广总督的接待，他们也就留在了广州。

小 结

历狱本来只是康熙早年辅政大臣时期一件普通的宫廷案例。从清官方记载来看，这个案子并不是什么大案。但它的特别之处是在朝廷以外还留下许多记载。早在参劾汤若望之前五年，杨光先就开始写文章反对天主教和西洋人。他写的文章都是檄文性质的，言辞激烈，总体思路就是天主教是邪教，有违中华传统。其中比较有名的两篇是1659年写的《辟邪论》和后来的《请诛邪教状》。在1664年参劾汤若望的同时，杨光先还把他写的反天主教、反西洋人的文章汇集成书，取名《不得已》出版。面对杨光先的挑战，传教士除了用中文写文章回应以外，还将事件经过细节记录下来，发回欧洲。杨光先和传教士一攻一守的文字往来，为后世留下了很多公开的素材。19世纪后，无论是讲西方入侵、帝国主义，还是中西文明冲突，后世史家都能在这个案子中找到材料。这也是这个案子在中西交往史方面的书籍中经常出现的原因。反而是案子的满文庭审记录，最近几年才陆续出版公开。从庭审记录看，汤若望被定罪并非因为他是洋人，也并非因为他是天主教神父，而是因为他是钦天监监正，是这个朝廷机构的一把手。作为朝廷官员，他在这个案子中受到牵连，这是典型的朝廷争斗，不涉及"中西文明冲突"这些后世才关心的历史大问题。

在鳌拜等辅政大臣当权的朝堂政治中，汤若望被视为汉官势力中的重要一员，而且有特殊能力，被视为类似满人巫师一样的存在。打击汤若望其实就是满人当时打击朝廷汉官势力中的一环。1664年杨光先开始参劾汤若望之时，正是鳌拜等辅政大臣掌朝的第四年。这几年中，打击汉官势力，恢复满人传统，加强满人统治是辅政大臣一直在干的事。尽管看上去，汤若望是被主攻的对象，实际上，辅政大臣的目标是钦天监中的所有汉官。因而在最后的判罚中，虽然汤若望的死罪被赦免，辅政大臣还是处斩了汉官。案子结束后，杨光先被授命负责钦天监的技术部分，而从刑部抽调了一个既不懂天文也不懂占算的马沽到钦天监做监正。马沽能坐上这个位置，唯一的理由大约是他那地道的满人身份。这样马祜也就成了历史上第一个管理钦天监的满人。[56] 杨光先参劾汤若望的案子表面上看起来是一个中国人在参劾一个西洋人，但本质是当时朝堂上的满汉之争。[57]

尽管历狱本身跟天主教传播没有多大关系，但它的确影响了后来传教士在华传播天主教的方针策略。在历狱之前，北京有两座教堂，一座是汤若望的教堂，一座是利类思和安文思两位神父的东堂。1665年，汤若望被赶出他的教堂，教堂被朝廷征用，杨光先作为钦天监官员入住。[58] 中风的汤若望被迫迁往东堂居住，并在一年后去世（1666年）。这样后来的天主教在康熙时代的传播是从利类思、安文思以及南怀仁一起驻扎的东堂开始的。

历狱给了传教士们一个深刻的教训：算命风水这些领域触碰不得。尽管短期之内可能吸引信众，对传教有利，但算命风水有很多潜在的风险，所以最好避而远之。康熙亲政以后，委派南怀仁掌管钦天监。南怀仁就吸取教训，坚决只做天文观测，不触碰测算部分。

同时，历狱还让当时的传教士们充分认识到，大清已是满人的天下了。自从明中后期入华以来，传教士一直认为士大夫是促成天主教在华传播的关键，因而他们一直在努力融入士大夫圈子。但经过历狱，他们发现跟汉人士大夫的关系在关键时刻不仅没有多大用处，还有可能招来祸事。于是他们开始转向，将满人权贵圈层作为主要的接近目标。后来来华的传教士，特别是驻扎北京的，满语学习也都排在了汉语学习之前。从此以后，传教士和汉人士大夫的往来大大减少。很多史书中都注意到了这一转变，但大都认为这是文人士大夫在清朝以后渐渐对传教士的西方学问失去了兴趣。[59] 其实不然，不是文人士子口味变了，而是传教士不再热衷于结交文人士子了，毕竟传教士是来华传教的，不是来推介西学的。

　　传教士对权势等各种利害关系看得很清楚。历狱结束后，他们不计前嫌，抓住一切机会结交满人权贵。辅政大臣之一的苏克萨哈当初是支持杨光先的，但安文思神父利用自己的知识，帮苏克萨哈家打井，还帮他制作了方便取水的工具，就这样在历狱结束不到一年时间，已成为了他家的常客。[60]

第三章　从铲除鳌拜到《尼布楚条约》谈判

1669 年 6 月 14 日，来上朝的鳌拜刚踏入乾清门，就被一群少年一拥而上按在了地上。征战一生勇猛过人的鳌拜就这样被康熙拿下了。[1] 议政王大臣会议经过八天的快速审理，判了鳌拜三十条大罪。[2] 康熙念在鳌拜以前的功绩，免了他的死罪。在清除鳌拜势力后，康熙坐稳了江山，开启了超过半个世纪的属于他的时代。生擒鳌拜的故事，在正史、野史，乃至后来的小说、影视剧中都有涉及，算是大众耳熟能详的一个历史桥段。不过无论是正史、野史，还是后来的文艺创作，都没有充分关注传教士在这段历史中扮演的角色。

要了解传教士是如何进入康熙的圈子，就得先对康熙最早的圈子有认识。十五岁的康熙能剪除鳌拜及其党羽，除了他自己有勇有谋，自然也离不开支持他的满人势力圈，也就是他的政治基本盘。王朝政治关系网中，血缘关系当然是最根本的纽带。康熙皇帝也不例外，血缘上最直接的父系和母系是他天然的依靠。康熙母亲所属的佟氏家族是朝中的大家族，康熙的父系是努尔哈赤家族，这自不用多说。顺治早逝，真正在康熙少年时代，代表努尔哈赤家族训练康熙，为康熙筹谋的是他的奶奶孝庄皇太后。

康熙背后的势力

孝庄来自于蒙古的科尔沁部，是该部第二位嫁给皇太极的福晋。满人实行的是一夫多妻制，孝庄在地位上属于妻。蒙古的科尔沁部号称是成吉思汗的后代（实际不是），是第一支投靠满人的蒙古大部落。[3]科尔沁部基本跟所有满人高层的核心人物都有联姻，皇太极、代善、多尔衮、豪格等都娶了科尔沁部的女子。随着后来满人势力的壮大扩张，更多的蒙古部落投靠了满人，这样满蒙联姻成了一个传统，两边通过大范围的联姻来加强联系。[4]科尔沁部是满蒙联姻中的最大赢家，一举成为了满人统治下最有势力的蒙古部落。皇太极的七个福晋中，有五位来自科尔沁部。[5]孝庄之前，第一位嫁给皇太极的是孝端文皇后，但她以及另外三位科尔沁部福晋都没有儿子。只有孝庄生下了顺治皇帝，也是唯一科尔沁部女人生的皇子。皇太极死后，皇位绕过皇太极的成年儿子，传给还未成年的顺治，侧面显示了当时科尔沁部女人的能量。[6]

从嫁给皇太极的 1625 年算起，到康熙 1661 年继位，孝庄皇后亲历了满人从亚洲东北的一个地方势力发展成为取代明朝的强大帝国的过程。她从努尔哈赤时代开始，经历了皇太极、多尔衮摄政、顺治皇帝，以及鳌拜摄政等大大小小的历史变迁。尽管孝庄在史书中不算一个积极干政的女人，但是在满人每一次权力交接的关键时刻都有她的身影。皇太极去世以后，她的儿子顺治继位，她需要帮助顺治去协调平衡与控制实权的多尔衮之间的关系。顺治亲政以后，孝庄皇后其实是有私心的，她一直想加强巩固科尔沁部在满人中的地位。顺治在位时，她先后就选了六个科尔沁部的女子嫁给顺治。但天不遂人愿，这六个女子都没能生出一个皇子来。[7] 顺治去世，遗诏最后是孝庄敲定的。因此可以说，选择康熙继位是孝庄最后认可的选择。[8]

孝庄的认可和支持对于康熙来说是极其重要的。对从小失去父母的康熙而言，孝庄就是他在宫中最亲的亲人。康熙儿时生活都是在孝庄的安排下进行的。孝庄派了他的侍女苏麻喇姑负责照看康熙。[9] 康熙在个人感情上也很亲近孝庄这个奶奶。康熙后来提倡孝道，他的表率就是通过孝敬奶奶来做出的。从政治角度来看，孝庄带给康熙的是她身后的蒙古势力。嫁到满人高层的众多科尔沁蒙古女人，以及这些女人的儿子都是孝庄的势力范围。从大局来讲，整个长城以北的蒙古势力都要给这个当时最有权力的蒙古女人面子。在 1670 年代，康熙处理南面三藩之乱时，孝庄就靠自己在蒙古内部的关系，为康熙稳住了一些蠢蠢欲动的蒙古部落，使得康熙免于腹背受敌。[10] 因小说和影视剧而出名的康亲王杰书，母亲就是科尔沁蒙古女人。康亲王比康熙大八岁，是努尔哈赤二儿子代善的孙子，也是康亲王头衔的第三代继承者。从派系上讲，二人的父系都属于努尔哈赤的第四代，也都出生在满人入京以后。同时两人也都在科尔沁蒙古女人的网络中。在多重关系的加持下，康亲王是康熙年轻时代最重要的支持者，也是康熙早期朝廷中的关键人物。

蒙古势力之外，孝庄还安排了康熙的第一桩婚事。满蒙传统中，婚姻历来都是扩展巩固政治势力的手段。1665年，十二岁的康熙娶了辅政大臣索尼的孙女。在这次婚姻中，孝庄没有像对儿子顺治那样，为康熙安排蒙古女人，而是选择和索尼家族联姻。这个安排一箭双雕，一方面拉拢了索尼派系，同时又分化和打破了四大辅政大臣之间的政治平衡。其中的政治意味，时人一眼就看出来了。鳌拜和遏必隆两大辅臣都上书明确反对这桩婚事。[11] 不过，孝庄还是顶住了压力，坚持了与索尼家的联姻。

索尼及其父兄从追随努尔哈赤起就是满人权贵。不过与其他三大辅臣比较，索尼一家在军功上并没有什么优势，但却是满人权贵中少有的书香门第。索尼及其父兄都通晓汉蒙满三种文字。后来皇太极称帝后，设立文馆，索尼一家都在里面供职。[12] 索尼死后的谥号"文忠"，就是最直接明了的官方评价。第一代入京满人从战场上下来，最后谥号中配上个"文"字的，只有索尼一个。[13]

康熙缔结第一桩婚姻时，生母已经过世，但正常情况下，康熙生母佟家应该是孝庄以外决定康熙联姻的另外一股势力。佟家也是满人中少有的重视文化的家族，从这个角度上说，索尼家和佟家是门当户对的。康熙结婚时才十二岁，这桩婚姻确定了康熙最早的成长圈子。回看历史，康熙文治武功都可圈可点。但其实满人入关之初，很多权贵并不重视汉人的文治。康熙十五岁亲政以前，礼部曾数次建议辅政大臣，请为少年康熙开蒙，但都没有得到允准。[14] 康熙真正开始系统学习汉文是在他铲除鳌拜以后。[15] 后来康熙在骑射以外，还对各种学问感兴趣，这离不开家庭影响，与他早年所处的文化环境有关。康熙亲政以后，最受宠的两个大臣索额图和明珠都是侍卫出身，同时还有大学士的头衔。康熙对学问有兴趣，身边的人也不排斥文化，这些对传教士来说，是至关重要的。设想一下，如果康熙跟鳌拜一样，只对满人传统骑射狩猎感兴趣，传教士的西学怎么可能在宫中派上用场？

如果说在满人宫廷政治中讲文化联系听起来有点牵强，那么索尼家在宫中侍卫处（当时称领侍卫府）的势力则是实打实不可忽视的。长距离奔袭移动作战一直是满蒙的军事传统。这个传统下，侍卫日夜守在统帅周围，都是由统帅身边最信得过的人组成的。由于清朝皇帝有出巡、骑射、狩猎等常规活动，侍卫是常跟在皇帝身边的人。满人的侍卫处是独立的军事机构，直接归皇帝管理，不属于朝廷或者军队的任何部门。[16]

顺治朝，索尼是内务府总管还兼任侍卫处统领，实际管理着紫禁城的日常运作。索尼有五个儿子，其中四个都在侍卫处任职。[17]索尼的大儿子噶布喇是领侍卫内大臣（正一品），统领着宫中的侍卫。要嫁给康熙的正是噶布喇的女儿。后来有名的索额图，是索尼的三儿子，当时正是侍卫处里的一等侍卫。耶稣会神父记录中经常提到索额图，称索额图为Sosan，就是"索三"（索家老三）的音译。

在清初政治中，侍卫处是非常重要但又经常被忽略的机构。辅政大臣时期，太监划归内务府管理以后，内务府里的人和侍卫就是少有的能接触到皇帝，同时又能进出宫门的群体，因而这两个机构的职位都很热门。顺治任命的四大辅政大臣，除了在朝廷的官僚系统任高官以外，都在侍卫处兼有职位。同时，四个辅政大臣也都想尽办法在侍卫处安插自己的人。侍卫处根据需要，以皇帝为中心，提供了三层护卫。第一层护卫太和门，第二层在乾清门以内，第三层就是在皇帝周围。皇帝身边的贴身护卫有六十个人。这六十个人能随时上达天听，自然也就是朝廷各大派系争夺的对象。后来鳌拜集团被铲除，被清算的巴布尔善就是侍卫处的一个统领。在侍卫处培养亲信的重要性，孝庄肯定是知道的。这也是她不顾两个辅佐大臣的反对，坚持要康熙娶索尼孙女的原因。铲除鳌拜后，康熙立马换掉了朝廷六部、御史，以及理藩院的满人主管。而新换上去的八人中，有六个都是康熙的贴身侍卫。[18]

侍卫处的重要性，康熙生母这边的佟家当然也清楚。康熙的母亲是正蓝旗都统佟图赖的女儿。康熙继位后两年，她就去世了（1663）。在这一年，佟图赖的两个儿子，也就是康熙的亲舅舅，佟国维和佟国纲都被安插进了侍卫处。[19]从历史来看，康熙和这两个舅舅是有真感情的。康熙六十大寿的时候当着朝臣感慨过："父母膝下，未得一日承欢，此朕六十年来抱憾之处。"[20]而康熙的两个舅舅让少年康熙感受到了难得的亲情。后来康熙晚年，为立皇子之事烦心，也只有佟国维敢跟康熙直接叫板，支持皇八子。康熙听烦了，让他闭嘴，佟国维则回答道：除非把我杀了，我才闭嘴。这些剑拔弩张的吵架细节，其实正好说明了两方关系的亲密。吵架归吵架，康熙晚年仍把京城守卫最重要的职位交给了隆科多，就是佟国维的儿子。根据耶稣会士记载，康熙私下和朝堂上，都直接喊佟国维和佟国纲二人舅舅。二人也把"舅舅"视为一种荣誉。在佟国维给他一个夫人写的墓碑上，就把"舅舅"写在他所有官衔的前面，成为他名字抬头落款的一部分。[21]

传教士登场

1665 年历狱结束后，汤若望在次年去世，京城中的神父都没有官衔，也就没有朝中之人了。在蛰伏了差不多三年半后，1668 年 12 月，耶稣会南怀仁神父突然上书朝廷，参劾杨光先和他负责的钦天监，指出钦天监发布的第二年日历有诸多错误。这时的南怀仁和当年的杨光先一样，都是在无官职的情况下上书朝廷的。这一次，奏本又一次绕过了本应该负责这类事务的礼部，被康熙转给了议政王大臣会议，让他们安排人员来核实日历的对错。[22] 后来在二十多位朝廷高官一起观测下，印证了南怀仁的理论是正确的。

康熙绕过了朝廷六部，直接把参劾案放到议政王大臣会议来处理，目的自然不是为了验证一下观测，搞清楚日历对错那么简单，而是意在挖出支持杨光先背后的鳌拜势力。在收到议政王大臣会议上报的观测结果后，康熙在回复中明确要求议政王大臣会议解释，为什么四年前你们说杨光先是对的，现在又说他是错的？这就是要议政王大臣会议继续深挖案情，目的是要牵出鳌拜一党。康熙的回复虽然是以问题的形式发下去的，其实他自己什么都知道。康亲王杰书以及康熙两个舅舅都深入参与了四年前的历狱。有趣的是，康熙在回复中还担心现在的议政王大臣会议不知道去哪里调查，主动在回复中写下了一串人名（包括南怀仁），表示这些人知道当年的案情。[23]

但议政王大臣会议的后续调查并未如康熙所愿，没有把四年前的历狱联系到鳌拜那里，而是把所有错误都归到了杨光先及其手下那里。议政王大臣会议要求把参劾案转交刑部深入调查，并严惩杨光先。[24]

走到这一步，康熙也没有办法继续，但他也没听议政王大臣会议的建议，用严惩杨光先来结案，只是把他革职了。

这个参劾案本身不大，但对康熙朝政有非同一般的意义。因为该案是康熙独立处理的第一个朝堂案例。[25] 当时康熙十五岁，按南怀仁写回欧洲的信中所言，是"还没长大的孩子"。[26] 该案发生前两年，在1667 年 8 月 25 日，朝廷给康熙举办过一个成年仪式，程序上已经确认康熙可以亲政了。但朝政还是由辅政大臣在处理。1669 年这起参劾案为康熙亲政试水提供了一个很好的机会，来向满朝文武展示他已经能乾纲独断，处理朝政了。该案妙处有二：一是涉及的天文观测结果完全可以预测，这样不会出现什么意想不到的事故；二是天文观测的结果是客观的，也就不会产生无休止的朝廷争论，这样一来事件容易把控。最后尽管该案没把鳌拜一党牵连进去，但康熙得以让满朝文武见识了自己的执政能力。

南怀仁的参劾发生在 1668 年 12 月，也就是擒拿鳌拜前半年，这正是康熙为擒拿鳌拜做准备的时期。当时宫中的侍卫处内，各派势力都安插了眼线，康熙不能放心使用里面的侍卫。因此康熙以练摔跤为名，组建了一队年轻人入宫，完全听命于他。这队年轻人就是最后擒拿鳌拜的队伍。这个队伍是 1668 年 10 月组建的，就在南怀仁参劾前两个月。

南怀仁神父是比利时人，生于 1623 年 10 月 9 日，十八岁时准备去南美最原始最苦的地方传教，后来耶稣会把他派到了中国。他于1658 年到达澳门，后来在陕西传教，再后来被汤若望招到北京，帮助他处理钦天监内的事务。1664 年历狱发生后，汤若望中风，说话吃力。

南怀仁就代表汤若望出席了各种审问。这次参劾杨光先时，南怀仁没有任何官职。

根据传教士记载，在参劾前，范承谟（范文程的儿子）还有一些礼部官员私下来找过他们，把杨光先负责的钦天监编出的日历交给他们，让他们找问题。据安文思神父记载，来找他们的官员表现得很神秘。在与他们会谈前，官员要求神父安排一个秘密的没有闲杂人等的地方会谈。在交代过程中，官员们表示他们说的事情是康熙面对面口头交代的。从他们的言谈举止中，安文思神父已察觉到这些官员交代的事情，并不是找日历中的问题那么简单。他猜测背后有更深远的谋划，只是并不知道是什么。[27]

三位神父中，南怀仁最懂天文，找问题的任务自然落在了他的身上。来找传教士的范承谟出身的范家在努尔哈赤时代就和佟家是一个派系的，属于八旗汉军的核心势力。范家和佟家互相之间多次联姻，是亲上加亲的关系。尽管康熙背后势力筹划扳倒鳌拜的过程现已不可考，但可以确知的部分是，南怀仁突然上书参劾杨光先，卷到朝廷纷争中，不是他自己的主意。站在神父的角度来看，南怀仁参劾杨光先对他自己以及传教事业都没有好处。神父到中国是来传教的，朝廷参劾，无论输赢，都是树敌的举动，对传教没有任何意义。同时，如果不是康熙亲自支持，南怀仁作为一个无官无职的人来参劾，朝廷大概率也不会受理，更不可能得到康熙的详细批复，再转到议政王大臣会议处理。另外，从南怀仁的经历也可以看出，他是一个典型的天主教神父，一生都在尽量避免卷入朝堂纷争之中。即使是在参劾杨光先的折子中，南怀仁都还心存愧疚，在结尾部分，写自己是"自幼学道，口不言人之长短"。[28] 1668 年参劾杨光先是南怀仁在康熙朝廷几十年中唯一一次主动参劾他人的例子。总而言之，各种迹象都表明传教士受到了康熙背后势力的指使。

如果说南怀仁参劾杨光先和康熙擒拿鳌拜二者发生时间接近还有可能是巧合的话，那么传教士在擒拿鳌拜以后的动作就确认了他们在康熙政治圈中的地位。在鳌拜被擒的一个月之内，利类思在 1669 年 6 月 14 日执笔代表在京三位传教士上书朝廷，请求为 1665 年的历狱平反。用利类思奏折上的话来说，就是"今权奸败露之日，正是奇冤暴白之时"。[29] 作为修行之人，利类思的汉文奏折行文比较克制，没有明确点名鳌拜，但是当时朝堂上下也都明白其所指。利类思上书并不是要参与朝廷斗争，其主要目的很现实，就是把上次案件中被收缴去的教堂教产要回来。8 月，南怀仁再次上奏朝廷，直接指明杨光先就是鳌拜党羽，要求给 1665 年的历狱翻案。当时朝堂上下正在追查康熙侍卫中的鳌拜党羽，整个案件处在关键时刻。1669 年 8 月 27 日，作为侍卫统领之一的巴布尔善及其党羽都被定罪。[30] 九天之后，9 月 5 日，康亲王杰书上书康熙，代表议政王大臣会议回复南怀仁所请。首先，康亲王确认杨光先为鳌拜党羽。其次，他建议推翻 1665 年历狱的所有判决。对于已在 1666 年中风过世的汤若望，建议恢复其名誉，把收缴的属于汤若望的教堂教产归还给传教士，同时按照汤若望在世时的官品给予相应的丧葬待遇。对于那些已经被正法的官员，给予家人补偿；被流放的，调回京城；降职的，官复原职。康亲王同时建议，当年由于 1665 年历狱而流放广州的二十四位传教士也应一并召回京城。除了召回广州传教士这一条，康熙允准了康亲王的所有建议。[31] 十五天后，朝廷正式恢复了汤若望的品衔，并宣告以后对汤若望的祭祀都将按其在世时的品衔进行。是年 12 月，康熙亲自为汤若望撰写了墓志铭，并刻在了他的墓碑上。[32] 康亲王和康熙的这一系列举动其实就是对传教士之前参与铲除鳌拜的报答。要是传教士没有参与其中，康亲王哪有可能第一时间来帮传教士翻案。当时朝廷等待翻案的案子尚有许多，而康亲王在处理完巴布尔善九天后就帮传教士处理此案，这从哪个角度都不能不说是特别关照后的结果。

时间点是了解传教士参与鳌拜案的关键。1669 年历法之争的起始结束都和康熙铲除鳌拜势力的布局紧密相连。这并不是巧合。南怀仁混迹北京多年，又亲历了四年前持续了八个月的历法案，他比谁都明白历法对错不是什么学术争论，而是刀光剑影的政治斗争。在他用拉丁文写回欧洲的信中，就明确写了辅政大臣鳌拜是杨光先的靠山；[33] 同时他还告诉欧洲，少年康熙和鳌拜各自都在暗中争权。[34] 他的信中，还回答了一个清史中找不到答案的问题，就是康熙早年为什么不把案件送到朝廷六部处理，而是转交到议政王大臣会议。比如像 1669 年的历法之争，按规矩应该是礼部牵头来调查。南怀仁在信中解释，因为朝廷六部里面都是鳌拜的人，而在议政王大臣会议这边，康熙有一个他信赖的小圈子，不仅可以为康熙提供建议，还有足够的势力和鳌拜的人周旋。[35] 从南怀仁信中提到的内部权斗信息，就可以看出他是康熙圈子内部的人。

1668 年开始的历法之争只是康熙清除鳌拜集团众多操作中的一个小环节。尽管案件本身并没有影响到鳌拜，但这让康熙一派摸清了鳌拜一党在朝廷高层的分布。天象观测的结果是客观结果，谁对谁错一目了然。而面对这个客观结果，议政王大臣会议中各人的不同反应，就显示了其人的政治倾向。这为后面迅速清理整个鳌拜网络提供了关键讯息。[36]

表格 2　清除鳌拜势力与南怀仁参劾杨光先时间线

	康熙清除鳌拜势力	1669 年南怀仁参劾杨光先
开始	1668 年 10 月，康熙在宫内组建了一队年轻骁勇。这支骁勇就是最后擒拿鳌拜的队伍。	1668 年 12 月，南怀仁指出新编次年日历中的错误，掀起了历法之争。
结束	1669 年 6 月，鳌拜被擒。7 月到 10 月，清理朝廷内外鳌拜势力。	1669 年 8 月，南怀仁参劾杨光先为鳌拜一党。

传教士与宫廷政治

康熙朝早年，在南怀仁、利类思和安文思三位传教士中，南怀仁看起来似乎是中心人物，实际上三人是互相协作，作为一个团队在共同应对朝堂政治。为了验证历法的对错，朝廷组织了高官一起来观测天文。在观测那天，三位神父同时出现。安文思除了神父角色以外还是个匠人，观测所需的仪器都是他制作的。前一天，安文思还连夜赶制出一个日晷来方便观测日影。[37] 1669 年，三人还一起上了两份奏疏，希望能为 1665 年的历狱翻案。上疏中，利类思名字排在最前面，其次是安文思，最后是南怀仁。这个署名顺序，其实也反映了三人在团队中的自我定位。利类思最年长，而且来华最久，理应靠前，而南怀仁年纪小而且来华晚，所以排最后。他们的第一份奏疏是鳌拜被擒一两个月之后（1669 年 7 月或 8 月）递上去的。尽管这份奏疏的实际目的是要讨回 1665 年被没收的教堂，但在提要求之前，奏疏写了一大段文字要求恢复佟国器的名誉。[38]

佟国器是佟氏家族经营江南的代表人物，历任江南各省督抚。而他受 1665 年历狱影响，被迫回京，接受关于他和传教士关系的审讯。现存历狱档案中，还有对他的审讯记录。佟国器在江南和传教士交好，当时是天下共知的事。他为传教士修教堂，给他们的书写序言，都是公开进行的。大概是佟氏在北京的势力大，审讯佟国器的人没有为难他，接受了他的解释：佟国器说他和传教士没有什么往来，只是早年为传教士修教堂捐了二十两银子罢了。[39]清初的案子，人为操控空间大，众所周知的事都有操作可能。对于这一点，陈寅恪考证过柳如是贿赂南方官员帮助钱谦益摆脱谋反罪的过程。[40]传教士记载中说佟国器能脱罪是靠佟家的关系，尽管没有提到细节，应该也不是臆测。总之佟国器最后并没有受到处罚。

因而当利类思在奏疏开篇大谈佟国器受牵连，要为佟家伸张正义，就是借此来显示他们传教士属于佟氏派系。传教士的另一份联名奏疏是请求康熙恩准让流放到广州的传教士返回他们以前传教的地方。康熙把这两份奏疏都转给了礼部处理，礼部也都批准了里面的请求。[41]

传教士在康熙早年朝廷上的各种动作引出了一个本书开篇提到的问题：洋人传教士凭什么能接触到康熙，有什么资格在朝廷上参劾奏议？解释这个问题，首先要回到第一章提到的传教士在八旗里的归属问题。利类思和安文思在四川被豪格大军擒获以后，成为正蓝旗下的奴隶，后来他们的奴籍挂到了正蓝旗旗主豪格那里，豪格成为他们的主子。豪格回京被抓冤死狱中以后，二人的奴隶身份又转到了正蓝旗汉军都统佟图赖那里。佟图赖善待两位神父，把二人当成包衣奴才，让他们吃住在自己家有一年半时间。也是在这段时间，二人跟佟图赖的两个儿子佟国维、佟国纲（康熙的两个舅舅）有了很密切的关系。总结而言，以满人的政治派系来说，二人是正蓝旗佟家门下包衣奴才，而佟家又是康熙母亲的娘家。作为康熙母亲娘家外戚包衣奴才的这一特殊身份，是传教士得到康熙以及周围人信任的基础，也是他们参与到康熙朝廷纷争的基础。

其次，汤若望神父为后来的传教士留下了一笔宝贵的政治遗产。年仅二十三岁的顺治皇帝在感染天花后，身体状况迅速恶化，在驾崩前两天，汤若望觐见了顺治皇帝，并推举了皇三子玄烨继承皇位。[42]汤若望给出了一个令人信服的理由：玄烨已经得过天花，并恢复过来，这样可以保证其不会再感染，也就能保证皇位传续。至于这个理由多大程度上影响了顺治的最后决定，不得而知。清朝正史以及《康熙实录》对顺治选定康熙只有一个童话般的交代。就是顺治曾问六岁的玄烨有什么志向，玄烨说要学习父皇。按正史说法，这一句话打动了顺治。清官方正史想传达的信息是，顺治其实早就有意传位于玄烨。不过熟悉满人早期历史的都知道，满人本没有提前立皇嗣的传统，正常来说，年仅二十三岁的顺治生前应该并没有仔细考虑过皇嗣的问题，很可能是在身体状况迅速恶化后，驾崩前几天才开始匆忙决定皇嗣选立。

立嗣是大事。在满汉政治传统中也都是很敏感的事。每个皇子背后都有一个派系，牵涉很广。对于利益并非密切相关的官员，参与到立嗣中其实是一场政治赌博。支持谁、推选谁就是把注下到了那位皇子身上。在顺治驾崩之际，汤若望早已是政治上的老手，他完全明白建言皇嗣选立是一场政治赌博，也明白所附带的风险，所以他推举玄烨为嗣肯定是深思熟虑后的决定。从汤若望传教角度看，母家出自佟家的玄烨确实是对传教士最好的选择。在利类思和安文思奴籍早年转到佟家的时候，汤若望就在写给欧洲的信中说，这是二人奴籍转移的最佳选择，而且还提到自己与佟家有很好的关系。[43] 所以汤若望才会放手一搏把注押到了玄烨和佟家上面。汤若望建言选立玄烨应该是朝廷内外都知道的事，并不是什么秘密。明末清初被称为"江左三大家"之一的龚鼎孳在给汤若望祝寿的文中就赞道："直陈万世之大计，更为举朝所难言。"这一句就是在公开赞美汤若望建言选立康熙一事。[44] 后来康熙与传教士交往甚密，并没有引起当时人的非议，因为大家都认可一个最基本的政治规律：登位的皇帝会最信任那些登位前就支持他的人。无论汤若望是有意还是无意把注押在玄烨那里，最后的结果就是他赌对了。

传教士和佟家的主奴关系，以及汤若望在康熙登位前后的表现，为传教士获得了宫廷政治中最珍贵也是最难得到的东西——信任。这个信任是传教士后来能接触到康熙，以及后来能侍奉在康熙左右的基础。按中国传统政治的术语来说，这就是能"上达天听"。能够把想法直接说给皇帝，这在历朝历代都是了不得的特权。举一个例子，南怀仁在1673年9月直接求康熙帮忙，说他有件"很小的事"办不下来。[45] 他在六个月前按照朝廷程序，上奏礼部，希望能批准一位在扬州的传教士到西安的一处教堂去，因为西安教堂原来的神父过世了。就是这样一件小事，南怀仁折腾了半年都没有得到答复。结果康熙一介入，礼部第三天就回复南怀仁，批准了他的请求。

1669 年历法案件之后，安文思和利类思也渐渐远离了朝堂，因为他们一直坚持传教士远离政治的信条。南怀仁留下来做了康熙的老师，同时在钦天监任职。尽管南怀仁多次在写给欧洲的信中流露出想要远离政治，只做一个神父的志愿，但他权衡再三，认为侍奉康熙左右对整个传教事业更有利。对于他在朝廷任职，欧洲教会还是有非议的，他解释说，能够近距离接触到皇帝对传教事业来说是天赐良机。他在信中还写道，他经常坐在康熙身边，一边喝着太监送过来的奶茶（估计是酥油茶，原文是"混有牛奶的茶"），一边手把手教康熙学习数学和几何。[46] 他反问质疑他的人，要是他不入宫，怎么把欧洲的东西介绍给中国的皇帝？[47]

功不可没的南怀仁

除了受到康熙信任，南怀仁神父自己有意愿回到宫中，而且有能力应对朝廷中各种关系也是他在康熙身边得以立足的关键。在 1665 年历狱案的审理中，南怀仁代表中风后不能说话的汤若望参与了各种审问和应答，他深知涉足朝政的风险。所以 1669 年他决定重返朝廷政治绝对不是一时兴起，而是深思熟虑后的结果。其实从南怀仁递交朝廷的奏疏中，可以看出他当时是有过犹豫的。1669 年 2 月，天文观测证明传教士的历法正确以后，朝廷任命南怀仁到钦天监任职，南怀仁写了一封很长的陈情奏折，希望朝廷能体谅他是一个传教士，不适合在朝廷做官。康熙收到礼部转过来的上奏，但仍坚持让南怀仁任职。[48]
南怀仁再次上书，写了一封更长的上奏给康熙，恳求康熙遂了他当神父的志愿，同时保证他会尽全力为钦天监服务，唯一的要求是不要给他官衔。康熙收到上奏以后，又转交礼部部议。礼部给出的结论是可以同意南怀仁不要官职，但是他必须收下相对应的俸禄。[49] 南怀仁接受了这个提议。南怀仁的这些上奏都是他内心挣扎的表现。终其一生，他都在为如何与政治保持距离而烦恼。1682 年，他去世前六年，在跟随康熙出访塞外的日记中，他还在苦恼这个问题。

　　无论南怀仁内心如何挣扎，他侍奉康熙左右对整个传教事业还是有实际帮助的。1665 年历狱，汤若望被扳倒以后，传教士在朝中就没人了。南怀仁 1669 年重新出山，得到了康熙以及康熙内部圈子的信任，才让传教士又有机会走进紫禁城。作为康熙的老师，南怀仁长期陪伴在他身边，在康熙从十几岁到二十几岁的成长过程中，对他产生了深刻影响。按照现在的成长理论，这一时期正好是心智定型的关键期。从康熙的学业来看，他是从 1669 年铲除鳌拜以后才开始正式在礼部安排下学习汉语以及中国传统典籍。在学习中国诗书礼易的同时，康熙还跟着南怀仁学习数学、几何、天文和西方音律等欧洲学术科目。所以，康熙对西方科学的兴趣并不是偶然产生的，而是在南怀仁的培养下耳濡目染的结果。作为老师，南怀仁应该说是很成功的，他激起了学生康熙对西方学术的兴趣。南怀仁之后，后来的传教士徐日升（Thomas Pereira）、安多（Antoine Thomas）、白晋（Joachim Bouvet）和张诚（Jean-François Gerbillon）都做过康熙的老师，他们都留下了很多康熙学习西方科目的记录。法国学者伊莎贝拉（Isabell Landry-Deron）

综合几位传教士留下的日记和讲课材料，做了一份表格，标注了1690至1691两年时间中，三十六岁的康熙跟几位传教士在宫中学习的时间表。[50] 这张时间表反映的是南怀仁去世后（1688年），新来的传教士教授康熙西学的频率（见表格3）。

康熙跟着传教士学习过西学，是历史上广为人知的。由于汉文、满文资料对康熙和传教士交往只有零星记录，人们一直不清楚康熙到底学了多少，学到了什么程度，对此缺少一个定量的认识。而从1690年这一年的学习频率中就可以看出，康熙学习西学，已经不是一般意义上的兴趣，而是在深入学习。1690年这个年份不是笔者有意挑选出来的，只是各传教士留下的资料正好覆盖到这一年。1690年康熙已经三十六岁，这时他还能有这样密集的学习频率，可以想见康熙早年跟着南怀仁学习也很用功。南怀仁没有留下系统为康熙授课的记录，但他留有很多感叹教书很累的文字。而且南怀仁还感叹过，三藩之乱那么忙，康熙竟然还有心继续学习西方课程。南怀仁的这些文字和感慨，后来学者最早是存疑的，认为是南怀仁为了吹嘘自己能接近康熙而说的大话。但根据多个传教士从不同侧面留下的1690年的记录来看，康熙确实学习用功。而且1690年是康熙戎马一生中很忙的一年。1689年清朝刚和俄罗斯签订了《尼布楚条约》，断了准噶尔蒙古的后援。1690年，康熙开始出征剿灭日趋强大的准噶尔蒙古的噶尔丹汗。在表格中可以看到，这一年康熙一直都在召见传教士学习，五月和六月甚至天天都在学。但八、九、十月中断了学习，这是因为这期间康熙御驾亲征噶尔丹去了。

表格 3 　1690 年传教士与康熙会见表

B=Bouvet, 白晋　G=Gerbillon, 张诚　P=Pereira, 徐日升　T=Thomas, 安多　S=Suarez, 苏霖　Ga=Gabianni, 毕嘉

	一月	二月	三月	四月	五月	六月	七月	八月	九月	十月	十一月	十二月
1	GP				BGT	BGP		BGTP			BG	
2				BG		BG	BGTP					
3					BG	BG		BTGP			BG	
4				BG	BG	BG	BGTP	BTGP				
5					BGT							
6				BGPT	BGT	BG	BGTP					
7				PT	BGT	BGT	GP	BGTP				
8		GPTBS	BGPT	BG	BG	BG	BT					
9			BGPST		BG	BG						
10			BG		BGP	BG	GP					
11			BG		BG	BG					GTP	
12		BG	BG		BGP	BG	GP				BTP	
13			BG	BG	BG	BGT						
14					BGT	BG	BT				GTP	GT
15	GPT			BG	BG							BT
16	GPST				BG	BG	GP				BTP	GTP
17	GPT			BG	BG	BG		BGGaPST				BTPS
18	GPST					BGT	BT				GTP	GTPS
19	GPST			BGP	BGT	BG						BTPS
20	GPST				BG	BG	GP				BTP	BGGaPST
21	TP		BGPT	BG	BG	BG						BTPS
22	TP				BG	BG					GTP	GTPS
23	BG			BG	BGGaPT							BTPS
24			BGT		BG	BG	BT				BTP	BTS
25			BGT	BGPT	BG						GTBP	GTP
26			BGT	GBPT	BGP	BG	GP				BGGaPST	BTP
27	PT		BGT	BG	BG							GTP
28					BG	BGT	BT					BTP
29			BGP	GBPT	BGTP							GTP
30					BG	BGPT	BT					BTP
31			BGP		BG		BT					GTP

表格数据来源：

Landry-Deron, Isabell, "The Kangxi Emperor's Lessons in Western Sciences as Recounted by the Jesuit Fathers J. Bouvet and J.-F. Gerbillon".

根据《康熙实录》记载，征讨大军是于康熙二十九年七月癸卯日启行的，这一天是1690年8月18日。而康熙在前一天（8月17日），还见了当时北京教他的所有传教士（见表格3）。而且在这之前的8月6日（《实录》中的辛卯日），康熙上朝安排军务，派自己的哥哥福全为大将军，大儿子胤禔为副将，同时安排了朝中各大要员在远征非常时期的不同职务。康熙的两个舅舅中，佟国纲出征，佟国维留京。从《实录》中能看到，当时各部门处于高度紧张状态，开始各司其职运作了起来。四天过后，在8月10日这天（《实录》中的乙未日），康熙在紫禁城太和门，举行仪式送福全率领的前锋部队出征。就在这百忙之中的几天，康熙在8月7日还跟四位传教士一起上了课。据此推断，南怀仁说康熙在平定三藩之时，还有心上课，应该不是编造的。康熙这次亲征，出发不久就生病了。病征是："夜间身热心烦。至黎明始得成寐"，大意是晚上发烧，天亮了才能睡着一会儿。康熙没法继续赶往前线，只得派出他最信任的康亲王杰书替他前往。三十六岁风华正茂的康熙很想和当时蒙古声名远播的噶尔丹一决高下。他休息了好多天，希望病能好，然后再上前线。但可惜的是病情还加重了。康熙只得同意回京，遗憾地对身边人说："朕来此地，本欲克期剿灭噶尔丹，以清沙漠。今以朕躬抱疾，实难支撑。不获亲灭此贼，甚为可恨。"按《实录》记载，康熙说着说着，还流下了眼泪。康熙生病这些日子，太子和皇三子还从北京赶来探病。但太子表现得漠不关心，这深深刺伤了康熙的心。十九年后，康熙几次废立太子，这件事都是他的一个心结。《实录》里原话是："见圣体未宁，天颜清减，略无忧戚之意，见于词色。上以允礽〔太子〕绝无忠爱君父之念，心什不怿。令即先回京师。"就这样，康熙第一次远征噶尔丹，由于身体原因，没能亲上前线。清朝派出去的大军，苦战后艰难获胜。康熙的舅舅佟国纲战死。[51]

对于南怀仁和后来的传教士来说，经常见面的康熙并不是一个高高在上的皇帝，而是一个有爱恨情仇、有温度、有想法的人。从大方向来说，南怀仁应该是延续了汤若望的传教策略，也即通过在朝廷里行走来为传教争取方便。但南怀仁对这个策略做了一点改变，他的着眼点不再是像汤若望那样去做一个有影响的朝廷大臣，而是像满人的包衣奴才一样安心当一个皇帝信赖的身边人。在 1682 年，南怀仁就明确写到为皇帝服务对于传教事业至关重要：

> 有些人或许会质疑：到底跟着皇帝出行侍奉在侧，对于整个传教事业有什么好处或者用处？对于这样的问题，我会说，首先我必须遵照皇帝的命令跟随左右，因为皇帝的想法决定了能如何传教以及整个传教事业能否成功。[52]

对于南怀仁所说的"侍奉在侧"和传教事业的关系，后来的传教士是赞同的。后来到北京的传教士确实也把精力都放在了如何侍奉康熙上。1671 年到京给南怀仁做天文观测助手的闵明我神父（Claudio Filippo Grimaldi，1638—1712），本身是一个画师。1673 年到京的徐日升神父是个乐师和钟表师。后来很多出入深宫的传教士，都在朝廷里面没有任何职务。

南怀仁一生跟随康熙二十多年，从康熙十几岁一直到三十几岁。除了当康熙的老师以外，还参与了平定三藩和与俄罗斯谈判这些康熙早年的朝中大事。当时朝廷内外，都很敬佩南怀仁神父，认为他是一个渊博得近乎无所不知的神奇存在。他作为一个洋人，来华后，不仅学会了汉语、满语，还能把欧洲的书籍翻译成汉语和满语。除了精通天文观测，他还是一个机械设计和制造方面的工程专家。康熙1671年要重修他母亲的陵墓，上好的石料很重，没法运过卢沟桥。当时的难点是，如果用很多马同时拉石料，马蹄同时用力会引起共震，再加上石料重量，可能把桥给毁了。朝廷工部没有办法，上书康熙。康熙派南怀仁去解决。南怀仁设计出了同时拉动的绞盘，通过多处人力共同转动来牵引石料，这样解决了可能产生的共震问题。（图3.1）

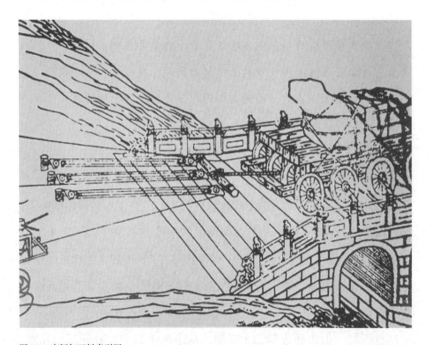

图3.1　南怀仁石料牵引图

　　图片来源：韩琦、吴旻校注，《熙朝崇正集·熙朝定案》，86。

后来 1673 年三藩之乱开始后，清朝的大炮辎重，无法进入浙江、福建等南方山地，也很难发挥作用。康熙委托南怀仁负责解决这个难题。南怀仁在短时间内对大炮制作以及运送方面做出了革新。他造出了小巧的大炮，还在大炮下安装了一组轮子，这一武器革新为平定三藩发挥了关键作用。南怀仁的炮造好以后，在郊外演习，康熙带着满朝文武观看，大炮的威力和准确性立时让朝廷上下官员叹服。南怀仁是康熙的人，他的大炮造得好，也是给康熙长脸。造炮以后，康熙又硬塞给南怀仁一个工部侍郎（仅次于工部尚书的职位）的官衔。据记载，康熙朝大小炮共造了 905 门，其中超过一半都是南怀仁造的。[53]鸦片战争后，入华的欧洲人发现南怀仁造的大炮做工精致，图案雕刻有文物价值。八国联军侵华时，欧洲国家专门找到已经废弃的南怀仁大炮，把他们运回欧洲当文物。现在在罗马、柏林、伦敦、维也纳和布达佩斯等地博物馆都有专门收藏南怀仁造的大炮，他的名字就刻在炮身上。[54]

南怀仁还在北京制造出了世界最早的四轮蒸汽推动的可以控制方向的汽车。车身动力来自于车身中间架起的一个炭盆烧出的蒸汽。南怀仁把他制作汽车每一个部分用的材料、制作步骤都详细记录下来，让人带回欧洲，并在 1687 年出版。[55]南怀仁没有具体记录车是哪一年制造完成的，但根据他书中所写的其他时间推算，应该是在 1670 年代中期就已完成。这比牛顿 1688 年提出的蒸汽车构想要早十多年。南怀仁和牛顿的设计相比，车的动力驱动部分，也即通过炭盆烧出蒸汽用以驱动的想法是一样的（图 3.2 和图 3.3）。南怀仁当时已经把实物做了出来，车可以运行大约一小时，直到蒸汽用完。而牛顿那时提

图 3.2　南怀仁车模型图

　　图片来源: https://www.jesuiten.org/news/jesuit-erfand-das-erste-automobil-der-weltgeschichte

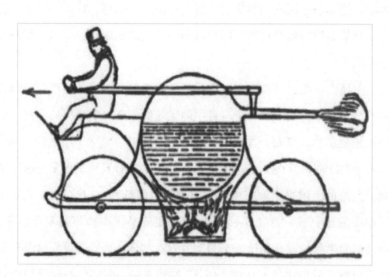

图 3.3　牛顿 1688 年提出的蒸汽车构想图

　　图片来源: Sewell, *Elementary Treatise On Steam & Locomotion*, 244

出的仅仅是一个构想。南怀仁在蒸汽动力以及汽车发展历史中的位置，最近几十年逐渐被西方科学史家认可。南怀仁的比利时家乡博物馆还专门按照他的记载复制出一个模型来。南怀仁在书中还提到，他还做过蒸汽推动的船，船试航的时候还请了康熙的大哥来观看。[56]可惜的是，船是怎么建构的，他没有细写，只提到用的是和他的蒸汽车推动一样的原理。尽管南怀仁不知道后来的蒸汽时代以及蒸汽动力对世界产生的改变，但他在书中已经预感到用蒸汽推动将是一场大的运输革新。[57]西方科学史家相信南怀仁确实做出了蒸汽车，很重要的一个原因是南怀仁背后有强大的大清工部支持。这个蒸汽车能做出来，除了构想以外，对铁艺和木艺两方面都有很高要求。当时的工部是世界上少有的能在两方面都给予南怀仁支持的机构。

十七、十八世纪，欧洲王公贵族有支持科学研究的风尚。各学科的科学家很多都依附于各地的达官贵人做研究、做实验。对于王公贵族来说，自己支持的科学家做出了成绩，是一件很有面子的事。南怀仁在送回欧洲出版的科技书籍中，标题部分就明确写出，他是在康熙皇帝的关照支持下做的各种科学实验。后来欧洲一直认为康熙是东方的开明君主，就源于各种关于康熙支持西方科学的报道。[58]17世纪七八十年代，荷兰、葡萄牙、俄罗斯等国都派有使节来华，由于有传教士翻译，双方可以比较深入地交流。康熙一方面作为君主，会在礼部安排下，走完各种接待国外使臣的步骤。但他还会在正式接待结束后，把使节招到内廷交谈。当然交谈也都是传教士在做翻译。[59]荷兰使节就很惊讶于康熙的科学素养。康熙不仅问了荷兰的地理情况，还问他荷兰的经纬度。也是因为康熙对学术的崇尚，后来法国国王在选派传教士到中国时，还将学术水准作为一个遴选门槛。

　　康熙跟着南怀仁学习西学，是在皇宫内廷中进行的，学习中的各种具体事务是康熙的内务府在安排。尽管清朝正史中记载的都是南怀仁制作日历、观测天象以及制作大炮这些"公"事，但是南怀仁和康熙的私交才是令当时满朝文武称奇的。南怀仁比康熙大三十一岁。铲除鳌拜势力的1669年，南怀仁四十六岁，康熙十五岁。从南怀仁写给欧洲的信函中，可以看出他是把康熙当成自己的一个聪明学生在看待，字里行间能看出他对康熙是有真感情的。在他1682年春跟随康熙去东北祭祖的旅行记述中，就流露出他得意于康熙对他的各种照顾。祭祖前一年的冬天（1681年12月），清朝大军进入昆明，吴三桂之孙吴世璠兵败自缢，自此持续了八年的"三藩之乱"终于结束。这一次祭祖，二十九岁的康熙是去告慰满人列祖列宗的。康熙组织的祭祖队伍，阵容庞大，有七万人的规模。整个祭祖行程距离北京上千公里，一直到吉林松花江边上。据南怀仁记载，出了盛京（沈阳）后，很多地方都已经荒芜。只有沿途偶尔出现的一个个废弃村庄的遗迹，才仿佛显示满人曾经在这里居住过。满人打仗的传统是自带武器干粮，战胜得来的战利品也归自己所有。满人远征以旗为单位，出发的时候一家男女老少都跟着走，后来随着军队的胜利，满人也就迁徙去了他们占领的地方，很多人没有再回东北。康熙的回乡大军也遵循满人的老传统：以家为基本单位，马匹食宿自理，各旗分别自行安排扎营地。康熙选了十几匹他自己的马给南怀仁用，把南怀仁交给他的舅舅佟国维照顾，让他负责南怀仁的食宿。在康熙的安排下，南怀仁和佟国维同一桌吃饭，同一大帐住。整个远行没有作战的压力，又是出来庆祝胜利的，整体安排更像今天的户外野营郊游。康熙白天打猎钓鱼，遇到好的食材，还派快马送回京城孝敬孝庄太皇太后。晚上，生起篝火，康熙和皇亲国戚达官贵人围坐在一起，在浩瀚的夜空下，听南怀仁讲星星。在座之人，除了南怀仁，就属康熙最懂星空了。用南怀仁的话说，康熙也正好可"夸示自己的学问"。[60]

　　在路上，朝鲜人还给康熙进献了活的海豹。康熙当时没有见过，问南怀仁欧洲知道这种动物么。南怀仁说知道，还告诉康熙他在自己编辑的关于鱼类的书籍中画过海豹，介绍过海豹的基本习性。康熙半信半疑，让快马回京城把书取来印证。在看到书上果然有介绍后，康熙表示很满意。[61] 后来，康熙带了一小队人去捕捞松花江中最著名的鲟鳇鱼，也把南怀仁带上。鲟鳇鱼大的超过两米，重两百多斤，自宋朝起就是有名的贡鱼。可惜的是康熙一行连遇几天大雨，不仅没有捕到鱼，回程也受影响，一路泥泞。在南怀仁的记录中，有一天，早上可以走过去的小溪回程时已经涨水变成一条河了。当时只有一艘小船可供渡河，帐篷食物都在对岸，过不去河就意味着要在泥泞中饿着肚子露宿一晚。康熙带着太子和几个权贵乘船先渡河，渡到一半，船又调头回来。等船的人都觉得奇怪，纷纷猜测原因，结果原来康熙是专门回来接南怀仁的。这一下让焦急等待的满人，切实感受到了南怀仁和康熙的关系。后来，又遇到差不多的情况，皇帝总要带着南怀仁先走，康熙的舅舅佟国维不干了，说南怀仁是他照看的人，要带走南怀仁就要把他一起带走。康熙却说让南怀仁以后行程就跟着他，不用舅舅再照顾了。

按中国传统政治来说，能够近距离接触皇帝就是特权。这个特权其实有一个不是官职但又有很重分量的头衔："御前行走"。比这个差一点的是"内廷行走"，再差一点的是"乾清门行走"。这几个"行走"在政治上的不同分量，就是根据距离皇帝的远近来区分的。南怀仁与康熙的接触已经超过了"御前行走"。他和后来的传教士入宫，走的都是内务府专用的西门，这道门一般大臣都是不能用的。大臣入宫是走南边的太和门，然后再从乾清门进入内廷，完全是不一样的路线。

传教士带给康熙的世界

南怀仁除了教授康熙具体的知识以外，还深深影响了康熙对世界的认识，从而影响了大清后来一百多年北方和西北方向的战略部署。南怀仁给康熙普及了欧亚地理知识，特别是俄罗斯在欧亚大陆上的角色。康熙平定三藩后，首要目标是平定西北和北面还没有归顺的蒙古部落。解决蒙古问题，就要处理和俄罗斯的关系。南怀仁告诉康熙，当时俄罗斯正在西线与奥斯曼土耳其作战，让康熙明白俄罗斯也无意在东线与清朝为敌。这为康熙最后制定与俄罗斯和谈来解决蒙古问题的战略决策提供了关键信息。

1676 年俄罗斯大使斯帕法里（Nikolai Gavrilovich Spathari, 1636—1708）率领一百五十人组成的庞大使团入华，在北京停留了四个月时间，南怀仁是翻译。斯帕法里这次还带来了两封明朝皇帝发给俄罗斯的信。一封是以永乐皇帝名号发的，一封是以万历皇帝名号发的。这两封信用中文写成，但俄罗斯朝野上下没人懂中文，所以斯帕法里把信带到北京，希望把信翻译成拉丁文。俄罗斯使团有带信到北京来寻求翻译的想法，就是他们知道康熙的朝廷里有传教士。同时斯帕法里还提议以后双方的正式交流语言为俄文、满文和拉丁文。俄国发出的函件为俄文和拉丁文，而清朝的回复用满文和拉丁文。康熙让议政王大臣会议讨论，最后同意了。拉丁文应该是16—18世纪环球航行以后，全球化中各国参与世界交流共同使用的语言。清朝正好有传教士在，也就很自然地融入这个世界体系中了。据统计，从1676年起到1730年，传教士为清廷共翻译了110封拉丁文的公函。[62]

斯帕法里是学者，他早年在希腊接受教育，精通包括阿拉伯语在内的九种语言。他和南怀仁一见如故，惺惺相惜，他们用拉丁文长谈了很多次。南怀仁向斯帕法里透露了很多清朝内部运作的信息，以及他的理解。同时斯帕法里也给南怀仁讲了很多他对俄罗斯政局的看法。[63]

斯帕法里使团除了在通信语言上与清朝达成了一致，其他谈判问题都没有结果，因为清朝坚持要求俄罗斯以藩邦附属国地位与其谈判，这让斯帕法里觉得完全不可理解，当然也没有同意。清朝礼部坚持使团行跪拜叩头的礼节，斯帕法里也表示难以接受。[64]

康熙在传教士的影响下，早就明白西方国家交流中的平等观念。但大臣坚持既定的传统规矩，他作为皇帝也不能干预。皇帝和大臣在朝廷制度下是互相制约与平衡的关系，大臣按照皇帝制定或说认定的规章制度办事，那么皇帝就必须要尊重大臣按章行事。黄仁宇在《万历十五年》中称明朝皇帝是体制运作中的一个部件（instrument），就是这个意思。[65] 清朝皇帝在继承明代的朝廷制度以后，也经常感到制度对他们个人权力的限制。而康熙和后来的雍正面对这种限制，想到的办法不是改革朝廷制度来加强皇权，而是绕开朝廷制度来私下办理。这是本书后面会涉及的内容。比如康熙后来接待一些外国使团，就直接绕开了礼部和理藩院这些朝廷部门，而安排他的内务府来承办，以此来摆脱各种条条框框的限制。

尽管清朝和俄罗斯使团没有达成什么具体协议，南怀仁还是在和斯帕法里的交流中，验证了他心中的一个想法，就是从欧洲经由俄罗斯陆路来华的路线是可能实现的。当时全球航线已经形成，但是航道主要被葡萄牙、西班牙和荷兰几国垄断。天主教传教士尽管名义上都是教皇派出的，但是每个传教士在欧洲各属于不同国家，因而欧洲各国传教士入华前，还要得到当时几个海上称霸国家的支持。像荷兰已经是新教国家，和天主教国家在欧洲就有分歧，加上欧洲各国的政治关系又在不停变化，对一些有志来华的传教士来说，走海路有许多麻烦。当时的海路航行风险也很大，有不少花很大精力培养出来的来华传教士因为各种原因死在了路上。顺治时代，罗马就派出过传教士探索陆地线路，传教士白乃心（Johann Grueber，1623—1680）在汤若望的经济支持下，走西宁、拉萨，翻越喜马拉雅山，通过尼泊尔加德满都到印度，开辟陆地线路。尽管白乃心最后回到了罗马，还把中国西藏、尼泊尔的故事讲给了欧洲，但是北印度有一段不让西洋人通过，他只能走海路，也就是说他没能找到一条传教士可以通行的陆地线路到中国。他最后向罗马汇报的结果是这条线路太苦，沿途各种势力盘踞，不确定性与海路不相上下。[66] 所以南怀仁把希望放在了俄罗斯线路上。他认为如果得到俄罗斯的允准，可以很大程度上方便欧洲传教士入华，而且陆路的安全性也更好。

南怀仁的这个想法得到了教皇的认可，同时也得到了康熙的支持。法国国王路易十四（1638—1715）也认为南怀仁的想法是可行的，他派了两队耶稣会传教士前往中国，一组人走的陆路，一组人走的海路。走海路一组到达了中国，这在后面的章节中会讲到。走陆路的一组在 1687 年 1 月到达莫斯科。因为在两年前的 1685 年，莫斯科收到大清发来的边界谈判文件（文件有拉丁文翻译），俄罗斯对谈判条款很不满意，同时认为耶稣会传教士帮助清朝谈判，而且还帮助清朝制造大炮和俄罗斯作战，这些都是背叛西方的举动。于是俄罗斯直接把耶稣会告到了罗马，要教皇给个说法。[67] 在这个背景下，俄罗斯没有给两位法国耶稣会传教士颁发通行的文件。这一组人没能继续他们的行程。他们带给康熙的信件也没送到中国，这封信现在还保存在法国。红票中提到的四位传教士中的薄贤士就是第一批探索陆路通道的法国传教士之一。虽然陆路没能走通，最后他还是从海路到达了中国。

当时从欧洲进入俄罗斯最关键的一个国家是波兰。1680 年代的波兰国王约翰三世（King of Poland, John III）是欧洲的风云人物，他与奥地利组成的联军在 1683 年维也纳之战中战胜了锐不可当的土耳其军队。约翰三世也是热衷文化的君主，他的私人图书馆在当时欧洲都是很有名的。按中国说法，约翰三世是文治武功俱佳的君主。欧洲现存的很多油画中还有约翰三世的画像，都是英明神武的姿态。由于约翰三世和俄罗斯有各种协议，当时欧洲教会都把打开俄罗斯路线的希望寄托在约翰三世身上。南怀仁 1685 年发了一封信到德国耶稣会分部，请他们把信转交给约翰三世。在这封转交的信中，就附有康熙祝贺约翰三世取得维也纳之战胜利的贺词。贺词原件已经不存，据记录是康熙毛笔手书。约翰三世和南怀仁的通信还有一部分存世。在其中一封给南怀仁的信中，约翰三世附了一张自己的肖像画，让南怀仁转交给康熙，表示对康熙恭贺他胜利的感谢。[68] 约翰三世对南怀仁和康熙请求开辟俄罗斯路线的建议很上心。1686 年，在波兰和俄罗斯签订的一份协议中，约翰三世要求在条约中加入"教会人员可以通过莫斯科领土前往中国"的条款，但俄罗斯拒绝了这一条。俄罗斯谈判方称，条约中已有持波兰国王发放文件人员可以在俄罗斯通行的条款。也就是说，波兰国王要支持传教士到中国，通过发放文件就可以帮他们通过俄罗斯。[69] 后来真有一批波兰耶稣会传教士报名，希望通过这个条款借道俄罗斯到中国，不过俄罗斯方面以入华线路不安全为由，把到来的波兰传教士都劝返了，归根结底，俄罗斯还是不希望打开这条通路。

路易十四和约翰三世积极呼应南怀仁，希望和大清康熙皇帝建立关系，除了国家利益考量以外，还因为这两位都是热衷学术并且对东方文化很感兴趣的君主。约翰三世的华沙宫殿中，有专门的中国馆，还有中国的花瓶。开辟陆地线路，当时有许多学者加入讨论可行性以及可能的路线。著名的德国学者莱布尼茨就和波兰国王私人图书馆馆长有很多讨论路线的通信。其中几封信中，二人还在探讨为什么俄罗斯不让传教士借道去中国。二人猜测，俄罗斯是怕欧洲国家开辟了陆地线路后，打破俄罗斯对东北亚贸易的垄断。对当时欧洲的学者来说，东北亚以及西伯利亚很多地区都是未知区域，他们都很有兴趣了解那里的人和事。

南怀仁和康熙除了写信以外，对建立陆地线路也有切实的行动。在南怀仁建议下，康熙派出当时在钦天监内给南怀仁做助手的意大利闵明我神父作为他的特使去往欧洲。作为康熙特使，闵明我神父有两个任务：一是从欧洲方向联系俄罗斯，他当时带着兵部发给俄罗斯的信函；二是看有没有可能打开陆路通道。闵明我神父1686年冬离开中国，到达罗马汇报完中国教会的情况后，就寻求罗马教廷的帮助以打开陆路通道。他还动用各种私人关系，希望能说服1682年登基的彼得大帝。他在罗马和莱布尼茨见过面，拜托莱布尼茨帮忙联系劝说和他有私交的彼得大帝。[70]

清朝还请1686来朝的荷兰使节充当调停人，让他返回欧洲后，通过荷兰的渠道帮助清朝与俄罗斯交流，希望尽快与俄罗斯达成边界共识。荷兰带给俄罗斯的信是以大清兵部名义发出的。[71]

康熙有这种大国互动的世界格局，就是在南怀仁的帮助下逐渐形成的。其实在1680年代，清朝和俄罗斯在东北还不断有军事冲突，如比较有名的雅克萨之战。但在南怀仁的指点下，康熙明白那些冲突对中俄两方来说都不是核心利益所在，两国完全有可能达成一致。所以我们看到，在1680年代，清朝廷官方在不停说硬话，还在派军队，而康熙又同时在寻找各种渠道和俄罗斯谈判。1686年以后，康熙和彼得大帝双方都有很强意愿签订条约，这样二人好放手来干自己心目中真正的大事。1686年俄罗斯加入了奥地利、波兰和威尼斯组建的神圣联盟（Holy League），共同抵御奥斯曼土耳其帝国。同时俄罗斯在这一时期还在克里米亚打仗（1687、1689年）。另外俄罗斯跟瑞典也处于敌对之中。同时，清朝西北面的噶尔丹汗日趋强大，1686年开始吞并蒙古其他部落，康熙几次发出警告，噶尔丹都没有理会。康熙知道这一时期噶尔丹的许多战争都得到俄罗斯支持。对于康熙来说，跟俄罗斯签订条约，他才好放手来对付噶尔丹。清朝和俄罗斯在1689年签订的《尼布楚条约》就是这一时期双边关系发展的结果。而这个条约从开始谋划，到最后签订，康熙都是站在近代国家平等观念下在思考。思考的过程也接近现代国家谈判思维，考虑的是利益取舍，没有在一些虚无的礼仪称谓问题上费心思。康熙在思维方式和战略眼光上都远超其朝廷里的大臣。这一切应该说都和南怀仁的培养以及他给康熙提供的信息分不开。

南怀仁对康熙的价值，从他死后的恩荣上也可看出端倪。康熙赐给南怀仁"勤敏"的谥号。对于谥号，大清的规矩是必须一生勤恳，没有大的污点才能获得。而且正常情况下，只有一品大员会有谥号。不是一品的，需要皇帝钦赐。南怀仁没有做过一品大员，所以他的谥号是康熙钦赐的。对比之下，康熙早年的宠臣索额图和明珠，都因为后来这样那样的问题，没有获得谥号。能得到钦赐的谥号，在康熙一朝是很难得的恩宠。而且谥号是有品次的。表明品次的是谥号的首字。南怀仁谥号的首字是"勤"字，而当时最有名的拥有"勤"字谥号的是佟图赖，也就是康熙的外公。佟图赖是八旗正蓝旗汉军都统，带领军队从东北一路打到广西，为满人夺取天下立了大功，最后获得的谥号是"勤襄"。南怀仁最后的谥号可以和佟图赖并立于"勤"字档，在康熙一朝来说是极高的评价。最后南怀仁的墓碑上还是汉满双语并立，使用满语说明康熙把南怀仁当成自己人。南怀仁在 1688 年去世，中俄双方都认可 1689 年最后的条约能够签订，南怀仁当居首功。

《尼布楚条约》签订

1688 年 1 月 28 日，南怀仁在北京去世。六年前，利类思神父已经去世。这样，康熙朝宫中第一代传教士已全部去世。当时北京能在康熙身边经常出现的还剩下徐日升、安多两位神父。徐日升神父是葡萄牙人，在南怀仁引荐下，1673 年进入宫中。他擅长音乐，把西方音乐介绍给了康熙。徐日升神父和康熙的儿子们相处融洽，后者把他当成家里人。康熙的家训里还有大皇子拿徐日升神父的大胡子开玩笑，被康熙制止的故事。[72] 安多神父是比利时人，1685 年入京，在南怀仁引荐下成为康熙的西学老师。而南怀仁在钦天监的位置则传给了闵明我神父。闵明我一直是南怀仁的助手，精通天文历算。南怀仁去世时，闵明我被派回了欧洲未返，但钦天监的位置一直给他留着。直到 1694 年他返回北京以后，才正式顶了南怀仁的缺。

南怀仁去世后十天，也就是 1688 年 2 月 7 日，法国国王路易十四派出走海路入华的白晋、张诚、洪若翰（Jean de Fontaney，1643—1710）、李明（Louis le Comte，1655—1728）和刘应（Claude de Visdelou，1656—1737）五位法国耶稣会传教士终于抵达了北京。[73] 尽管五人未能见到南怀仁，但是在他们六个月前到达宁波的时候，就已经感受到南怀仁在清朝的影响力。按照清朝规定，西洋人入华只能从广东进入。但是从澳门到广东的入华路线多年来都掌握在葡萄牙人手中。这五位法国传教士为了回避葡萄牙人，选择了从宁波进入中国。当时的浙江巡抚金鋐见五位西洋人突然来访，上书朝廷，询问应该如何处理。管理西洋人的礼部给出的回复是严格执行现有条例，不允许传教士从宁波进入，责令他们离开，同时要求巡抚严惩带他们到宁波的商人。不过六天后，礼部这一回复被康熙否定了。康熙声称这几人懂得历法，让他们来京，听候差遣。据传教士记载，浙江地方官得知康熙让他们进京后，亲自到他们的住处拜访，恭喜他们能够得到皇帝恩宠接见。由于他们是康熙钦点要接见的人，所以从浙江赴京一千多公里的路上，他们得到了沿途各处地方官员的款待和照顾。[74] 法国传教士知道这一切都是康熙的面子，当然也清楚这一切都是南怀仁在华几十年兢兢业业深耕的结果。

由于南怀仁的缘故，康熙对这几位新来的传教士都很信任。康熙把白晋和张诚两位神父选留在宫中。他们二人的生活起居由康熙的内务府负责打理。据白晋记载，每天早上，内务府派人和马把他们接入宫中，然后指派专人帮助他们突击学习满语。吃和住也都是内务府负责安排。[75] 当时耶稣会传教士到世界各地去传教，都是为了奉献上帝，做好了外出吃苦的心理准备。这几位法国传教士没想到，到了中国，被一路款待；到了北京，就能入宫行走，享受皇家待遇，这些都远超他们预期。

康熙对法国传教士的信任优待其实是对南怀仁信任的延续。仅仅过了一年，1689 年与俄罗斯进行边界谈判，康熙就把张诚派入谈判队伍中。张诚此时汉语和满语都没有学通，但康熙知道他是人才，还是派他去，还赏赐给他专门的衣服，要舅舅佟国纲照顾他的生活起居。这支谈判队伍是索额图和佟国纲领衔率队。毕竟张诚来华时间太短，索额图和佟国纲都和他不熟悉，他们对如何使用张诚以及张诚的忠诚等有疑虑。后来他们想到的办法是，他们只与使团里另外一位神父——老熟人徐日升交接联系，而把张诚安排在徐日升神父手下。这样一来，要是张诚在出使之中出了什么问题，就要徐日升负责。

新来的张诚，知道俄罗斯在欧洲那边已经焦头烂额。它陷在克里米亚地区已经好几年，同时还在和瑞典以及奥斯曼帝国争夺波罗的海的出海控制权。了解这些信息，相当于知道了俄罗斯的底牌，知道俄罗斯有很强的意愿和清朝解决东北亚地区的边界问题。只有把东北亚问题解决了，它才能放开手脚专心处理西面的问题。[76] 名义上索额图和佟国纲是清朝谈判代表，但其实两位神父才是谈判的实际代表。他们二人不是翻译，因为大部分谈判时间索额图和佟国纲都没有出席，是二位传教士直接去俄罗斯代表处，用拉丁文和俄罗斯代表谈判的。最后拟定的条约总共七条，主要在四个方面达成一致。条约的官方语言是拉丁文，同时有满文和俄文的版本。条约汉文版本是鸦片战争以后才翻译出来的。合约第一要处理的是边界问题。边界问题，最大的模糊地带是黑龙江以外西伯利亚地区划界问题。当时中俄双方对黑龙江以外的地区地理所知都很有限，两位神父也基本一无所知。双方谈判边界其实是在互相试探对方的底牌。当时俄罗斯代表问清朝准备要在哪里划界。两位传教士回来问索额图和佟国纲，二人提出边界需要划到 Nos 山脉处。Nos 山究竟是什么地方，学界现在没有定论，但肯定在乌第河（Uda river）以外很远的地方。一说是上扬斯克山脉

（Verkhoyansk Range），还有说是俄罗斯领土最东北，接近阿拉斯加的部分。[77] 这个提议让俄方感觉完全不可接受，断然拒绝。根据徐日升神父的日记记载，两位传教士回来问索额图和佟国纲是否知道 Nos 山脉在哪里，结果二人说不知道。[78] 同时在清朝带出来的地图上也没有这个地方。清朝的地图最远处就在黑龙江区域。[79] 张诚告诉两位大员，根据他看到的俄罗斯地图，按照经纬度计算，他们要的 Nos 山离北京有约四千公里（800 里格，1 里格约等于 4.8 公里。而北京距离哈尔滨约 1200 公里）。[80] 两位大员听后，只是互相对视了一眼，立刻决定不再漫天要地了。[81] 后来清朝提出把边界定在黑龙江以外的乌第河附近。黑龙江区域到乌第河区域不通航，大山阻隔。清朝军队其实从来没有到达过乌第河区域（起码没有任何记载）。[82] 只是黑龙江周围的满人中流传着一些关于乌第河区域的传说，在以前的贸易中知道那边有一些珍贵的动物，传说那边还有一些神奇的大鱼。[83] 两位大员只听过一些那边的传说，实际所知甚少，而且连乌第河区域的地图也没有。[84] 不过好歹他们还是讲出了那边的物种，给出了满人需要去那边捕猎这个理由。在两位传教士的争取下，俄罗斯代表认为可以接受，最后双方同意乌第河区域为中间地带，双方的人都可以进入这一区域。[85] 应该说俄罗斯谈判一方，对那边情况也所知不多，只是他们拿来的地图上可以看到那个区域。另外清朝要的乌第河区域比之前要的 Nos 区域小了很多。按俄罗斯的说法，Nos 山的最南面，离乌第河区域都至少还有十周的行程。[86] 根据现代学者的计算，几天之内，清朝对领土的主张缩小了 50 倍。[87] 东北端的边界谈妥以后，其他的边界双方都相对熟悉，也就没有多少争议了。

条约第二部分是解决了人口归属问题。先前清朝和俄罗斯在东北的冲突，很多都是由于一些部族因为各种原因不满清廷的统治，跑到俄罗斯那边去了。之前很多次谈判，清朝都有一个叛逃重要人物名单交给俄罗斯，要求俄罗斯把上面的人交还回来，但俄罗斯拒绝配合。[88]东北亚地广人稀，人就是重要资源。从国家利益上来说，俄罗斯是欢迎人口迁徙到它那一侧去的，所以它一直拒绝清朝的要求。这次双方在逃人问题上达成一致，约定条约签订前的逃人，双方就互相不追究了；以后的逃人，双方需要互相遣送。如果有超过十五人的团体潜逃越境，双方需要互相知会。在清朝八旗中，还有一个小团体是由俄罗斯人组成的，这些俄罗斯人是以前战争中的战俘，这个条约也意味着这些人不用再送回俄罗斯了。

三是贸易问题，双方都可以派人去对方国家贸易。这一条款当时认为是俄罗斯占便宜，因为清朝对去俄罗斯贸易没有多大兴趣。而俄罗斯根据这个条款，在北京驻扎了一个代办处，有点类似于今天的大使馆。各西方国家都很羡慕俄罗斯在北京的代办处。后来入华的教皇特使，也想在京城购置房产建一个类似的机构。这在后面的章节中会讲到。

四是俄罗斯永远撤出雅克萨，并拆除雅克萨的堡垒，把雅克萨的俄罗斯人撤回国，雅克萨归大清所有。1680年代，清朝和俄罗斯数次为争夺雅克萨开战，尽管战争规模不大，只是几千人级别的军事冲突，但始终是双方一个重大的争议问题。俄罗斯在这个问题上让步，让康熙和清朝赢得了颜面，清朝谈判代表索额图和佟国纲对此很满意。索额图也直接向两位神父许诺，以后朝中有事，尽管找他，他一定鼎力相助。

两位传教士一直对外声称二人只是清朝的翻译，因为他们不想得罪俄罗斯。当时教皇和俄罗斯是同盟，在共同抵御奥斯曼土耳其。他们写回欧洲的信件，也强调他们只是翻译，决策都是索额图和佟国纲两位官员做的。但实际二人对很多谈判细节有关键影响。康熙在使团出行前，专门和徐日升神父探讨过各种问题，应该是给过徐日升一个谈判底牌，告诉了他哪些是大清不能退让的问题。这一点从索额图和佟国纲对两位传教士意见的依赖上可以看出。同时根据俄罗斯使团回去后的报告，他们认为清朝在条约谈判中的一些意见是两位传教士的意见。当时俄罗斯使团还贿赂过两人。由于俄方贿赂物品算作使团开销，所以有详细记录。记录显示，其中有红酒、黄油、十五只鸡、四十只紫貂、一百五十只白鼬和两只黑狐狸。黑狐狸皮在当时极其贵重，俄方领队就穿了一件黑狐狸皮的衣服，张诚神父还专门夸赞过。[89]

两位传教士并没有偏向俄罗斯，俄罗斯最后的报告说传教士就是偏向清朝。俄罗斯使团甚至找到随团的蒙古语翻译，与索额图直接对话，质问他那两位传教士坚持的是不是清朝使团的意思。[90] 在尼布楚谈判前一年（1688 年），俄罗斯和清朝在色楞金斯克（现在俄罗斯境内）已经谈过一轮，[91] 所以他们大概知道清朝的底线。按照俄罗斯使团的报告分析，清朝使团对签订条款是很急迫的，反而是两位传教士从中作梗，在深度捍卫清朝利益。俄罗斯使团的分析大约是有道理的，索额图也确实担心无功而返，他后来也劝说两位传教士在有些地方可以让步。

中俄这次条约签订是在打心理战，很多问题其实双方都没有预定底线，都是在互相探底，多一点，少一点，其实双方都能接受。[92]上面讲到的西伯利亚地区边界谈判就是这种情况。而传教士比清朝官员更了解俄罗斯，同时他们在实际谈判中，根据俄罗斯的说词，察言观色，也能获得更多的信息，所以他们给俄罗斯人印象更强硬。当然传教士也想通过签订这个条约来表现自己。他们受到康熙的眷顾和恩宠，这是在欧洲都不可想象的，那里不会有多少国王或者王公贵族多看他们一眼。张诚在写回欧洲的关于这次行程的信函中，就很感慨地说，他何德何能，康熙皇帝竟然能如此信赖和恩宠他，把如此重要的任务交给他。[93]当然有些人会认为这是写作中的套话，谦虚之语。张诚当时才三十四岁，一行人中他是最小的。而索额图和佟国纲都已五十多岁，纵横官场几十年，但他们一路都对张诚的意见很重视。从私人感情上，康熙对这些来华传教士而言是有知遇之恩的明主，所谓投桃报李，传教士也有心全力以赴为清朝谈判。从传教利益来讲，中国才是传教士需要传播福音的地方，他们当然要效忠清朝。后来彼得大帝看了条约以及使团报告中提及的传教士的表现，很生气，认为这些耶稣会传教士背叛了整个基督世界。当时正在开辟陆地线路去中国的耶稣会传教士其实已经在圣彼得堡建立了一个代办处，作为去中国的中转站。彼得大帝一怒之下，封了这个代办处，还把耶稣会所有传教士都赶出了俄国。

小　结

现代数学中，代数几何大部分基础概念的汉语词汇，都是康熙那时候翻译出来的。康熙晚年在一次家庭聚会上，回忆说自己开始学习数学天文是在杨光先参劾汤若望的时候，[94] 也就是 1665 年左右。1665 年是康熙五年，这时康熙十二岁，尚未亲政。

1665 年，朝政还掌控在以鳌拜为首的四位辅政大臣手里。这一年是他们辅政的第五年。康熙当时还未成年，他的主要任务是学习。皇帝应该学习什么，是国政，是辅政大臣要安排的国家大事。前章已经提到过，恢复满人传统是辅政大臣时期的治国方针。这个方针也体现在康熙的学习安排中。康熙这时期的学习内容主要是满人传统的骑马、射箭、打猎这些技艺。当时礼部的官员很着急，曾经多次上书，奏请辅政大臣允准汉臣给康熙开蒙。对于这些奏请，辅政大臣没有驳斥，但也没有允准。第一次正面回复这些奏请的是康熙自己。在 1669 年铲除鳌拜势力后，十五岁的康熙命礼部尽快安排他学习汉文经典的各项事宜。这之前，他只跟宫中的太监简单学了点汉语。可以看出，辅政大臣对于文化经典并不重视，有意思的是，他们连康熙学习满文都没有做安排，反而是孝庄太后实在看不下去，让苏麻喇姑来教康熙满文。[95]

了解康熙早年的学习大环境后，就衍生出一个问题：连汉文经典都没有正规学习过的康熙，为什么能够学习数学，而且是西方数学？无论是满人传统还是汉族传统，皇帝都没有学习西方数学的先例。而且康熙学习过的日影计算，不仅需要数学知识还需要几何知识，这些知识不可能凭一时兴趣，一两天就能学明白，而是需要系统的数学学习。为什么耶稣会的传教士们会被允许接近康熙，而且教康熙这些数学知识？

接触皇帝在历史中从来不是一件容易的事情，面圣一直以来都是一种特权。住在深宫中的皇帝，只有很少一部分人能接触到。官僚系统尽管理论上有可能让一般人"上达天听"，但是实际操作中，不要说面圣，就是书写的奏疏能递到皇帝手里都是很困难的事。任何能够接触皇帝的渠道都是很珍贵的。为什么历史上总是有宦官弄权？就是因为宦官在皇帝身边，是那一小部分可以垄断接近皇帝渠道的人。

尽管如此，这些西洋来的传教士却一直可以在康熙朝的六十一年中私下接触到康熙。康熙年轻的时候，有些传教士可以说是每天都在他身边。长期以来，大都认为是康熙对西学感兴趣，所以经常接触传教士。这个解释明显颠倒了因果。如果不是因为先接触到了传教士，一个中国皇帝怎么可能对西学凭空发生兴趣？

这里所谓的西学，主要是以数学为代表，纯理论性质的代数和几何。比如康熙去世前五年，在用满文写给皇三子的一封口谕中，要他问一位刚从欧洲来的传教士，到底欧洲数学家有没有找到新的方法来求解平方根和立方根。这就说明康熙知道老的方法，但嫌太笨了，所以想知道新方法。对这种问题感兴趣，是很纯粹的学术兴趣。康熙大约也是中国第一批接触到西方代数的人。传教士把代数书写好以后，直接呈给了康熙，说这是一种把数学问题变简单的方法。康熙外出离京时把这本书带在身边，当闲书看。但他没看懂，写了张条子传给宫内的奴才，上说："朕自起身以来，每日同阿哥等查阿尔巴拉新法，最难明白。他说比旧法易，看来比旧法愈难。"[96] 康熙让宫里奴才去找北京传教士，让他们把书里问题写得再清楚明白一些。这里康熙说的"阿尔巴拉"就是代数 Algebra 的音译。康熙把数学当成出巡时的娱乐读物，这兴趣是不一般的，而且他的皇子阿哥们还跟他一起看。

"兴趣"这个词经常被大家用来解释人起意行动做事的原因，但往往没有注意到兴趣和兴趣之间的差异。比如一个人喜欢饮酒，喜欢女色，这些是天性，可以归结为自发产生的兴趣。但还有一些兴趣有很高的门槛，康熙感兴趣的数学就属于这一类。数学作为学问，有内在的逻辑和纯粹的美感，但要领略到这个美感，就得经过长时间的学习。理解这一点，就能明白康熙对西方数学感兴趣必然是先有传教士和康熙接触的因，然后才会有康熙对数学感兴趣的果。

小时候就在康熙身边的南怀仁，是引导康熙对西方学科感兴趣的"因"。南怀仁作为一个神父，性格和善可亲、平易近人，朝堂内外都喜欢他；同时他又博学多才，天文地理、动物植物、技术艺术，样样精通。南怀仁的科学著作放在当时的欧洲也是一流学者的水平。康熙跟着南怀仁这样的老师自然也受益良多。只是康熙和南怀仁的私下教学和交往属于内务府府中之事，清史中对他们交往的官方记录很少。

当然也有可能是康熙有意避免史官记录他和传教士的往来。在他派出去和俄罗斯谈判的队伍里，一个汉官都没有，这也是清代正史对中俄尼布楚谈判记录很少的原因。从头到尾，康熙和俄罗斯的谈判都是在传教士的帮助下完成的。康熙在签订条约后第二年的春节，对群臣说："俄罗斯之事，满汉诸臣咸谓彼距中国道远，难以成功。朕谓此事断不可中止，即遣大臣前往。"[97] 这虽然是康熙对着群臣自我炫耀，但也可以看出康熙对俄罗斯之事的决策，"满汉诸臣"都是不支持的。康熙派出的索额图和佟国纲，都是他的心腹。而且康熙交代过二人，不要再像 1676 年接待俄罗斯使团那样，纠结于"天朝上国"的礼数。这大概也是康熙不派汉臣加入使团的原因，连受汉文化影响较大的明珠也没有让他参与，而俄罗斯问题之前本来一直是明珠负责的（明珠一家是满人里汉化程度很高的，他的儿子纳兰性德是清代著名词人）。索额图和佟国纲在谈判中关注的都是实际利益，最后签约都是在俄罗斯的帐篷中进行的。反而是传教士感觉签约环境有点简陋。在最后去俄罗斯大帐确认签约仪式时，传教士向俄罗斯大使提出，能不能在签约那天，清朝使节骑马过来时，请他出大帐亲自在马前迎接一下。俄罗斯大使笑了笑，愉快地接受了这个建议。[98] 康熙能先于他的群臣走出传统中国的世界观，与俄罗斯像现代国家之间那样签订和平条约，传教士功不可没。

康熙与俄罗斯签订这个条约，对清朝后来一百多年经营西北、平定蒙古各部都有深远影响。大清内部的各种史书，也都公认与俄罗斯的谈判为处理蒙古部落问题打下了基础。[99] 条约在 1689 年 9 月签订完毕，而俄罗斯使团在 1690 年 3 月回圣彼得堡的路上，碰到了准噶尔派往俄罗斯的使臣，他们希望俄罗斯能帮助准噶尔对付清朝。当时准噶尔与清朝控制下的蒙古部落之间摩擦升级，大战即将爆发。俄罗斯使团拒绝了准噶尔的请求，确认了与大清的友好关系。[100] 有了与俄罗斯的条约和俄罗斯的许诺，康熙第二年（1690 年 8 月）就御驾亲征准噶尔。后来几年，康熙围绕着准噶尔进行战略部署，前后三次亲征，直到准噶尔的噶尔丹汗 1697 年兵败自杀。再后来雍正时期，在进攻中亚蒙古部落之前，雍正专门派了使臣到圣彼得堡，希望俄罗斯不要干预，同时不要接收蒙古部落败走的残部。[101] 俄罗斯在与大清签订《尼布楚条约》后，也切实尝到了与清朝贸易的甜头，因而后来很重视与清朝保持亲善的关系。雍正派去圣彼得堡的使臣在俄罗斯获得了极高的礼遇。当然俄罗斯也确实不再支持与清朝打仗的蒙古势力。大概南怀仁和后来的传教士自己也想不到，他们积极参与的清朝与俄罗斯之间的交往，会在中亚的地缘政治上发挥如此大的作用。

第四章　内务府的人

　　南怀仁去世后四年，传教士终于实现了他们入华百年来的目标：天主教得到了朝廷认可，合法地位得到了正式确认。1692 年，经过索额图多方打点、私下运作，礼部最终同意了天主教的传播。康熙在礼部部议基础上下发了容教诏书。根据当时法国传教士洪若翰的记录，传教士协助大清签订了与俄罗斯的条约后，康熙私下授意他身边的传教士徐日升和安多，让他们在公开上朝的时候，上一个折子来请求允准天主教的传播。据洪若翰提供的细节，康熙在朝堂上收到传教士的折子以后，假装什么都不知道，把这份折子和其他收到的折子混在一起，交给了内阁官员，由他们将折子下放到朝廷相应部门处理。礼部收到这份折子，部议后，否决了请求。康熙收到礼部否决意见后，并没有做出反应。洪若翰解释，因为康熙也得尊重朝廷部门的意见，不好公开提出异议。这样私下运作的任务就落到了索额图身上。[1] 三年前传教士帮他跟俄罗斯谈判时，索额图就许诺过要回报传教士。[2] 索额

图具体是如何操办的,传教士没有记录。不过在索额图私下运作以后,礼部尚书顾八代给出了允许天主教传播的意见:

> 臣等会议得,查得西洋人仰慕圣化,由万里航海而来。现今治理历法,用兵之际,力造军器火炮;差往阿罗素(俄罗斯),诚心效力,克成其事,劳绩甚多。各省居住西洋人,并无为恶乱行之处。又并非左道惑众,异端生事。喇嘛僧道等寺庙尚容人烧香行走,西洋人并无违法之事,反行禁止,似属不宜。相应将各处天主堂俱照旧存留,凡进香供奉之人,仍许照常行走,不必禁止。俟命下之日,通行直隶各省可也。[3]

传教士在天文历法、制造火器以及与俄罗斯谈判这三条公认的功绩是容教的基础。而这三条功绩中,天文历法、制造火器都是南怀仁的功劳,这两条也刻在了南怀仁的墓碑上。与俄罗斯的最后边境谈判虽然发生在南怀仁死后一年,但前面数十年的准备工作都是南怀仁一手操持的。

顾八代给出的容教理由,在逻辑上其实很直白,就是既然其他外来宗教都允准在华传播,那么天主教也应该被容许。这个容教诏书印证了耶稣会传教士长久以来的策略判断,就是在北京朝廷内的服务有可能为整个在华传教打开方便之门。康熙在收到礼部建议后第三天就发了容教诏书。这一消息也迅速传回了欧洲,一下激起了更多传教士来华传教的热情。在 1701 年,也就是容教诏书颁布十年以后,整个来华的传教士人数,以及天主教受洗人数都成倍增长。[4]

臣子和奴才

南怀仁是康熙的老师，也是康熙年轻时身边的重要人物。在清代历史中，围绕南怀仁以及后来在康熙身边的传教士一直有一个问题：他们在宫中行走的身份到底是什么？我们都知道，出入紫禁城从来不是件容易的事，更不要说像北京耶稣会士那样日常出现在皇帝身边。教康熙中国历史以及各种儒家经典的老师，都有各种朝廷头衔，皇帝的课业安排也都是由礼部承办。南怀仁尽管也在钦天监任职，但这职位并不能让他经常接触到皇帝；而且后来入宫教康熙的传教士，比如张诚、白晋等人，连在钦天监的职位都没有。所以这些传教士究竟是以何种身份在宫中行走？

所谓身份问题，按古代的说法就是名分问题。大部分传教士都没有朝廷官位。也就是说他们和康熙没有君臣名分。但传教士在康熙身边行走是人所共知的，那他们是以什么名分出现在皇帝身边的？这个问题其实涉及明清体制中的一个重大区别，就是清朝治下，除了君臣名分以外，还有一个主奴名分存在。按中国传统政治理论，"普天之下，莫非王土；率土之滨，莫非王臣。"也就是说，皇帝和他的臣子只有一个名分，就是君臣名分。清朝入京后沿用明制，自然也就沿用了明代朝廷制度下的君臣关系。在清朝八旗之内，满人的主奴关系还保留沿用。也就是说，清朝治下，皇帝和他的臣子有君臣和主奴两种名分存在。所以我们能看到清朝的大臣，给皇帝上书，有些自称奴才，有些自称臣。还有一些人既是皇帝的奴才又是皇帝的大臣，两种身份并存。比如曹寅，他给康熙的同样一份奏折中，会时而自称臣时而又自称奴才。

　　在满人入关以前，主奴关系是满人游牧传统中军事等级关系和社会等级关系的基础。在满人世界中，奴隶和牛、马、衣服这些一样，都是私有财产。在 17 世纪早期的领土扩张中，满人统治者坚决捍卫主人对奴隶的所有权，用重刑阻止胆敢私藏容留他人奴隶的人。这样一来，满人统治者通过捍卫士兵的战利品来激励他们更加英勇地战斗。[5]

　　东北地广人稀，满人也深知奴隶是重要的经济资源。因而他们推崇主奴之间以家为纽带，和睦相处。用努尔哈赤的话说，就是要形成一个"奴才爱主子，主子爱奴才"的社会。[6] 在这样的社会里，主人负责奴才的生活，而奴才对主人尽忠。由于主奴关系中蕴含着家庭关系，因而外人在对待一个奴才的时候得看主人是谁；要是主人升官了，自家奴才也跟着高兴，感觉脸上有光。以家庭为单位的主奴关系使得这种关系具有很强的派系特性。奴才身份是世袭的，就算由于某些原因，奴才的奴籍被去除了，但他们的后人与原来主子之间的主奴派系源流关系依然存在。[7]

　　满人社会中的奴才和中国汉族社会中的"奴"是不一样的。中国的"奴"属于贱民阶层，地位在贵族、官吏、平民之下。"奴"和其他属于贱民阶层的人，比如乐户、娼妓之类，社会地位低，多方面受歧视，而且法律和社会习俗还对贱民阶层有很多专门的行为约束，比如良贱不能通婚等。[8] 但在满人社会，奴才的身份并不代表一个人社会地位低，而他们社会地位的高低主要取决于他们主子的社会地位。满人中大量高官就是奴才出身。因此，满人的奴才身份不直接代表其社会阶层，而主要是为了说明此人和其主子之间的主奴关系，以及相关的派系源流。

满人靠征战起家，最初也没有科举制度。他们的人力资源选拔是以家庭为中心来建立的。他们的关系网中最重要的是血缘关系，其次是从血缘关系衍生出来的婚姻关系。随着清朝势力17世纪的急剧扩张，血缘关系和婚姻关系不能为清朝提供足够的人力资源。这种情况下，家庭框架下的主奴关系就变得十分重要。

各种书籍中经常出现的包衣奴才就是奴才的一种。一个清朝权贵，挂在名下的奴才成百上千，但真正在身边伺候的那些奴才才是包衣奴才。包衣奴才基本就是家奴的意思。大约在满人1644年入京以后，包衣奴才就用来专指皇帝和皇亲国戚家的奴才了。皇帝的包衣奴才众多，管理这些包衣奴才的机构是内务府。

内务府是满人入京前就有的机构。入京以后，顺治年间，内务府还和宫内的太监机构并立于宫中，分工管理皇帝的宫内事务。在鳌拜时期，为了避免明代宦官专权再次发生，清朝裁撤了宫内太监机构，把太监并入内务府中，由内务府管理。后来清宫历史、小说等提到太监就会提到内务府，就是这个原因。但需要强调的是，管理太监并不是内务府的主业，其主要职能是管理皇帝的包衣奴才。

从机构运作来看，内务府不是国家官僚系统的一部分。因为它从诞生起到后来的实际运作，都是用来帮助皇帝打理家庭和个人私事的。[9]内务府独立运作于国家官僚系统外，也就是说不受朝廷各部门的管辖。内务府不仅在北京管理运作宫中的日常事务，它还有一个延伸到各个地方的内部网络。内务府中皇帝的小金库，是和户部管理的国库分开的。[10] 它的资金来源包括土地的租税，人参、铜业等项目的垄断收入，以及一些关隘产生的过路费收入，等等。[11] 内务府拥有的土地三倍于所有满人贵族拥有土地的总和。[12]

由于内务府在经济上独立，而且极为富有，有些时候甚至比国库还有钱，使得它能直接帮助皇帝处理很多事务。内务府有其独立的人事任免、提拔、处罚的规章，朝廷吏部不得干涉。一般的案子，内务府也有权自行审理，刑部不得过问。只有一些比较大、牵连比较广的案子，内务府需要和刑部合作来审理。内务府还可以自己邀请和接待外国使团，平常处理这些事务的礼部和理藩院不得干涉。后面章节会说到接待教皇使团，以及两次接待俄国彼得大帝的使团，都完全是内务府一手操办，没有经过任何朝廷部门。内务府还有自己的军队，包括步兵、骑兵和炮兵。整个内务府大概有五千名士兵，外加五千个文职。[13] 由于其各项职能完备，而且还可以独立运作于整个国家官僚系统之外，一些学者直接称内务府是皇帝"私家官僚系统"和"私家政府"。[14]

皇帝作为一个独立个人来看，有两个基本属性：一是作为整个朝廷制度的首领，二是一家之主。中国传统政治观念中，强调"王者无私"，一直在弱化皇帝作为一家之主的角色。[15] 朱元璋在制度上对明代皇帝私人方面做了很多限制。皇帝立皇嗣、立皇后、纳妃子等很多私事，都不能自己做主，得由朝廷大臣来共同决定。[16] 明代皇帝的"家"是被弱化的。结构上来说，明代皇帝的"家"事是被朝廷管理的。而清朝不一样，满人统治中有很强的"私"家观念，最初八旗联合，是部落间"私"自联合，最后打仗后获取的战利品是一起分配的。满人最初的八旗结构，很有点现在股份制的意思，各旗是因为各自"私"利联系到一起的，最后大家共同分配得来的利益。而内务府就是满人皇帝管理自家私事的机构。

满人入关以后，内务府有专门的金库收入，财力雄厚。加上其又是管理包衣奴才的，而且包衣奴才还世袭，也就是说内务府有信得过的人力资源。有钱又有人，这也就注定内务府在满人天下有很大的能量。《红楼梦》研究中经常提到的曹家，就是被内务府派出去管理江南纺织和盐务收入的。

内务府里的许多包衣奴才在官僚系统中的官阶不高，但他们在地方上享有很多特权，而且还不受地方官吏的管辖。尽管包衣是奴才身份，但其实他们享有所有普通身份人的权利。而且包衣奴才以及他们的家人还在教育、科举、提拔任用中享受各种特殊照顾。所以就算有些包衣早就不是奴才身份了，但他们还是愿意以包衣奴才自居。举个例子，曹雪芹的祖父曹寅是康熙的包衣奴才。但其实在曹寅祖父一辈，曹家就走出奴才身份了。曹寅明显知道跟皇帝之间的主奴关系才是曹家最大的资本，因而一直都以皇帝包衣奴才自居。[17]

由于满人中的包衣奴才（booi aha）有许多特权，因而最初翻译满文"booi"成汉语的时候，只是简单地用"包""衣"二字音译。同时在翻译满语中 aha 的时候，选用的"奴"和"才"二字恰到好处地表示出这些人两方面的特性：一是作为奴，对主子的依附性；二是作为人才，对于主子的有用性。这样满人的包衣奴才就能与汉语中原有的"奴仆"等概念相区别。

满人的主奴制度很复杂，在清朝不同时期又有区别，不过归根到底，满人奴才有两种。一是确实充当奴才，干着奴才该做的事情，比如清洁打扫，为主子具体干活的奴才，这类可以叫"下人型"奴才。在耶稣会传教士眼中，这类奴才跟欧洲印象中的奴隶相类似。所以传教士把包衣翻译成了拉丁文的"mancipia"。这个词的原意是指那些被买来干活的奴隶（强调的是主人对奴隶在财产意义上的所有权）。[18]耶稣会神父的记录中有一个很生动的例子。当教皇使节到北京后，发现耶稣会神父把一些内务府的奴才用作免费劳力。询问之下，耶稣会神父解释说，这跟骑皇帝养的马没有两样，只要皇帝许可就可以。[19]从所有权这个角度，奴才对于其主子来说，确实和马是一样的。当时奴才跟马一样都是可以买卖的。还有一个例子，教皇使团中的欧洲医生就抗议教皇使节不能把他像奴才一样送给康熙，因为对于欧洲医生来说，教皇使节不是他的主子，对他不具有所有权和支配权。[20]

相对于"下人型"奴才，第二种奴才就是那些不给主子干杂务的奴才。这种奴才和主子间的主奴关系主要代表的是派系、源流这样的联系。这种可以称为"派系型"奴才。在历史中留下名字的奴才，往往都是这第二种派系型的奴才。

对于派系型奴才，雍正做过解释。雍正还是皇四子的时候给时任四川巡抚的年羹尧写过一封家信（全文见附录一），教导他怎么做一个奴才。[21]雍正这封信写于1718年，在他登位五年之前（这时候没有任何预兆显示他最后能登大位）。雍正写这封信的目的是要年羹尧记住不管他当上什么官，永远是自己的奴才。雍正教训年羹尧说："况在朝廷称君臣，在本门称主仆，故自亲王、郡王、贝勒、贝子以至公等，莫不皆称主子、奴才，此通行常例也，且汝父称奴才，汝兄称奴才，汝父岂非封疆大臣乎？而汝独不然者，是汝非汝兄之弟，亦非汝父之子矣？"雍正认为年羹尧没有像其父兄一样对他自称奴才，有违满人传统。因而警告年羹尧不要以为自己是"封疆大臣"，就把他这个满人主奴关系中的主子不放在眼里。雍正首先承认年羹尧是康熙的大臣，和康熙是君臣关系，但雍正强调年羹尧在满人内部最根本的身份还是奴才。雍正要年羹尧牢记他的出身，强调他是自己门下之人，要他忠于自己。

雍正如此郑重地写一封长信给身在四川的年羹尧，主要目的当然不是要争论一个称谓，而是要年羹尧明白派系，明白谁才是他真正的主子。当时年羹尧已经是康熙朝的红人，已经有人（信中提到的孟光祖）打着其他皇子的名义来接近年羹尧，而年羹尧也来者不拒，这让雍正很生气。[22] 所以雍正借着教训年羹尧主奴关系的名义在警告他，他在四川的事自己都清楚。

其实从血统上看，年羹尧实际是一个汉人。他的太祖父一辈移居关外，成为奴才。不过年家一族以文脉相承，年羹尧的祖父 1655 年中了进士（清入关后 11 年）。年羹尧的父亲做过多处地方官，年羹尧的长兄年希尧也是一代名士，跟耶稣会传教士在科学、算学方面多有切磋。年羹尧自己 1700 年中了进士。尽管后来年羹尧以戎马征战闻名后世，但他是不折不扣的传统中式文臣。他留下的书法作品，刚劲有力，在当今艺术品市场依然受追捧。而年羹尧的满语连基本的书信交流都有困难。有一次他向雍正坦承，他的满语不好，写和看满文经常需要他夫人帮助。有了这个背景，就不难明白为什么雍正要用汉语写一封家信给他的满人奴才，来讲满人中的主奴大义。"国朝祖宗制度，各王门旗属，主仆称呼"，按雍正的话来说，"永垂久远，俱有深意"。雍正强调他和年羹尧之间的主奴关系是满人根本，"俱有深意"。雍正这里的主奴关系很明显不是有实际的活儿要他干，也没有什么具体的任务要交办，有的只是主奴关系中蕴含着的派系源流，以及奴才对主子的"忠"。

在中国传统关系中，有"同乡""同门""同窗"和"同年（一年考取进士）"等多种用来建立私人网络的联系方式。而满人的各种私人关系其实都合并在了主奴关系中，主奴关系不仅仅是主子和奴才之间的关系。一个大的主子，下面就相当于一个门派，也就是雍正所谓"本门称主仆"的意思。雍正的门下奴才之间也是有关联的，而这种关联就是派系关联。主奴关系后面蕴藏的派系联系是满人上层权力脉络中最核心之处，而年羹尧就是派系型奴才的典型代表。

传教士很明白当时朝堂上同时存在着主奴和君臣两种关系。[23] 在教皇特使 1705 年到京以后，康熙身边的一个奴才就问过法国耶稣会传教士巴多明，到底他们传教士和教皇特使之间是什么样的等级关系。巴多明在解释中就提到，在大清有三种上下级关系，一是君臣关系，二是主奴关系，三是地方官和百姓的关系，而他们和教皇特使的上下级关系与这三种都不同。[24] 巴多明这个分析说明朝堂上君臣和主奴两种关系并存是当时的共识，并不是后来人的总结分析。而且传教士明白这两种上下级关系还有亲疏之别。因为许多康熙的奴才在朝廷中也有官衔，这样一来他们和康熙就同时具有了主奴关系和君臣关系。

对于这些人而言，相比于作为大臣的身份，作为奴才的身份跟康熙在关系上要更亲近，因为奴才里面蕴含了一层家庭门派关联。也是这个原因，许多满人大臣都乐意在皇帝面前自称"奴才"而不是像汉人大臣那样自称为"臣"。到后来，自称"奴才"演变成了旗人的特权，而汉臣不允许自称为"奴才"。[25] 另外，现代德语中经常用来打招呼的"servus"，在拉丁语中就是奴隶的意思。意大利语中现在用来打招呼的"Ciao"，是威尼斯方言中奴隶用来和主人打招呼的专用语。这些字眼至今被沿用，其实和满人称奴才有相通之处，因为主奴关系之中蕴含了一种特有的信任和亲近关系。

用"奴才"这样的字眼来表明亲近关系，在明清之际的汉语使用中也是成立的。汉语中古代女性自称"奴家"，常见于元曲和明清小说。比如《水浒》里潘金莲初次见武松的桥段，潘金莲一口一个"奴家"自称，叫武松"叔叔"。和武松喝酒后，潘金莲在谈话中还把"奴家"省略为"奴"：

那妇人（潘金莲）道："莫不别处有婶婶。可取来厮会也好。"

武松道："武二并不曾婚娶。"

妇人又问道："叔叔，青春多少？"

武松道："武二二十五岁。"

那妇人道："长奴三岁。"

金圣叹的点评中特别点评了"长奴三岁"这四字。说这四字体现出潘金莲心态的变化，说："将叔嫂二人，并作四字，更无丝毫分得开去，灵心妙笔，一至于此。"这四字拉近距离其实就是"奴家"二字变成"奴"产生的。小说戏剧尽管是创作，行文用词却是现实生活日常的反映。

在清初的政治环境中，在"主子"面前称"奴才"，还有一层感谢主子栽培的意思，类似于中国传统中的感谢知遇之恩。比如曹寅死后，康熙让曹寅的儿子顶了他的位置，曹寅的儿子在呈给康熙的谢恩折子里写道："窃奴才包衣下贱，年幼无知，荷蒙万岁旷典殊恩，特命管理江宁织造，继承父职。"曹寅的儿子不仅自称奴才包衣，还要强调"下贱"，通过降低自己的身份来表达对康熙栽培的感谢。在康熙与其奴才的通信中，还有许多奴才自称"下贱"或自称为"蝼蚁"的情况。这些都是通过表达自身的渺小来反衬出主子恩情的浩荡。比如以下都是从曹寅给康熙的密折中摘录出来的在自称包衣奴才之外还强调"下贱"的句子：

"臣系包衣之奴，蒙圣恩拔于下贱，参列人群，但臣职司丝盐，不敢越位妄奏。"

"窃念臣系包衣下贱，过蒙皇恩优渥，淮盐重寄，三任于兹。未能报答高厚于万一。"

"窃念臣庸愚下贱，屡沐天恩，粉骨碎身，难以图报。"

"窃念臣从幼豢养，包衣下贱，屡沐天恩，臣虽粉骨碎身，难报万一。"

"臣蝼蚁下贱，真肝脑涂地，不能仰报万一。谨具折恭谢天恩。"[26]

曹寅之外，另外一个跟康熙很亲近的包衣奴才李煦，也在很多汉文折子开头除自称"包衣奴才"之外，还要强调"下贱"。[27]这样用词来感谢栽培和知遇之恩今天已经不存在了，但在中国传统中是有的。中国历史上感谢知遇之恩最著名的句子，大概要算诸葛亮感谢刘备三顾茅庐的：

> 臣本布衣，躬耕于南阳，苟全性命于乱世，不求闻达于诸侯。先帝不以臣卑鄙，猥自枉屈，三顾臣于草庐之中。

诸葛亮的自称"卑鄙"和康熙的包衣们称的"下贱"，在感谢知遇之恩的思路上，可以说是同出一辙。

传教士的名分

雍正给年羹尧的信其实也正好反映了君臣和主奴两种上下级关系并存的情况。在年羹尧、康熙和雍正的三人关系中，年羹尧通过科举成了康熙的大臣，和康熙是君臣关系；同时年羹尧和雍正的主奴关系是通过血缘继承，与生俱来。在满人的传统中，皇帝不等于是所有满人的主子。满人的奴才如年羹尧可以说是皇帝的臣民，但他们从满人的主奴关系角度来看都各有其主。从这一点来说，皇帝是皇帝，主子是主子，满人内部是分开来算的。当然从雍正朝后期开始，皇帝的君权加强，而满人的主子概念在淡化，后来皇帝和主子的区分也在弱化。但在康熙年间，主奴关系还是一种主流的上下级关系。

传教士能在康熙身边行走，来往于宫中，名分就是建立在主奴关系上的。南怀仁重新回到宫中，传教士能被康熙起用，走到康熙的内部圈子中，倚仗的是利类思和安文思神父与康熙母亲的佟家之间的主奴关系名分。八旗传统中，皇帝直接掌管镶黄、正黄、正白三旗，这三旗被称为"上三旗"，其他五旗被称为"下五旗"。满人入京后，皇帝的"上三旗"在升迁、土地分配等各方面都比"下五旗"受优待。旗人的旗籍从"下五旗"转到"上三旗"称为"抬旗"，算是一个身份提升。由于佟家和康熙的直接血缘关系，佟家从正蓝旗抬旗到了镶黄旗，抬旗的时间就是康熙铲除鳌拜，实际控制天下的时候。[28] 佟家抬旗是满人历史中最有名的抬旗案例。利类思和安文思的佟家家奴身份，也跟着整个佟家抬旗沾光。名分上讲，他们变成了康熙镶黄旗下的奴才。这也是为什么后来康熙可以名正言顺地把传教士归到管理上三旗奴才的内务府中的原因。

满人传统中的主奴关系还有个很重要的特点就是世袭制。传教士没有子嗣，后来的传教士在继承前面传教士的教堂教产的同时，也继承了主奴关系。南怀仁、利类思和安文思是康熙铲除鳌拜前就进入康熙世界的传教士，他们也是康熙接触到的第一代传教士。后来的传教士继承主奴关系，与年羹尧从他父亲那里继承与雍正的主奴关系是一样的。在南怀仁神父去世后十天（利类思和安文思先于南怀仁去世），五位法国神父到达北京。康熙在没有和这些传教士深入接触的前提下，就选了五人中的白晋和张诚神父留在宫中。这跟包衣奴才去世后，用他们的后人来顶原有位置如出一辙。二人后来也成为康熙身边第二代传教士中的代表。二人留在宫中后，负责管理他们的正是内务府。

1706 年，康熙决定要全面管理在华传教士，要求传教士必须到他那里注册登记，申请领取印票。朝廷管理僧侣，在大清本不是什么新鲜事。管理僧侣的度牒制度从南北朝就开始了，唐代以后已经规范。清入关以后沿明制，继续管理僧侣，发放度牒。康熙决定要规范传教士，要求他们登记，算是常规操作。他真正史无前例的操作是让自己的内务府来管理发放印票，而不是把管理传教士的事交给管理僧侣的礼部。这一做法相当于公开认定了传教士在内务府的地位。

康熙用内务府管理传教士最初是出乎地方官员意料的，因为在他们的认知中，传教士与和尚道士一样，应该由礼部来管理。因而刚开始他们见传教士拿出的是内务府的印票都很惊讶，怀疑是伪造的。有些地方官员直接投书到礼部询问其真伪。礼部官员也茫然无知，回书地方官员，礼部并没有发放过此类印票。这样的事发生以后，地方上的传教士又写信给北京的传教士，北京的传教士才把这个实际操作中的问题汇报给了康熙。从礼部回复给地方的信中可以看出，礼部对康熙绕过该部的操作颇有微词。康熙大概也知道这个操作不规范，不过他还是坚持让内务府继续负责管理传教士。而康熙的办法是让内务府把登记的传教士名单转给礼部，再让礼部通过官方渠道把这个名单通知到全国各地。[29]（见附录二，内务府内传教士名录）。

礼部把名单知会地方以后，全国各地官员也就明白了传教士是内务府的人。而内务府出来的人都是皇帝的包衣奴才，也就是说官员把传教士当成内务府的皇帝包衣来对待。[30] 后来地方官员对传教士有疑问，就直接发函到内务府询问，而不再发函到礼部了。[31] 传教士拿着内务府发放的印票，也很得意，他们知道印票和一般和尚拿的

图 4.1　内务府发于传教士的印票

图片来源: 鞠德源,《清宫廷画家郎世宁年谱》, 34。

礼部发放的度牒等官文是不一样的。当时在北京的德国传教士纪理安(1655—1720)在用拉丁文发回欧洲的记录中还专门对比过:

那些说我们与和尚地位差不多的说法是不对的。和尚受官僚机构以及地方官的管辖。但我们拿的印票，不受制于任何官僚机构。而且就像赫世亨（康熙身边的包衣奴才）所说的那样，官员们看到我们的票后都会礼让三分。这些票都是皇上亲自发放的，又称"龙票"，上面有龙的标志，外加内务府总管的印。这样一来，有这个票的人就不受普通官员的管辖了。

而且，欧洲人拿到的这个票是在皇帝御前发放的。这在中国来说是最高的待遇，象征着一种特别的恩宠。当然，这个票也不能拿出去胡乱使用，小心谨慎也是必不可少的。[32]

上面纪理安用拉丁文写给欧洲人看的文字，当然有在父老乡亲面前炫耀地位的意思。但了解大清官僚运作机制以后，就知道他说的是真的。内务府的人，在地方上确实享有特殊待遇，他们确实不受地方官直接管辖。内务府的人如果在地方上犯了事，地方官员要知会内务府，由内务府来处理，这种法律上的特权，就是纪理安所谓"不受制于任何官僚机构"的意思。而且地方官员都知道传教士是内务府的人，也确实对他们礼让三分，或说是敬而远之，因为最让地方官员忌惮的是内务府的人有和皇帝的联系渠道。举个例子，在真定府（治所在今河北正定县），传教士派去收地租的人和租户因为纠纷打架。注意，只是打架，并没有伤亡。这样鸡毛蒜皮的地方事件康熙竟然知道了，还写了专门的谕旨给直隶巡抚赵弘燮，谕旨是这样写的：

近日闻得京中西洋人说，真定府堂内有票西洋人偶有比此争地，以致生祸受打等语，未知虚实；但西洋人到中国将三百年，未见不好。务若事无大碍，从宽亦可。尔细查缘由情形，写折奏闻。[33]

收到这封谕旨时，赵弘燮根本没听说过这事，地方上没有向他汇报过。站在直隶巡抚赵弘燮的角度，他接到谕旨后，会从中看到什么，想到什么？第一，康熙专门在西洋人前面加了"有票"二字，也就是告诉巡抚，这不是普通西洋人，是拿着康熙印票的西洋人。康熙的潜台词是，这些洋人是我府中的人，所以他要过问这件事。第二，赵弘燮应该立刻感受到了传教士在京城的能量。一桩地方上的小事，他都还不知道，传教士已经让皇帝知道了。第三，他不知道传教士在康熙那里是怎么报告这件事的，也不知道康熙追问这件事的目的何在。赵弘燮看完谕旨后应该是有很多想法和顾虑的，这也在他后来的汇报中体现了出来。这样一桩小案子他啰啰唆唆地写了很长的报告，生怕漏掉了任何细节。从报告来看，事件其实很简单，一个当地人把土地典当给了传教士，然后他继续在土地上耕作，这样相当于他是土地上的佃户，应该交租。但他拖欠了地租，传教士于是派仆人去催缴。在催缴过程中两边从争吵逐渐变成了互相厮打，但双方似乎都未有受伤。所以就案情来看，这是一桩再普通不过的地方打架斗殴事件。了解全部案情经过后，大概赵弘燮也觉得自己有点冤，还专门在报告最后注明这个案子只是地方上的斗殴事件，当地已经处理过了，按朝廷规定，这种小案件是不上报朝廷的。这也是在向康熙解释，为什么他不知道这个案子，也没有上报过。这个案件一来一往似乎只是康熙和赵弘燮在对话，但可以想象赵弘燮接到康熙谕旨以后，一路追查到地方，涉及的每一个官员都会很惊讶，为什么皇帝会来追查过问这种小案子，当然也会马上明白这些内务府名下传教士的能量。同时，报告中能看出赵弘燮也完全领会了康熙谕旨中偏袒传教士的意思，因为康熙在谕旨中已经明写了，尽管他“未知虚实”，还是评点了一句“但西洋人到中国将三百年，未见不好”。这个“但”字相当于已经给案子定调了。身为直隶巡抚的赵弘燮不可能看不出这个“但”字的意思。所以报告最后的结论是康熙圣明，西洋人确实没有什么错。

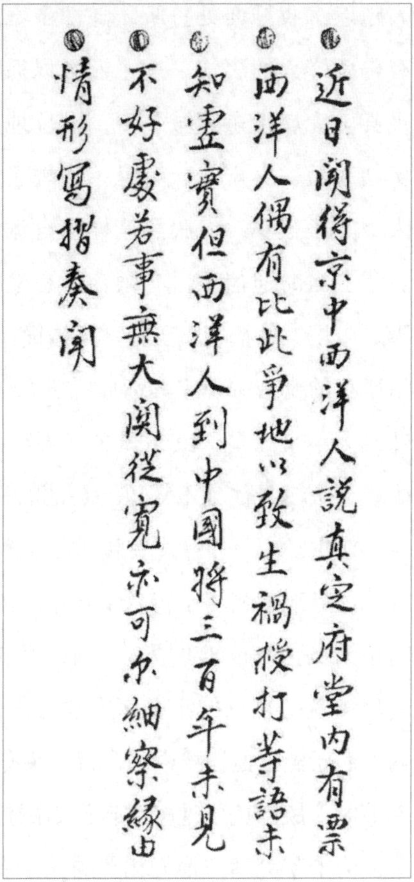
近日聞得京中西洋人說真定府堂內有票
西洋人偶有彼此爭地以致生禍搜打等語未
知虛實但西洋人到中國將三百年未見
不好處若事無大關從寬亦可亦細察緣由
情形寫摺奏聞

图 4.2 康熙过问西洋人打架案谕旨

图片来源:《康熙朝汉文朱批奏折》，卷 6,108。

其实还没有发票给传教士的时候，康熙就在全国范围内关照传教士的生活了。比如 1690 年，康熙用满文发过私信给山东巡抚，说他听说山东有人诬告传教士。山东巡抚接到康熙私信当天，就赶紧派人跑遍了省城四处打听，随即上奏康熙，说他打听了一圈，没听说有告西洋人的事情。过了四天以后，他终于打听到了，在东昌府茌平县（今属山东聊城）下，一位地方居民把房屋卖给了传教士，买卖结束后，卖家的一个兄弟出现了，不同意买卖，因而诬告了西洋人。案子很小，但康熙这样亲自派人传信过问，着实把山东巡抚吓着了。当时通信手段有限，山东巡抚夜以继日加班加点才终于在四天之内把案件搞明白。所幸案情简单，涉案问题单一，没惹出大麻烦。给康熙的密折中说完案情后，山东巡抚赶紧称赞："西洋人学问真实，断不为不义之事，臣亦知之。"最后，他向康熙认错，说这样的事发生了一个多月他都不知道，是他的失职。[34]

在生活中，康熙对待传教士也确实像一个满人大家族中的主子一样，内务府就相当于传教士在中国的娘家。他们想修教堂的时候，会写申请到内务府要求拨给土地。[35] 传教士需要钱来维修教堂的时候，是康熙从他自己的小金库中拿钱出来私下借给他们。[36] 他们生病了，内科病康熙给他们找中医，骑马摔伤则给他们找满人或者蒙古人医生。春节时，康熙按照他打赏自己周围包衣奴才的惯例打赏传教士。传教士认为刑部处理与他们相关的案子有不公，康熙就找内务府出面帮他们和刑部打招呼。[37] 传教士需要马匹出远门，又是内务府给他们开条子到兵部去借马（类似于现在使用公家车辆）。[38] 传教士修教堂，需要木头，内务府又发信给工部，让工部把库存的杉木借给传教士。[39] 在康熙决定委派耶稣会白晋神父作为他的特使出使欧洲后，教皇使节对白晋的身份是否适合出任康熙特使表示了疑问，康熙就直接说白晋是他"御前之人"而且是"府中之人"。[40] 当康熙得知教皇使节和耶稣会神父私下争执时，说了他为什么始终无条件支持耶稣会神父，康熙的话很直白：

> 我们就是养一条小狗，也不允许别人欺负。更何况是这些我小时候就在我周围，跟了我四十五年，我信任的人。[41]

这些"人"指的就是北京的耶稣会士。当康熙用"小狗"作比喻，说明打狗欺主道理的时候，就是在讲最传统的满人游牧文化。狗和主人之间的关系，恰恰是满人中主奴关系最形象的比喻。康熙在杀索额图时就说"养犬尚知主恩"，以此表示索额图不知好歹。白晋在一封用满语写给康熙的折子中，也跟着满人习惯叫康熙为主子，称康熙为"明主""大主"和"仁主"（详见第五章）。称康熙为"主"（满语 Ejen）就是主奴关系下的称谓。在传统中国的文臣奏议中都是称"皇上"或者"圣上"。"上"是代表皇帝的字眼。称康熙为"主"的，都是康熙的奴才。比如在曹寅的奏折中一般不称"圣上"，而是称"圣主"或者"主上"等。而康熙也以主子自称，一次给曹寅儿子的回复中，让他把听到的地方上的笑话也向他汇报，说让"老主子笑笑也好"。[42] 当然，和曹寅父子一样，处于主奴关系中的传教士，也享受着各种主奴关系下的特权。

新来的传教士

鉴于康熙对传教士的关照，和 1692 年颁布的容教诏书，法国传教士认为当时中国有极好的传教机会。李明和白晋入华几年后又回到欧洲，撰文著书介绍中国，宣传中国友好的传教氛围。他们介绍中国的书都是当时的畅销书，起到的宣传效果也很明显。1703 年，仅法国一个国家，就有超过三十位神父出发前往中国。[43] 南怀仁在世时就很苦恼只有很少的传教士来华。为此，他在 1678 年发信到欧洲鼓励更多传教士来华。而在他发信的十年间，整个欧洲总共只有七位神父来到中国。[44]

　　1699 年，白晋从欧洲出发返回中国，有十一位神父和他一同来到中国。白晋是康熙的西学老师，在宫里教过康熙好几年，同时他又是康熙派回欧洲招募传教士的，算是康熙的钦差。他离开北京的时候，已经和广州各级官员打过交道。回到广州的时候，就有水军官员一眼认出他来。他在广州上岸后，第一件事就是直接去找两广总督石琳（1689—1702 年在任），请石琳转告北京，他已经回来了。同时他还请石琳帮忙安排，船上有几个人生病了，需要治疗。石琳当然将一切都安排周到。据白晋说广州大小官员都来拜访他，持续了三天。白晋乘坐的船是法国国王派的船，船长和手下看到白晋受到的礼遇都惊叹不已，觉得不可思议。白晋作为一个法国人，一到广州不仅能获得当地最高官员接待，而且大小官员还争相来拜访。当然这一切都是因为白晋的特殊身份，当地官员知道尽管他没有官衔，但却是天天跟在皇帝身边的人，所以大小官员都争相和白晋往来，大献殷勤。[45]

　　康熙知道白晋返回后，从内务府里派了一人到广州迎接，而且让官员免除了白晋所乘法国船只的各种税费。当时康熙正好在江南南巡，便命白晋带着新来的传教士北上，在康熙的龙船上会面。广州官员知道一船人要北上见皇上，又热情地为这些新来的洋人送别。最终白晋一行在离扬州不远的地方，上船拜见了康熙。白晋说他见到康熙时，康熙在窗边，看到他，便问："身体可好？"完全是老朋友重逢的画面。白晋说，当时官员都在，谈话不能深入，大家也比较拘谨。到了晚上，他带着新来的传教士再和康熙相见，谈了很久，而且氛围也比较随意。[46]

在船上见面后，康熙让白晋选出五人留在京城听候差遣。这批传教士还见了张诚神父。张诚 1688 年到京后就得到康熙赏识，后来代表清朝与俄罗斯谈判《尼布楚条约》，又立了大功。这之后，他就是最常出现在康熙身边的传教士之一。康熙三次出击塞外亲征准噶尔，张诚都陪同在侧。后来每次南巡，康熙也把张诚带在身边。新来的传教士都清楚，他们在这个遥远的异乡，一来就能得到从上至下的照顾和恩惠，都是张诚这样侍候在皇帝身边的传教士的功劳。

1693 年，康熙又把内务府一套院子送给了法国传教士，感谢他们治好了他的病。当时康熙得了疟疾外加发烧，朝廷内的中医治不好，病情一天一天加重。张诚、洪若翰、刘应三位法国神父毛遂自荐为康熙医治。他们用金鸡纳树的树皮治好了康熙的病。[47]金鸡纳树原产南美，当地人很早就用它来治疗疟疾和发烧，后来耶稣会神父传教到那里，知道了这个树皮的妙用，便把它作为一味神药带到世界各地治疗发烧（这个树皮治病的有效成分是奎宁）。康熙送的院子在故宫外西北方向不远处，由于位置离故宫很近，在当时就属于一流的地段（见图 4.3）。这个院子后来成了法国传教士的主要住所。院子的位置也在实际生活中缩短了法国传教士入宫觐见康熙的距离。第二年，法国传教士得知院子旁的一处空地也是内务府的，而且还知道内务府里的太监正在打这块地的主意，他们就在太监提交申请之前向内务府申请了这块地，说希望在这里修一处教堂。后来康熙权衡以后，把这块地一分为二，给了传教士和太监各一半。传教士没有把自己当外人，还跟内务府的太监争"地盘"。不过，传教士是很会搞关系的，他们和内务府中的太监相处融洽，并没有因为地皮申请影响到双方的关系。[48]

关系网

新来的传教士去到各个地方传教前，老传教士都会传授他们各种注意事项，中国的习俗，与官员打交道的策略，哪些能干哪些不能干，等等。不过，到了地方以后，传教士还是会遇到各种预想不到的事，这时候京城的传教士就是给他们解决问题的人。比如传教士利圣学（Charles de Broissia）到宁波传教，准备在那里修一座教堂。他到宁波后，很快就和当地三位地方官搞好了关系，并得到三位官员默许，着手在宁波新修教堂。教堂还在修建过程中，三位官员陆续调任其他地方。新来的地方官对修教堂一事不予支持。利圣学想了各种办法巴结新来的官员，并告诉他其他地方也在修教堂，该官员坚持要通报礼部，让北京来裁定。官员认为之前的容教诏书虽未禁止建造新的教堂，但也并没有允许新建。[49]

在知道事情捅到了礼部后，张诚和在京的传教士都很担心，如果礼部做出禁修教堂的决定，那么以后全国各地传教都会受到影响。张诚动用了在京城的关系，在礼部部议之前，私下找到了礼部尚书。好在礼部尚书对该案没有什么异议，表示会给出满意结果。几天后，礼

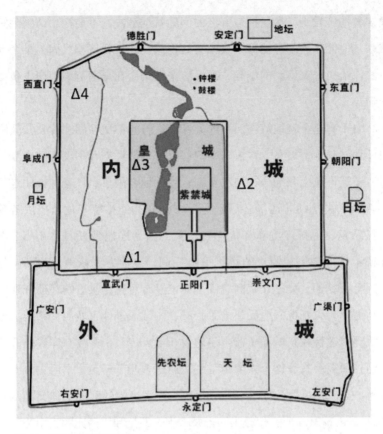

图 4.3　清初北京教堂位置图

　　△ 1：南堂，1605 年利玛窦始建，1650 年汤若望翻新。又称宣武门天主堂。

　　△ 2：东堂，1655 年利类思和安文思创建。又称圣若瑟堂。

　　△ 3：北堂，1703 年法国传教士创建。又称西什库天主堂。

　　△ 4：西堂，1723 年（雍正元年）德里格创建。又称西直门天主堂。

部给出了允许修建的结论。理由是既然当地能允许修寺庙，那么修教堂也应该允许。[50] 潜台词是让地方官把教堂当成寺庙一视同仁处理。尽管这件事情最后有了满意的结果，京城的传教士还是感觉压力很大，通知各地传教士，尽量把地方上的问题就地解决，不要把事情闹到京城来。他们认为不可能每一次都有好运气，如果礼部哪次因为某个地方案件给出一个不利的结果，那么这个结果会在全国范围都产生负面影响。

由于有这个就地解决问题的方针，洪若翰神父在湖北黄州修教堂的计划就只好暂停了。按洪若翰记载，黄州的地方官不仅不同意修教堂，还默许道士和地痞在他准备修教堂的地方闹事。洪若翰说他走了二百多里去找湖北巡抚。尽管巡抚彬彬有礼地接待了他，但洪若翰明显感觉到巡抚在刻意和他保持距离，因为连他带去的小礼品，巡抚都不接受。巡抚给出的意见很像托词，说地方要修教堂的话，他必须上报礼部。要是北京同意修，他也没有意见。洪若翰在巡抚那里无功而返，只好把问题反映给了张诚。张诚通过他京城的关系网，竟然找到了巡抚在京城国子监当差的大儿子。传教士并没有详述他们是如何打通关节找到这个人的，只是说巡抚大儿子一封家书回去，一切都解决了。巡抚收到家书以后，很快找到了当地的耶稣会神父樊西元（Jean-Simon Bayard）。传教士的记录中说，巡抚和樊西元聊天中并没有谈到修教堂的事，只是谈了谈传教士学习中文等无关的事。不过会谈结束后，巡抚就给黄州地方官去了信，信中还附上了康熙的容教诏令。地方官接到信后，态度大变，亲自带着礼物找到洪若翰，并在传教士住处周围张贴告示，表示允许修建教堂。[51]

尽管这些传教士是外国人，但在 1700 年代，他们对中国人情社会下各种关系的运作是很老练的。特别需要注意的是，上面两个例子都是张诚自己一手搞定的，并没有求助于康熙。比起南怀仁，张诚可以说在北京官场已经青出于蓝而胜于蓝了。回想 1673 年，把一个传教士从浙江转去西安这样的芝麻小事，南怀仁都拿不到礼部的批文，还需要康熙介入。而此时的张诚已经可以直接私下去找礼部尚书交流了，这说明传教士在京城权力圈中已建立了自己的关系网。不过，话又说回来，跟权贵交往过密也是双刃剑，遇到政治风波，难免被牵连。后来天主教在雍正初年被禁，就和传教士与京城各方权贵交往过密有关。这是后话了。

介绍中国

传教士在朝中有人，同时又有内务府关照，这是地方官都知道的。这为传教士在各地的活动提供了方便。当时传教士以及欧洲商人走遍了世界各地以后，都认为中华文明是地球上唯一可以和欧洲文明媲美的地方。传教士到中国来传教的同时，带来了西方的科学知识，但同时他们也在全方位地学习、考察中国的方方面面。来华的很多传教士，自身就是一流的学者。汤若望和南怀仁都是科学素养极高的全能型传教士。后来来华的传教士中更是有很多精英。特别是法国派来的传教士，这和法国国王路易十四的重视有关。比如第一批来华的五位耶稣会传教士白晋、张诚、洪若翰、李明和刘应。其中的洪若翰神父，他在法国就是与法国科学院院士一起做研究的。在入华航行路上，他就在观测星空，船航行到赤道，他记录下了南半球能看到的星空。从他的记录中可以看出，他知道哪些信息有价值，哪些是欧洲科学观察急需验证的部分。张诚在欧洲是神父，同时还在大学里面教数学。这五位神父在出发之前，法国科学院还给他们专门开了各种科学讲座，让他们在数学、天文学、地理学、植物学、动物学等众多学科中都有一定的知识储备。[52] 这样到中国，如果遇到相关发现，才有能力做记录。

白晋神父其实在数学、天文、技术等方面都是行家，但是他到中国后迅速被浩瀚的中国古代典籍吸引。入华后，从一字不识开始学习汉语，到博览中国古书，最后深陷在《易经》研究中不能自拔。康熙对此还发过脾气，认为白晋不务正业，耽误了他给安排的工作。康熙在平定三藩和准噶尔以后，开始丈量国土，绘制全国地图。这种工程自然是传教士主导，但这个项目太大，需要大量人手。长城外的区域，测量绘制地图，不免风餐露宿，是件苦差事。康熙知道白晋当时忙着研究《易经》，但无奈人手不够，还是派他去测绘长城部分。结果出去没多久，康熙身边的包衣奴才就报告说，白晋坠马摔伤了，在回京的路上。康熙听完很生气，马上意识到这是白晋在找借口返回京城。康熙还察觉到，打报告的包衣奴才在帮白晋打圆场，便反问道，要真是坠马，就该在坠马的地方养伤，养好了继续勘测。这坠马后就回京是什么意思？[53]

被《易经》吸引的还有法国耶稣会傅圣泽神父。傅圣泽神父是1699年入华的，他最初在福建、江西一带传教。傅圣泽深爱中国古代经典，其中最让他痴迷的是老子的《道德经》和儒家六经之一的《易经》。他钻研《易经》的角度很独特，认为《易经》中的卦象和《圣经·旧约》中的一些图像是相通的。他的学问大，在中国传教士内部都是公认的。后来有传教士向康熙推荐傅圣泽，康熙便把他召到了北京。但傅圣泽对出入宫廷没有兴趣，大约认为这会影响他的研究。他几次给康熙的回复都是他水平有限，有很多不懂。但实际他到北京后，一直专心研究中国古代典籍，同时忙着在当时北京琉璃厂附近的旧书市场淘中国古书。他在中国待了二十年。在 1720 年返回欧洲时，他购买了一千余册中国经典运回欧洲去。回欧洲后不久，便被教皇任命为主教。傅圣泽本来就是富家子弟出身，去中国前他在哲学、神学和数学方面的造诣已经在法国有名气了。现在他又到中国学了二十年的中国经典，又把这些经典带回欧洲翻译，对当时的欧洲学者来说，大约相当于我们理解中"唐僧取得真经归来"的感觉。法国当时的大师如伏尔泰和卢梭都数次找到傅圣泽当面请教中国方面的问题，以及他对很多哲学问题的见解。傅圣泽把中国古代主要的经典都带回了法国，开启了法国的汉学研究进程，以至于后来两百年，法国在汉学研究领域都是欧洲的翘楚。

当时中国在世界上最著名的物品无疑是瓷器。在江西传教的法国传教士殷弘绪（François Xavier d'Entrecolles，1664—1741）详细记录了景德镇烧瓷工艺，1712 和 1720 年他写了两份报告发回欧洲。除了自己的观察外，他还从当地人那里得到许多烧制瓷器的关键步骤信息。他的报告发回欧洲后，很快被翻译成各种欧洲语言。英国和德国当时新建的陶瓷作坊，都得益于殷弘绪神父的报告。当时景德镇的师傅对景德镇工艺很有信心，不担心技术外传，他们跟殷弘绪神父讲，就是景德镇的熟练工人，换到福建去烧瓷，烧出来的成品都要差一截。当时的解释是，景德镇陶瓷的核心是当地的土。这个原材料其他地方没有。殷弘绪还介绍说，由于火候控制的原因，整窑瓷器全部报废的事经常发生。他说每一个发财的老板背后，都有"百名破产者"。这也跟欧洲人解释了为什么中国产的瓷器会那么贵，是当时的奢侈品。[54] 殷弘绪神父在报告中还特别惊叹于景德镇的治安，称当地有三千座瓷窑，人口稠密，而且每天往来商船不断，但神奇的是当地只有一位朝廷官员。治安靠商户选出来的地保负责照看。作为一个走过世界很多地方的欧洲人，他称景德镇的"治安制度很令人钦佩"[55]。殷弘绪神父当时能在饶州和景德镇往来自由，得益于各级官府的保护。他在当地的教堂经常还会有官员来拜访。景德镇由于进出口瓷器，洋人的商船常到江西来。康熙1706年废太子后，经常心慌心悸，在北京传教士介绍下，他喝了少量西洋葡萄酒后症状有所改善。为此他晓谕江西巡抚，在来往西洋人那里收集葡萄酒。而在饶州（景德镇是当时饶州府下面的一个镇）传教的殷弘绪自然也就得到江西巡抚的特别关照。

康熙在传教士的推荐下使用了一些西医的疗法，同时康熙也派中医大夫给传教士治病。传教士在中国见识过中医的疗效，包括针灸。传教士到世界各地传教，医疗都是他们的强项，也就是说他们可以通过治病来接触和感化信徒。但中国是个例外，尽管西医在某些病的治疗上有特色，但是对于大部分的病他们承认是不如中医的。这也是为什么传教士是用天文历算而不是医学来进入中国的原因。人都有生老病死，传教士也不例外。从第一批传教士明代入华开始，他们很快就发现中医在很多病的防治上都有独特思路和疗效。最早系统介绍中医和中药的传教士是邓玉函（Johann Schreck，1576—1630）。邓玉函万历年间入华，是明清时期所有来华传教士中在欧洲科学界地位最高的一位。他年轻时是现代代数创始人韦达的助手，后来是伽利略的学生。他早年游学欧洲，在欧洲科学界有一流的关系网。后来他要加入教会，伽利略很生气，跟他断绝了往来。到中国后，他被安排去做天文测算。当时中国教会需要准确预测日食来显示西方科技的发达，邓玉函就发信回欧洲询问天文测算问题。而为他答疑的，是大名鼎鼎的开普勒。后来传教士能够很精确地进行日食预测，用的就是开普勒的方法。邓玉函在欧洲的本业是植物学和医学。到了中国，遇上中医和中药，可以说为他打开了一个崭新的世界。不过可惜的是，在入华十年后（1630年），他在一次中药实验中，不幸中毒身亡了。他对中药、把脉、针灸都有研究。来华的传教士都希望破解中医治病的原理，他们认为中医最神奇的是发现人的脉搏和身体内部运作的关联。古希腊－罗马时期西方医学第二号传奇人物盖伦（Aelius Galenus，约 129—216。一号人物是现代西医入行誓言的作者希波克拉底）就通过把脉诊病，开创了西方的脉学。追随南明朝廷的波兰传教士卜弥格认识到中国的脉诊是三维的，医生把脉有按压，以此来感觉脉搏的轻重强弱快慢。他把明代成书的《图注脉诀辨真》（一部图文结合便于学习晋代王叔和《脉经》的书）翻译成了拉丁文，后来一位荷兰医生把他的翻译收入到一本医学方面的综合书籍里。[56] 这本书在欧洲多个国家引起了科学家的注意。后来的传教士也一直在添补脉学相关的内容。追随南明朝廷后来又被孔有德招降的谢务禄神父、第一批来华法国传教士中的李明以及 1655 年荷兰的入华使团，都对脉学有过进一步观察和报告。[57] 后来西方哮喘研究的奠基人约翰·弗洛耶（John Floyer）就在中国《脉经》的基础上，写了一部脉学研究著作。

传教士走遍世界各地，发现当地的特产，就会介绍回欧洲。比如前文说到，传教士在南美看到当地人用金鸡纳树皮治疗疟疾和发烧，就把这个树皮传回了欧洲，同时也带到了中国。1693 年他们就是用金鸡纳树皮治好了康熙。[58] 传教士还把巧克力饮料从南美带回欧洲，后来也带给了康熙，康熙还很喜欢。[59] 他们到了中国，当然也会把中国的特产介绍回欧洲。中医在使用自然界动植物上，当时是遥遥领先于世界的。这就注定了当时传教士在植物、动物方面有写不完的内容。明代早期传教士就写过很多书介绍中国的动植物及其使用方法。殷弘绪神父就感叹中医对各种植物的研究太深入了，他根本没有时间完全翻阅，只能挑一些欧洲常见的植物看看，然后介绍回欧洲。[60]

康熙年间的传教士凭借内务府的关系，获知并向西方介绍了一些名贵的中药。比如现在价格很贵的虫草。法国传教士巴多明记录说虫草贵得不可思议，要四两银子才能买一两。而当时朝廷钦天监监正一年的俸禄是一百两银子。也就是说一个朝廷大员的年俸也只能买二十五两虫草（跟当下作比，2023 年的虫草均价为 15 万—20 万元 / 公斤）。可见虫草清初就很贵。巴多明神父说他没有见过虫草的生长环境，只知道它生长在川藏地区。他讲到虫草和人参都有滋补的功能，区别是人参有些人服用会引起出血。这和现代讲的人参药性强，虫草温补的特性是一致的。而且巴多明神父称他能得到虫草，是因为他和川陕总督（他没有明写是谁，可能是岳钟琪）有私交。川陕总督进京给皇上带了很多虫草，也送了一些给他。巴多明说他当时正好身体虚弱，食用虫草后有显著疗效。当时别人给他介绍的食补方法是用虫草炖鸭子。[61] 这道食补方子今天依然很流行。

巴多明还讲到了当时欧洲大量从中国进口大黄。大黄是泻药，可以治便秘，这点当时欧洲也发现了。巴多明认为欧洲生服大黄的方法比较原始，在治病的同时会引起疼痛。巴多明仔细学习记录了中国烹制大黄的过程，再介绍给欧洲。经过中国方式加工后的大黄，再加上蜂蜜，巴多明说使用效果好，而且还没有副作用。[62]

巴多明还提到了阿胶，他不仅知道阿胶是用驴皮制作的，还知道制作上等阿胶的阿井。按巴多明的解释，阿井里面的水，和一般的水确实有区别，这并不是迷信。北宋《梦溪笔谈》以及明代《本草纲目》里面也特别提到过制作阿胶的井里的水有特别之处。巴多明说，那口井很珍贵，平时官府在井上贴有封条。巴多明同时提到由于上等阿胶产量有限，当时全国各地到处都在卖假阿胶。他说他不能确定阿胶是否真有很多疗效，但他可以确认阿胶确实在治疗肺病上有疗效，因为有几位传教士都亲身验证过。巴多明也是因为宫里的关系，才能接触到上等正宗阿胶。他吃过、用过、研究过，说自己闻一闻就能鉴别出阿胶的真假。[63]

巴多明有很高的语言天赋，他 1698 年入华后，很快就学会了满汉双语的听说读写，而且都很地道。他很快就成为经常在康熙身边的传教士，并且和朝廷众多官员都有交往。包括雍正朝的宠臣皇十三子、年羹尧和隆科多。他历经康熙、雍正和乾隆三朝，一直混迹在北京的权贵圈里。后面章节中还有他的故事。

像巴多明、殷弘绪这样介绍中国方方面面给欧洲的传教士还有很多。康熙年间，有上百个传教士来到中国。每一个入华的传教士在欧洲都有他的故乡和他入华前所属的教区，那些地方的教友一直在经济上、物质上和精神上支持这些传教士，因而这些传教士也有责任向他们在欧洲的故人汇报他们在中国的所见所得。这也是为什么有大量传教士介绍中国的文字保留在欧洲的原因。同时入华传教士的学养很高，他们很注重宗教以外知识的学习，这样他们在很多领域都有观察，写出来的东西也很有价值。北京在康熙年间有三座天主教教堂，这是入华传教士的中心。这三座教堂都有专门的图书室，有专门空间存放教外图书。那里还存放着欧洲寄过来的书，包括当时欧洲的科学发现，同时还有在北京购买的汉文书和满文书。在康熙末年，有朝鲜使团参观过北京的教堂，他们声称教堂里藏书超过万册。[64]

中西双向交流

康熙朝的传教士并不知道百年后欧洲在科学技术方面会有大的突破。当时在他们眼中，中国在很多方面都是领先的。所以当时的中西交流完全是双向的。欧洲没有而中国有的，他们发现有价值，就传回欧洲。比如前文讲到的瓷器烧制技术。同时，欧洲有而中国没有的，传教士根据他们传教的需要，就传到中国。比如传教士把欧洲的玻璃烧制技术传到了中国。欧洲量产的玻璃在明末传入中国时，中国人最初以为是宝石，价格高得离奇。后来法国传教士不仅给中国带来了技术，还带来几位欧洲工匠，帮康熙在北京建起了玻璃厂。[65]康熙从南方招来学徒，很快北京出产的玻璃制品就可以媲美欧洲，1720 年康熙赠送给彼得大帝的国礼中就有北京产的玻璃制品。当时的技术传播交流是双向的，互通有无。

当时人的思想中有中外之别，但没有很强的中西之分。特别是对实用的东西，有的更多的是有用与没用的区别。就拿中西都有的医学来说，康熙和传教士看待医学只有有效与无效的区分或者说适合与不适合的区分，并没有现代人有的中西医区分。康熙见识过西药有效后，便引进了西药和西医，在他宫里常年储备着多种有用的西药。这些储备并不能说明康熙特别看重西医，只是说明他务实。历史中喜欢谈论康熙当年被传教士治好了中医都治不好的病，这其实和记录有关，因为张诚等法国传教士详细记录了他们治好康熙病的故事。但张诚常年被失眠困扰，最后被中医治好了，他就一笔带过。当然也没有哪个中医大夫会得意地记录下自己治好失眠的医案。后来的人读到当时中西医交流的高光时刻，好像就是西医治好了中医治不了的病，让康熙很惊讶。康熙自己和周围的人被中医治好的情况有很多，只是当时人对此习以为常，并没有觉得这些是值得记录的事。细读康熙和传教士的交往历史就会发现，康熙多次安排医生为传教士治病，可以说每一个传教士都接受过中医治疗。

来华传教士众多，在很多问题上难免观点不同。但就中医和中药来说，传教士是一致的赞美惊叹，都是怀着敬意把中医中药介绍回西方。欧洲来的人，能在中国找到好的中医看病，都是很高兴的。教皇使节来华，路上肠胃出了毛病，进京都是抬入京城的，后来觐见康熙时，坐一会儿就很累，身体虚弱，随团的西医一点儿办法都没有。后来教皇使节请求康熙的医生给他看病，康熙的中医给他开了一个以槟榔为主的方子，把他的肠胃病治好了（方子见图4.4）。

最后离京的时候，教皇使节已经完全康复，他多次上书康熙表

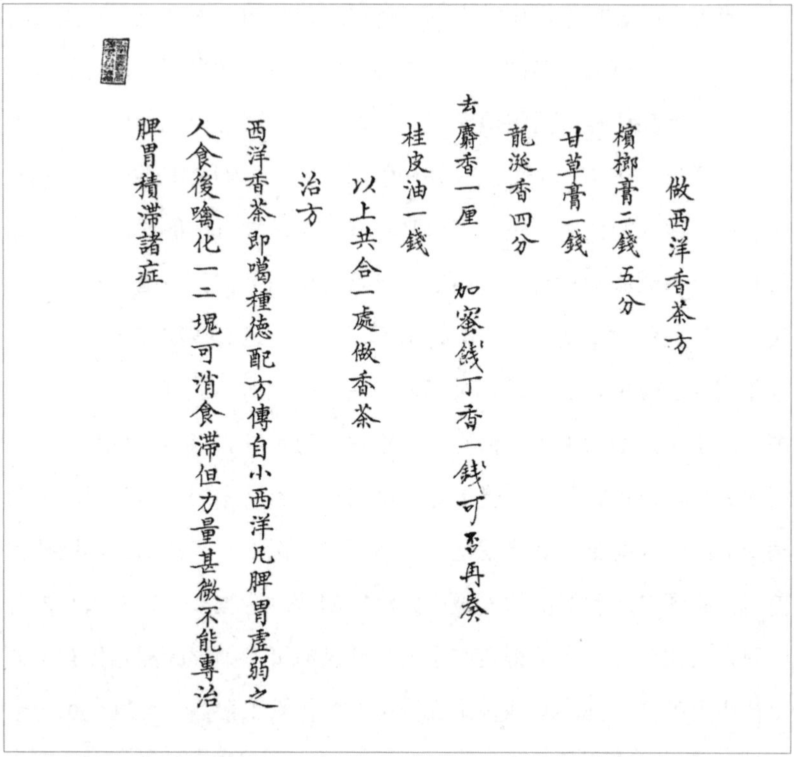
做西洋香茶方
檳榔膏二錢五分
甘草膏一錢
龍涎香四分
去麝香一厘　加蜜餞丁香一錢可否再奏
桂皮油一錢
以上共合一處做香茶
治方
西洋香茶即噶種德配方傳自小西洋凡脾胃虛弱之
人食後噙化一二塊可消食滯但力量甚微不能專治
脾胃積滯諸症

图 4.4　故宫档案藏治疗教皇使节多罗药方

图片来源：冯明珠，《坚持与容忍：档案中所见康熙皇帝对中梵关系生变的因应》，182。

示感谢。还有一次，宫里一位西洋画家，大约是画画时间太久，肩痛难忍，康熙派医生过去，医生报告说最好的治疗方法是用针灸，但是画家很害怕针灸，问康熙该怎么处理。[66]传教士安多病了，康熙的御医去看诊，给出的诊断是“中气不足，脾胃虚损，四肢厥冷，大便溏稀”等等，开出的是以“附子、干姜、白术”等组成的理中汤（是附子理中汤加减）。本来这个病症配搭这个药方是中医的标准治法，但有意思的是，御医还加了一句"其病情重大"，可以再用一些"圣药德里雅噶"。[67]这个德里雅噶是 Theriac 的音译，这是古希腊开始就有的西药，主要是解毒之用，一直流行到 19 世纪。[68]传教士入华后，把德里雅噶介绍给康熙，并帮助制作出来，存在宫里。康熙的御医应该用过这个药，所以才会给安多开出理中汤和德里雅噶并用的药方。[69]康熙内廷中备有许多传教士介绍过来的药，这些药当时被称为"圣药"，即皇帝才有的药。这些"圣药"不仅宫里人知道，康熙私人圈子里的人也都知道。下面一段是康熙在江南的包衣奴才李煦去扬州探望病中的曹寅后，向康熙汇报了曹寅的病情，并求"圣药"治病的奏折：

臣李煦跪奏：江宁织造臣曹寅于六月十六日自江宁来至扬州书局料理刻工，于七月初一日感受风寒，卧病数日，转而成疟，虽服药调理，日渐虚弱。臣随于十五日亲至扬州看视。曹寅向臣言：我病时来时去，医生用药不能见效，必得主子圣药救我。但我儿子年小，今若打发他求主子去，目下我身边又无看视之人。求你替我启奏，如同我自己一样。若得赐药，则尚可起死回生，实蒙天恩再造等语。

臣今在扬看其调理，但病势甚重，臣不敢不据实奏闻，伏乞睿鉴。

这里曹寅求的"圣药"就是治疗疟疾的金鸡纳树皮。从下面康熙的回复中，可以看出康熙当年被治好后，还仔细研究过传统中医治疗疟疾中可能存在的问题，以及金鸡纳这种药的使用注意事项：

朱批：尔奏得好。今欲赐治疟疾的药，恐迟延，所以赐驿马星夜赶去。但疟疾若未转泻痢，还无妨。若转了病，此药用不得。南方庸医，每每用补剂，而伤人者不计其数，须要小心。曹寅元（原）肯吃人参，今得此病，亦是人参中来的。金鸡拿专治疟疾。用二钱末酒调服。若轻了些，再吃一服。必要住的。住后或一钱，或八分。连吃二服。可以出根。若不是疟疾，此药用不得，须要认真。万嘱，万嘱，万嘱，万嘱！[70]

康熙的四个"万嘱"也体现了他对曹寅的关心。在这之前，康熙就知道曹寅常吃人参，所以认为曹寅这次病恶化是补药吃错了的缘故。康熙的药还是去晚了，曹寅在药送到前去世了。从康熙与他亲近奴才的通信中，可看出康熙从实际出发，各种药物并用来治病的实例。在当时人眼中，"圣药"是皇帝那里才有的特效药，没有人在乎这药到底是中国的还是西洋的。

大部分传教士入华后，都被中国这片土地以及这里的人和文化所吸引，一生都没有再回过欧洲，并安葬在了中国。后来在乾隆朝出名的画家郎世宁，其实也是康熙朝入华的。康熙朝传教士愿意入华，跟传教士在华的地位分不开。他们是内务府的人，所谓"朝中有人好办事"，所以在地方上，他们也能得到各种照顾。这些客观条件，不仅方便了他们传教，也促使这些传教士深入地了解中国的方方面面，并介绍回欧洲。历史写作和阅读容易时空穿越，但理解历史需要站在当时的时空中来理解。在当时的时空中，并没有近代以来产生的所谓西方意味着先进和进步这样的观念。当时的中西交流就是相隔很远的两个不同文明区域在互通有无、互有启发地平等交流。

小 结

大清的权力分布就是个金字塔，皇帝处于最顶端。当传教士能够接近处于塔尖的皇帝和王公大臣，他们就处在一个有利的位置。接近高层，接近满人权贵，从而为传教打开方便之门，是清初传教士的策略。他们希望以有限的人手撬动大清这个幅员广阔、人口众多的国家，最大程度把他们的福音传到中国。南怀仁为如何实现这个基本目标指明了方向：就是要像包衣奴才一样与皇帝和满人权贵建立关系。这改变了汤若望和之前明代入华传教士希望通过在朝廷做大臣来接触皇帝的策略。南怀仁的策略调整反映了他对大清权力结构的深刻了解。大清的权力系统有两个：一个是从明代那里继承下来的基于君臣关系的朝廷系统；另外一个是满人的内部系统，其中康熙和他的部下讲的是主奴关系。

主奴关系及其衍生出来的派系是理解清初政治的核心。朝廷各部，人员流动及升迁任用，表面上看讲的是资历，但真正在后面起关键作用的是人员的派系。而这个派系和八旗里面基于主奴关系产生出来的派系有关。传教士是看明白了这一点的，所以后来的传教士到北京以后，都专注于进入内务府，私下为皇帝服务，争取像满人奴才一样获得皇帝的信任。

维系清初皇亲国戚私人圈子的纽带是信任。这和官僚系统不一样。官僚系统通过科举吸收新人，其核心是才能。在私人圈子中，"信任"的来源有二：一是来自各种世袭关系，其中最主要的是血缘、姻亲以及主奴三种世袭关系；第二个来源是保荐。圈中的人把外面的人推荐到圈子中来，这个推荐人其实是用他在圈中已获得的信任来担保新人。（见下图）

传教士能在鳌拜时期就进入康熙的内部圈子，信任来自于主奴关系。有了信任，传教士才能被纳入圈子中，开始了和康熙的往来。在往来过程中，双方关系变近，传教士就有了特权。这些特权包括可以私下见到康熙，有专门和康熙联系的通讯渠道，以及在地方上获得优

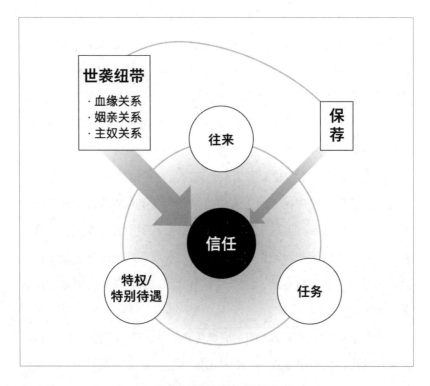

康熙私人关系网络运行示意图

待，等等。有了这些特权，也便于传教士完成康熙分配的任务。在完成一个个任务的过程中又加强了双方的往来和信任。这就形成了一个良性循环。这三个要素的循环在清初以来的私人关系网中随处可见，而整个过程中最核心的就是信任。只要信任没有因为某件大事被破坏，那么双方关系就会持续。所幸的是，传教士在康熙一朝都没有辜负康熙对他们的信任，包括后来教皇派使节到中国来的时候。

康熙把传教士纳入自己私人圈子，其实也方便他对传教士的管理和任用。从皇帝的权力运作方面来讲，大清从明代那里继承下来的朝廷制度有很多条条框框。康熙作为皇帝，也必须尊重这些朝廷规矩，不能不理会大臣们的意见。容教诏书通过的全过程就很能说明问题。当时传教士就在写给欧洲信中解释过："当皇帝征求大臣们的意见时，大臣们根据国法来回答，人们既不能责备他们，也不能对他们进行任何非难。"[71] 所以，最后康熙解决问题的方法还是派索额图去私下活动疏通。由于有朝廷的规章制度在，后来康熙和传教士都在有意识地避免把问题送到朝廷的官僚体系下去解决。对于康熙来说，绕开朝廷的方法就是把问题变成家事，这样就可以顺理成章地让内务府来处理。内务府就是康熙的内府，里面的事就是他的家事，自然里面的一切都是康熙一个人说了算，这样他就完全不需要考虑朝廷那边的各种成规。康熙如何把"国事"操办成"家事"，这就是后面两章的话题。

第二部分

红票与中西交往

第五章　教皇使团和康熙派出的洋钦差

　　1704 年 11 月 20 日，教皇克莱孟十一世（Clement XI，1649—
1721）签署了教内的禁约，禁止天主教徒参与中国传统的礼仪活动。明
朝末年以来，不同天主教教会，甚至不同的传教士个人，在如何界定一
些中国传统的仪礼上存在着分歧。比如，中国人在家里供奉死去亲人的
牌位，在牌位前面上几支香，或者在家里供奉孔子的画像，这些算不算
天主教教义里不允许的偶像崇拜？中国传统的习俗跟一神论的天主教
有没有冲突？如果一个中国人皈依了天主教，婚丧嫁娶中哪些中国的
传统仪礼他可以参与？哪些不能？这一大堆的争议，在天主教内部一
直都没有定论。这些天主教内部的争论历史上称为中国礼仪之争。在
中国传教的不同教会对许多问题都各有理解，互相说服不了，只好把
各自意见发回到罗马教皇那里，让教皇仲裁。简单来说，认为可以允许
信徒继续参与礼仪活动的一方认为中国的这些仪礼属于世俗层面，没
有宗教层面的偶像崇拜意味，所以没有必要在教徒中禁止这些仪礼。

为了说服罗马教廷，耶稣会神父在1700年发了一个装着各种文件的大包裹去罗马。这里面包括他们翻译的儒家士大夫的论述，以及一篇他们写的并得到康熙认可的分析。作为旁证，他们还特意找到住在开封的犹太人，让他们写下了他们眼中的中国仪礼。不过教皇没有认同耶稣会神父的论点。为了尽快结束这个争论了半个世纪的话题，教皇签署了禁止教徒参与中国礼仪的谕令。不过，由于考虑到庞大的中国是很有前景的福音传播地，以及对于欧洲各国的国王来说中国在当时世界航海贸易中地位至关重要，教皇特地派了一个使团到中国来做沟通。

在1705年，首位教皇特使多罗到达北京之前，礼仪问题主要在欧洲争论。在华耶稣会士知道多罗到来以后，认为这是一个绝好的机会，可以在中国给多罗讲解中国礼仪，传达他们的观点。在华耶稣会士懂中文，也读了中国各种典籍，理所当然地认为在天主教世界，他们才是真正的中国通，他们才有资格解释中国礼仪，而教皇应该接受他们的观点。认为中国礼仪中有宗教意味的主要是天主教中多明我会的传教士（耶稣会内部也有神父反对中国礼仪）。他们的说法其实也有一定道理。比如拜祭孔子，拜祭中当然有尊师重道的意思，但是很多人祭孔时也在祈求孔子保佑能考取功名等。在天主教的教义中，他们是不能允许信徒对其他偶像祈祷的。还有拜祭祖先牌位这些，其中有没有祈求保佑的成分，都是很难说清楚的事。

康熙也不是完全不知道欧洲在争论中国的礼仪问题。他或多或少从身边耶稣会神父那里听到一些风声。1700年，耶稣会神父在准备资料解释中国礼仪问题的时候，有一份论述就呈给了康熙过目，还让康熙签名支持了他们的观点。不过，康熙并没有把这些争论放在心上，也没有关注过。当听说多罗使团入华，他也没有想到过这个使团是来处理中国礼仪问题争论的。他最初以为多罗是来调解葡萄牙耶稣会神父和法国耶稣会神父之间的内部矛盾的，因为他知道双方有很多家长里短扯不清楚的问题。直到多罗入华半年以后，在康熙给多罗饯行那天，耶稣会神父才把问题报给康熙，希望康熙出面支持他们的观点，要求多罗把他们关于中国礼仪的意见带回到教皇那里。不过耶稣会神父把问题捅到康熙那里以后，整个事件走向就改变了。康熙作为大清皇帝立马把这个问题当成他自己的事，参与到了争论中去。

康熙和他的江山

1705 年，康熙五十一岁。从铲除鳌拜算起，他已经亲政三十七年。作为第二位在京的满人皇帝，康熙先是平定了持续八年的三藩之乱。之后他直接掌控了繁华的南方诸省。在平乱一年后，也就是 1684 年，康熙第一次南巡。到 1705 年，他已经五次南下，其间登了泰山，拜了孔庙，还祭了大禹陵。康熙用这些象征性的行动在收服中华文人士子的心。同时在南巡中，康熙也见识了江南的富足，感受了传统中国的人文地理，对他治下的南方有了感性的认识。

南方平定后，康熙把主要精力放到了北方。除了一直和俄罗斯谈判，在 1689 年签订《尼布楚条约》以外，康熙的主要对手是准噶尔汗国的噶尔丹汗（1644—1697）。噶尔丹早年在西藏学佛二十年，在学佛修行方面是有造诣的，他的上师是藏传佛教的大德。噶尔丹在他哥哥僧格汗被杀后，还俗去当可汗，开始了他的草原征战生涯。噶尔丹坐稳了可汗的位置后，趁喀尔喀蒙古内乱之时，侵吞了喀尔喀蒙古的土地，势力挑战着清朝在草原上的权威。康熙招降过噶尔丹，但遭到了拒绝。

对于康熙来说，噶尔丹是大清的心腹大患。一来噶尔丹不是只会挽弓射雕的普通蒙古部落首领，他是有文化并得到西藏活佛暗中支持的可汗。[1]噶尔丹的存在，时刻提醒着康熙当年女真金朝被灭的历史。原本被金朝压制的成吉思汗，在统一了蒙古各部后，反过来把金朝给灭了。所以康熙不能坐视噶尔丹壮大。但征讨噶尔丹有很多实际困难。朝廷上下都反对远征，因为大家都知道，在草原上的噶尔丹骑兵来去无踪，可以随时西撤。而大清要远征的话，远距离后勤补给也是很现实的问题。不过康熙还是力排众议，决定征讨噶尔丹，而且还是御驾亲征。为了彻底消灭噶尔丹，康熙三次亲自出大漠远征，足见他对噶尔丹的重视。在 1696 年第二次远征中，大清同时派出三支大军北上，意在包围噶尔丹部队。康熙亲自指挥中路大军，与士兵同吃同住，北出一千多公里，穿越戈壁大漠，直接迎战噶尔丹主力。噶尔丹得知康熙亲征以后，迅速西撤，不过正好碰上大清左翼大军。噶尔丹仅率几十残部逃脱。第二年，噶尔丹在康熙第三次亲征中再次兵败。有传说他最后自杀。后世还留传有他生前用藏文写下的诀别诗。诗中的内容是希望他的上师能够拯救他，让他有机会转世到能听闻佛法的地方，来世有机会研习佛法。

康熙亲征剿灭噶尔丹后，声名在大漠中远播，使他成为名副其实的蒙古各部可汗的可汗。耶稣会神父在康熙三次远征中，都跟随在侧。在大漠晴朗的夜空下，耶稣会神父和康熙一起仰望星空，探讨学问。他们留下了详细的随军日记，是后世了解康熙远征最详细的资料。[2]

以传统中国的家庭标准来看，1705年的康熙也是很成功的。他有十五个儿子，其中九个已成年，都是能文能武、独当一面的角色。康熙1696年亲征噶尔丹之时，有六个儿子随他出征。这个时期的康熙家庭和睦，后来困扰他的皇子争位之事还未开始。应该说此时的康熙家和国强、天下归一、名震四海。就连欧洲的哲学家这时期都在读康熙的故事，莱布尼茨还提出了康熙是"开明专制"君主的典范。

康熙收服天下靠的不仅是战争，在文化上，他也获得了多方的认同。对于传统的中国士大夫来说，康熙发起了整理传统中国文化的大项目，修《明史》、撰《康熙字典》、编《古今图书集成》等，这些文化项目改变了许多晚明士人对满人的看法。而在蒙古人眼中，康熙也是他们文化的捍卫者，特别是康熙支持当时蒙古人信仰的藏传佛教。由于家庭缘故，康熙从小就在藏传佛教影响下长大。他的祖母孝庄就是藏传佛教信徒。孝庄派去照顾康熙的苏麻喇姑更是虔诚的信徒，一生持戒。康熙五上五台山参拜也是当时藏传佛教界的佳话。[3]康熙还两次重印藏文的全部《大藏经》来支持藏传佛教。后来西藏方面直接认定康熙是文殊菩萨转世，康熙也欣然接受了这个名号。[4]同时，对于当时的欧洲传教士来说，康熙热衷欧洲的各种学问，还把各种西学书籍翻译成了满文，介绍给满人贵族子弟。所以无论是传统中国士人、蒙古的喇嘛，还是欧洲传教士，都觉得康熙是热衷他们文化的皇帝。

在 1705 年，无论是作为一家之主，还是作为一个横跨东亚中亚多文化区域的帝国皇帝，康熙都是成功的。他征战草原，留下了各种神话。他巡游江南，与各地士人谈笑风生，留下一段段佳话。一方面，康熙是个有执行力的皇帝，敢于力排众议，坚持自己的决定；同时，康熙也是个懂得周旋、很现实的统治者。他与俄罗斯长达十年的谈判就是例证。康熙在知道藏传佛教支持噶尔丹后，他也派人去暗中处理。[5] 了解了康熙的基本背景，才能真正理解康熙在与教皇使团谈判中言行背后的含义。

康熙眼中的教皇使团

一直以来，多罗使团都被看作第一个代表罗马教廷来华的外交使团。但实际上，这是后人的误读。[6] 康熙从头到尾都没有把多罗使团当成外交使团，也没有通过任何朝廷部门来接待他们。康熙选用的是私人家庭会见的形式来和多罗使团见面，选用这种方式是基于他和传教士的关系。因为多罗是耶稣会传教士想要康熙接待的人，而耶稣会神父又是他内务府门下之人，所以作为一家之主的康熙接待多罗就像他其他奴才的亲戚来了，他用家庭方式接待是一样的。由于是家庭会见形式，接待多罗使团前后的全部安排都是内务府包办的，整个过程没有朝廷官僚系统的任何部门参与。[7]

耶稣会士第一次知会康熙多罗入华是在 1705 年 6 月。在接到耶稣会神父的汇报时，康熙出外打猎去了，不在北京。那时候多罗使团已经以商人名义交了该交的关税，进入了广州。也是这个原因，广东那边的官僚并没有注意这个使团，也没有向礼部通报。按照多罗的指示，耶稣会神父向康熙介绍多罗身份时，说他是圣教巡视官，是教皇派到各地检阅传教士所传教法是否合乎罗马教规的教皇钦差。康熙收到耶稣会神父的奏报后，并没有兴趣接见多罗，认为多罗是来检阅他们自己宗教的，跟他没有什么关系。康熙让他在北京的奴才把这个意思传达给了耶稣会神父。耶稣会神父跪下恳求，大意是康熙接见多罗实际是给他们所有在华传教士长"脸面"，希望康熙能够成全。说到"脸面"，康熙大概明白了，说是看在"豢养尔等多年"的分儿上，就接见一次。[8]

康熙收到传教士的奏报后，第一直觉是这个圣教巡视官是来调节北京耶稣会神父内部矛盾的。康熙知道耶稣会神父大概按国籍分成两派，一派是法国耶稣会士，一派是葡萄牙耶稣会士。康熙多次为他们处理过内部矛盾，总体认为就是些家长里短的小事。康熙和他身边的奴才说过，清官难断家务事，他根本不想管他们之间那些事。罗马现在还存有一道康熙的圣旨，里面专门说到他不能总是给耶稣会士断他们的家务事。[9]康熙是懂人情世故的皇帝，在他看来，耶稣会神父之间的是非曲直不可能真的理清楚。要搞明白他们之间的问题，就要翻出很多陈年往事，这样很大可能会把各种矛盾激化，从而进一步破坏耶稣会神父之间的关系。康熙认为耶稣会神父之间的矛盾根本就不值得去调解，冷处理为上。同时康熙还知道，两边耶稣会神父各有教堂，入教的天主教徒，因为入的教堂不同，也互相有矛盾。用康熙的话说："凡入南堂之国人，则骂入西堂之人；而入西堂之人，则骂入南堂之人。"[10]想到这些问题，康熙认为要是圣教巡视官再把教徒之间的问题掺杂进去，麻烦就更大了。康熙写了封信给赫世亨。赫世亨是康熙身边的家奴，是内务府里负责与传教士打交道的奴才。康熙让他去找所有耶稣会神父确认，是否他们全体都同意接待多罗。[11] 同时他要找耶稣会神父问明白：为什么天主教入华都一百多年了，从来没听说过什么圣教巡视官，而现在突然教廷派了个这样职位的人来。康熙想知道是不是耶稣会神父在中国做了什么错事，传到罗马去，罗马派人来处理了。简单来说，就是康熙首先想搞明白这个人到底来中国是干什么的。同时康熙把巡视官来华断是非的猜想说出来，让赫世亨转告传教士。这样对传教士也是一个警告，意思是如果你们各方都同意接待，那你们就要互相容忍，达成共识。[12]

1705 年 7 月 23 日，赫世亨把北京耶稣会神父召集到一起，问了他们康熙要问的问题。耶稣会神父在跪拜感恩康熙的询问以后，首先解释这个圣教巡视官来华的主要目是感谢康熙容留传教士和天主教的。第二，他们确认所有神父都赞同接见多罗。第三，他们保证已经互相协调好了彼此的关系。最后，他们解释多罗是个虔诚的修教之人，很年轻时就已经开始当神父了。[13]

康熙接到赫世亨的汇报以后，在回复中提到，这些北京耶稣会神父说的跟他身边耶稣会神父龙安国等人说的有出入。具体有什么出入，康熙没有明示。康熙批注说，看在多罗确实是神父身份，就让他进京。同时康熙吩咐赫世亨进一步询问北京耶稣会神父，希望自己如何接待多罗，以及多罗一行人现在是何种穿戴。[14]

北京耶稣会神父很惊讶康熙还要询问他们的意见，除了表示受宠若惊以外，他们说如何接待都听皇上安排，皇上能够接待就已经是天恩了。同时他们也不知为何康熙要询问多罗一行的穿戴，只就他们知道的圣教巡视官去罗马以外的欧洲国家是何种穿戴做了一个笼统的回答。赫世亨在汇报了北京耶稣会神父的回答后，最后加了一句，大意说，据他观察耶稣会神父回答问题时的神色表情，他们确实在如何接待上没什么要求（"观伊等之神态，确实以诚心恳请于皇上"）。[15]

其实康熙问这两个问题是有深意的。站在康熙角度，接待这个使团有两个方式：一是用传统接待外国使团的方式，通过朝廷安排，走既定流程；二是私下由他的内务府当作他的家庭聚会来安排。既然传教士之前提到，希望康熙接待的目的主要是给他们长脸，康熙自然想到他们是否希望要通过朝廷，在紫禁城的大殿中来接待。康熙问多罗一行人是如何穿戴，其实是想知道这些人到底穿的是宗教服装，还是外国使节的服装。

知道耶稣会士对接待方式没有特别要求后，康熙认为事情就简单了，直接批注多罗一行不是外交使节，不算西洋来的外国使团。而且命令他们北上时穿中国样式的衣服，这样就减少了一行人是外国人的直接观感。康熙的原话是多罗一行"并非西洋王等所差进贡之人，因而着穿我此地衣服"。[16] 这样康熙就给这个使团定了性，它不是外交使团。康熙让赫世亨在去办理接待前，最后和耶稣会神父确认了一下，整个安排他们是否满意，是否还有什么遗漏。耶稣会神父接到赫世亨的传话后，当然又是千恩万谢感恩戴德，只是最后提了一个小请求，就是在安排使团北上的行程时，尽量能给安排水路，因为欧洲人并不像满人那样能够长时间骑马。[17]

初次接见

　　由于是康熙私下家庭内部接待，朝廷各部门对接待教皇使团的全部过程没有任何记载。现有几封康熙包衣奴才给康熙的满文奏报，让我们可以大概了解康熙是如何全面绕开朝廷部门的。权力运作，任何安排都离不开通讯联系。康熙要安排一个外国使团从广州到北京，命令可以畅通传达是运作的核心。朝廷的官僚系统中，北京与地方有专门的通信驿站，可以互相联系，这是自古就有的。这之外，康熙和他在一些地方做官的包衣奴才还有私下的通信渠道。一般是由地方上包衣奴才直接派他们的家人把信送到北京，由内务府的人或是特定宫中侍卫来接收这些信件。这样一来，这些信不经过朝廷任何部门，就直接送到皇帝手里了。后来雍正朝的密折制度就是在这种通信联络方式下发展出来的。这种联系具有私密性，皇帝主要用此来处理比较隐秘的事，或是需要保密的军务。

　　接待教皇使团，属于公开接待，不需要保密，而且地方上的接待过程需要彰显大清皇帝的面子，这就决定了皇帝和地方官的私密联系不适用这种情况。同时全部安排又要绕开朝廷，这样走朝廷的通信网络也是不恰当的。康熙在接待教皇使臣上，展示了第三种北京和地方的联系方法：宫里派人去找到各地方官在北京的亲戚，让这些亲戚通过自己家族内部的联系渠道，去通知地方官员。在外面避暑的康熙，发信给留在北京的赫世亨，让他把事情"饬交总督巡抚子弟"去办理。赫世亨后来在给康熙的信中汇报说，他在北京找到了"总督族侄郭朝宾，巡抚之子内阁中书石成峨"。报告中没说是哪里的总督和巡抚。不过，这二人的姓氏正好对上当时的两广总督郭世隆和广东巡抚石文晟。也就是说赫世亨是通过两位广东大员在北京的亲戚来联系二人的。赫世亨还告诉康熙，石成峨说他马上就去办理，但说现在沿途道路泥泞（当时是 7 月底 8 月初，正是夏天），需要多些时日。[18]

可以想象两位广东大员接到他们在北京的子侄发来的康熙旨意后，肯定明白康熙守着现成朝廷的通信馆驿不用，而选择私下联系他们，其中所包含的深意。站在两位封疆大臣的视角，他们知道康熙这样联系他们，意味着他们需要在完成康熙的部署之外，还得把这件事情和为朝廷办的"公事"区分开来。这件事只能当成他们自己的私事来办，就像是他们家人请他们办的事一样。后来赫世亨在另外一份奏报中告诉康熙，根据北京传教士收到广州传教士的信中所说，广东巡抚已经收到北京发去的指示了，而且还带着当地官员去了教皇使节住的教堂。同时，赫世亨还在奏报最后附了一句，总督、巡抚都没有发文过来。这样相当于向康熙确认，总督、巡抚把事已经办妥了，而且他们也明白这件事的"私"事性质，没有发文到北京来。康熙看完以后，批注"知道了"。[19]根据传教士的记录，广东官员收到皇帝通过他们亲戚发过去的指示后，款待了教皇特使。而且广东巡抚还自己出钱，给整个使团购买了中式衣服，让他们进京路上穿。[20]这也从侧面看出，广东官员完全知道康熙的安排，也领会了其中的意思。

内务府不止通知了两广官员，教皇特使多罗一行沿着运河北上，沿路的官员都有接应。多罗一行人从广州出发，经过三个月的跋涉，于 1705 年 12 月 4 日到达北京。根据当时去迎接多罗的耶稣会神父记载，一行人的行李繁多，装了 13 辆马车，外加 80 个挑夫。这么大的队伍，到哪里都是惹人注目的。多罗到北京后详细和耶稣会神父讲了他在沿途遇到的各地官员和王公贵族款待他的情况。有北京方面打招呼，多罗自然是一路顺风，外加各种礼遇款待。不过似乎多罗自己还以为是这些官员本性好客、和善，殊不知这都是皇帝的面子。

多罗进京后，一直生病。直到 12 月 31 日，康熙才安排接见了多罗。在接见当天，多罗一行在内务府安排下从故宫的西门进入。接见安排在下午两点，地点是在故宫北面景山下的某处园子。[21]

整个故宫是按古代风水理论坐北朝南设计修建的，皇帝各大殿中坐的龙椅都是面向南方。大臣、外交使节，按朝廷礼仪，是从故宫南面过午门再进太和门来拜见皇上。同时，正式的朝廷接见一般安排在故宫正中富丽堂皇的太和殿，时间安排在上午。而多罗一行，走的是内务府专用的西门，会见地方也是皇帝平时游玩的一处园子中。整个时间地点和路线安排，都符合康熙最初策划整件事情的定位：这是一次私人的聚会。

尽管是康熙安排的私人会见，全程还是礼数周到，尽显大清的皇家气场。康熙派出侍卫护送多罗一行入宫，路上还有很多围观外国人的老百姓，侍卫还需要不停驱散人群，为多罗一行开道。多罗是坐着轿子，被抬到距离会见不远的地方。轿子放下来以后，康熙的太监迎上来，跟多罗最后确认接见中的礼数等细节。康熙跟耶稣会士相处几十年，知道欧洲人到中国后，对中国三跪九叩的礼节有顾虑。早在三十年前的 1676 年，俄罗斯使臣入京，就和礼部官员为这叩头的礼节来来回回争论了很久。康熙自己对这一点是很通融的。现在整个接见又没有经过朝廷部门，他便让太监直接告诉多罗，他可以自己选择用中国的跪拜方式，或者欧洲屈膝的方式来行礼。[22]

多罗选择了欧洲的方式，屈膝躬身给康熙行礼。康熙盘着腿坐在垫子上用满人的方式接见了多罗。很快，康熙和他身边的太监都发现，多罗身体还未恢复，很难像康熙一样盘腿坐在地上的垫子上。但太监又发现当时的场景下，给多罗抬一把中式的椅子也不妥当。因为坐在椅子上，多罗就比康熙高出一截。最后太监想到一个办法，把几个垫子叠在一起，给多罗拼出一把小凳子。这样整个会见还是在预先设定的满人家庭接待的方式下进行的。[23]

作为家庭接待，现场没有任何朝廷官员。康熙当时还向多罗专门强调了这一点，告诉多罗在座都是他自己人（耶稣会神父），让他放松，不要拘谨。康熙还告诉多罗把这次聚会当成家庭聚会，该说就说，该笑就笑，不要有顾虑。双方说了一些客套话以后，康熙让太监端出了酥油茶（在场神父的记录是有牛奶的茶），以及各种点心共计三十五道。在场的翻译法国传教士张诚告诉多罗，康熙只有接见他的家人亲戚时才会如此安排。[24]

整个会见气氛融洽，多罗也很得体地多次感谢康熙对天主教的包容，以及对传教士的各种照顾。吃喝了一会儿，康熙觉得多罗比较放松以后，询问多罗有没有特别的事要向他面陈的。自从知道多罗入华以后，康熙就一直在琢磨这人到底是来中国干什么的。在会见前几天，康熙专门派人去问了多罗有没有什么文件要送呈的。当时多罗写道：他是专门入华来感谢康熙对天主教的包容的。康熙看完后，对身边的人说，这肯定不是真实目的。[25]康熙认为教皇不可能派这么庞大的一支队伍跋涉万里，跑到中国来谢恩。康熙认为他们肯定有什么特别的任务。同时，康熙又认为多罗写出来可能有顾虑，只愿意面陈。所以他在会见中，又问了这个问题。听到康熙的提问，多罗又是一通客套话后，说他入华还有个目标，就是希望建立一个特别联络处，来加强教皇和康熙之间的联系。同时多罗还补充说，这个联络处还可以便利大清和欧洲各国之间的贸易。[26] 欧洲知道俄罗斯在北京设立了一个办事处，一直很羡慕，所以多罗认为自己要是能在北京谈下一个这样的联络处，可以大大提升教廷在欧洲的地位。康熙对建立联络处的想法并不反对，只是说联络处建立只能是应对宗教相关的问题，不能涉及贸易方面。[27]

这时候，双方对联络处人选有不同意见。在康熙看来，要成立这样的联络处，人选肯定要从他周围的耶稣会传教士中选取。但康熙发现多罗似乎不想在耶稣会神父中选人，要另找。这时康熙以为多罗对耶稣会神父有不满，于是便开始夸奖耶稣会神父，为他们说了一大堆好话。不过康熙从谈话中察觉多罗还是不愿意用耶稣会神父后，就把话题岔开了。最后，康熙专门和多罗强调，他认为耶稣会神父从明代入华以后，所言所行，都无可挑剔。康熙让多罗把他这个评语带回去，转达给教皇。最后，多罗恳请康熙能一如既往地优容传教士。康熙回答说，只要他们遵守大清的规矩，他自会善待他们。[28]

会见结束后，康熙立马私下把安多、徐日升、张诚三位神父叫到他那里。这三人都是跟了康熙多年的传教士。徐日升 1673 年入京，已在康熙身边 32 年；安多 20 年；张诚 16 年。康熙见到三人，便开门见山地说他认为多罗不信任他们。而且康熙想知道他们与多罗之间到底有什么问题。站在康熙的角度，他确实很不解。多罗是这些耶稣会神父引荐给他的，而多罗竟然又不相信他们，貌似对他们有不满。耶稣会神父知道多罗对他们有意见。多罗到京以后，已经和耶稣会神父会见过好几次，多罗对他们在中国的很多行为都有意见，几次会见都在争吵中不欢而散。不过面对康熙，传教士还是不想张扬他们自己内部的问题。安多在康熙面前说，多罗表扬过他们，说耶稣会是天主教内部最虔诚遵守戒律的教会。康熙听后半信半疑，向另外两位神父求证。另外两位点头称是。康熙似乎还是不相信，但也理解神父也许是不愿家丑外扬，便没有继续深问。康熙补充说，只要你们北京神父觉得没问题就行，反正接见多罗也是看在各位北京神父的面子上。[29]

16 世纪初，欧洲基督教内部出现了分裂，一部分基督教徒不认可教皇权威，成立了新教。新教迅速在欧洲发展，后来荷兰、英国都变成了新教国家。耶稣会 1540 年成立的背景就是为了宣扬天主教、对抗新教在欧洲的扩展。耶稣会成立之时，正值全球航海时代兴起，因而该会还有一个宗旨就是把天主教传播到世界各地。耶稣会成立时有七位元老。七位元老之一的沙勿略神父就亲自远赴亚洲传教，先后去过印度和日本，最后在准备进入中国时去世。他去世时在上川岛，该岛现属广东台山市。耶稣会到世界各地传教，就要融入各地社会文化，在这个融入过程中，他们有些做法被天主教内部其他协会认为是不符合天主教教义的。特别是 1622 年教皇格列高利十五世（Pope Gregory XV, 1554 年 1 月 9 日—1623 年 7 月 8 日）成立了传信部（Sacra Congregatio de Propaganda Fide）来规范和监督去往世界各地的传教士的所言所行。当时在世界各地传教的耶稣会，也就成了传信部重点监督的对象。多罗就是传信部派出来的神父。[30] 多罗自己在罗马教廷内部地位很高，同时又是教皇钦定派出的巡视官，他自然认为北京耶稣会神父都应该听他的教诲和安排。到北京后，多罗指出了耶稣会神父的许多问题。比如耶稣会神父在中国买田置地，然后用来收租，这一点有违教义。特别是耶稣会神父和当地人签订的租赁合同，在多罗一字一句的审视下，有很多违背教义的地方，这些都需要整改。尽管耶稣会神父表面上态度恭敬服从，但心里是不服的。他们只承认多罗的职位比他们高，但不认为在天主教教义的解读上多罗比他们更有发言权。多罗到了北京，跟北京传教士发生多次争论，很多整改意见他都没办法落实下去，这也是他不信任耶稣会神父的一个原因。

教皇使节与传教士

多罗在与康熙的第一次会见中，表示出对耶稣会神父的不信任，实际是因为他当时还不知道耶稣会神父在京城中的能量，也不知道他们在北京和康熙皇帝之间的关系。北京传教士能够接触到康熙皇帝，多罗是知道的。但在多罗的认知中，能接触到皇帝的传教士并不稀奇，在欧洲，能接触到国王的传教士有很多。但让多罗想不到的是，这些传教士在康熙的眼中，是他内务府中之人，也就说是他的自己人。

耶稣会神父和康熙的府内关系，多罗是在和康熙的交流中一步步明白的。康熙在接见多罗中，尽管对多罗不信任耶稣会神父有点奇怪，但总体上他认为多罗是得体的，同时也愿意借着这个机会，进一步和教皇发展关系。康熙提议他也派出一个使团,给教皇回送礼物。最初康熙决定派一个他身边的内务府包衣奴才带着礼物去欧洲。但是这个包衣奴才和康熙讲,他一种欧洲语言都不会,不能和任何人交流,他去欧洲没有办法传达康熙的意思。[31] 康熙觉得语言确实是个问题,于是决定派耶稣会神父白晋做他的特使去欧洲。白晋已经做过一次康熙的特使,在 1690 年代返回过欧洲去招募更多传教士到中国。所以康熙决定这一次再派白晋当他的特使。多罗听说康熙要派使节去拜见教皇很高兴,他把这看作是他出使中国的功劳。但当得知康熙指派了一位耶稣会神父去罗马,他不放心,于是在他的使团中选出了沙国安神父,让他和白晋一起同去欧洲。由于多罗总体上不信任耶稣会神父,他就让沙国安神父作为负责人来运送康熙的礼物。同时,多罗还写了一封长信,汇报他与康熙会面的情况,准备让二人把信带给教皇。信写好后,翻译了出来,多罗交给康熙过目。康熙看完以后,让赫世亨带话给多罗,告诉他,信总体内容很好,唯独信中最后把白晋说成沙国安神父的助手,这一点不妥。[32] 赫世亨向多罗转达康熙的意思:

为了显示对教皇的敬意,我特地选派了我御前之人白晋。白晋是真正侍奉我左右的人,所以我选他代表我把礼物送给教皇。当然,白晋跟你们其他人一样,是个神父。但不同之处在于他是在我身边服侍多年的人,也是我府内之人。我让他全权代表我赠送礼物给教皇。[33]

派身边的亲信和亲近奴才出使,是满蒙的老传统,这和汉人传统中派有身份的官员出使不同。这也是为什么康熙强调白晋是他"御前"之人这一点，而白晋在朝廷中没有任何官职。

多罗似乎不完全明白派亲信出使的意味，也不明白康熙强调这个"御前"之人的意义，因而他只是把信中的措辞稍微修改了一下，实际上还是让沙国安负责带领整支队伍，并把装有礼品箱子的钥匙也交给了沙国安。但在 1706 年 6 月，当白晋和沙国安两位神父到达广州，在那里等船去欧洲的时候，二人产生了矛盾，开始争论到底谁才是这个使团的主导，并把问题传回了北京，要北京给出明确指示。当时管理内务府的是康熙的大皇子，听到这个事情，当着众多传教士的面就发火了，说：

> 这怎么可能是个问题？怎么可能有人对白晋是我们的使节有疑问？他在我们宫中二十年，满文中文都会，一直在父皇那里效力。而谁是沙国安？谁认识他是谁？ [34]

当然康熙也是这个意思，肯定了白晋才是他的人。多罗在多方了解以后，也终于明白了康熙所谓白晋是他"府内之人"这个名号的分量。他也赶紧写信给沙国安，让他不要再和白晋争了，他信中和沙国安讲：

> 我不得不提醒你，那位神父是皇帝真正的仆人，因而无论怎么让着他都是对的。 [35]

在欧洲的思维中，所有人都可以被称为皇帝的奴仆，所以皇帝的仆人可以是个礼仪性的称谓。现在多罗终于明白了，白晋是真正在皇帝身边干事的那种仆人，因而多罗称其为"真正的仆人"。

把事情闹大了，康熙还是下旨要求白晋克制，注意言行。白晋的满文检讨书发回了北京。这封检讨还在清宫档案里，以前将检讨书从满语译为汉语的翻译可能不知道白晋和沙国安互相争权一节，所以把白晋翻译成了博津。白晋的检讨如下：

博津谨奏：

康熙四十五年五月十六日，赫世亨、张常住、赵昌传宣谕旨，六月十九日，博津我跪受。恭读明主训旨，始知我之所行最为无理。前日与沙国安同行，未有谦让，与之争先。我二人虽非不睦，但我无理，有违大主圣意，铸成大错。今我竭力仰副大主训谕，嗣后不敢与沙国安争先，必谦逊和气，断不违明旨，惟叩请仁主宽恕我此大罪。为此谨奏。

朱批：知道了。[36]

多罗与礼仪之争

多罗到北京以后，其实还有一项任务，就是到中国来宣布和执行教皇关于中国礼仪的禁令，即不再允许入教的信徒继续参与很多中国传统的风俗活动。作为教皇特使，多罗本以为他有权对北京的耶稣会神父发号施令。按照他的预想，到了北京以后，他要把各位耶稣会神父召集到一起，在天主教内部就把礼仪问题处理了。让多罗没有预料到的是，表面谦恭的耶稣会神父，其实根本不听他的。他们利用和康熙的特殊关系来和他周旋。

多罗知道他没有能力说服北京的耶稣会传教士，所以到京后并没有主动提及中国礼仪问题方面的事。这完全出乎北京传教士的意料，他们反倒很着急，希望和多罗探讨这个问题。1706 年 1 月 22 日，德国神父纪理安给多罗写了一份书面提议，要求与多罗探讨礼仪问题，但多罗并没有回应。[37] 后来，纪理安又联合法国神父雷孝思（Jean-Baptiste Regis）向多罗提交了书面请求，请他查看耶稣会神父关于中国礼仪问题的观点。他们还附送了一个文件包裹，里面包含了 90 份各种关于礼仪问题的文件。[38] 这些文件都是耶稣会神父为了论证他们的观点，在 1700 年收集起来的。包裹中有耶稣会神父对中国礼仪的解释，有康熙当年在该解释后写的评语，有当时中国一些士大夫对中国礼仪的解释，以及一份开封犹太人对中国礼仪的解释。

犹太人的故土耶路撒冷地区是各大古文明的交汇地带，陆地部分处于埃及和古巴比伦文明之间，濒临地中海，又和希腊文明相连接。公元前 8 世纪开始，犹太人在每一次被征服后开始流散各地。公元前 330 年，希腊亚历山大大帝征服波斯后，耶路撒冷就处于希腊的势力范围之内。公元前 37 年，也就是相当于中国的汉代，罗马人统治耶路撒冷地区。基督教耶稣受难等很多影响世界的事件都发生在罗马人占领时期的耶路撒冷。罗马人摧毁了犹太人的教堂，把犹太人当作奴隶卖到欧洲。从此犹太人更大规模地流散到世界各地。开封犹太人教堂曾经有三块石碑（分别刻于 1489 年、1552 年、1663 年）自叙其历史，其中 1552 年的石碑声称"自汉代入华"大概就是对应犹太人在罗马人统治下的流散。[39] 学者认为，汉代入华应该指的是最早到中国的犹太人，而开封犹太人，根据他们的犹太经卷以及其他材料判定，学者大多认为他们是宋代入华定居的。还有学者在《宋史》中发现"僧你尾尼等自西天来朝，称七年始达"的记录。而开封犹太人有记录的所有拉比（rabbi）的姓氏都是 Levi，这和"你尾尼"的音能对上。[40] 开封犹太人是从丝绸之路迁徙到中国的。学者根据他们留下经卷中一些字词音韵考证，证明他们与波斯犹太人有关联。[41] 除了开封犹太人以外，中国沿海还有犹太人的痕迹。此外，因最早进入敦煌洞窟而大名鼎鼎的斯坦因，在 1901 年新疆一次探宝发掘中，无意中发现了唐代的纸张，而纸上的文字竟然是用希伯来文书写的波斯语。多亏斯坦因两种语言都懂，才发现了其不可替代的价值。现在已知该纸还有两页存世，一张是残存页，藏于大英图书馆；另一张完整的藏于中国国家图书馆。这些纸张说明犹太人早在唐代就到新疆地区来做生意了（纸上内容记录的就是他们在做羊的买卖）。[42]

对于开封犹太人，他们受到世界的重视，其实源于一次误会。1605 年（万历三十三年）一位上京赶考的名叫艾田的人，听说了传教士利玛窦的大名，怀疑利玛窦传的西方的教和他们族人奉行的教法一样，所以专门前去拜访。利玛窦在与艾田的交流中（用中文交流，艾田不会希伯来文），发现他的族人继承的教法是犹太教。艾田告诉利玛窦他们已经在开封持续奉行这个教法几百年了。利玛窦立马察觉到这是一个大发现，便把这一消息传回了欧洲。利玛窦 1610 年去世，之后三年，负责中国教区的龙华民派艾儒略神父（Giulio Aleni,

1582—1649）去回访开封的犹太人。艾儒略懂希伯来文和多种中亚地区的文字，所以会派他去鉴定开封犹太人是否真有古代传下来的经卷。艾儒略去后见到了古经卷，而且证实开封犹太社区里还有懂希伯来文的人。[43]

这对当时欧洲来说，是个重要发现。首先开封犹太人让欧洲看到了中国文化的包容性。犹太人流散到世界各地后，很多都因为当地的压力，不得不放弃他们的宗教，或者继续往其他地方迁徙。而在中国，他们安享了几百年的太平，和周围的汉人、回回和平相处，相安无事。而且开封犹太人里，愿意接受中国文化的，并没有受到区别对待，他们跟汉人一样，可以参加科举考试，艾田就是一个例子。1663 年重修犹太教堂，新立的石碑上就刻有考上进士的犹太人的名字。这些开封犹太人的生活状态让欧洲看到一个巨大的希望，就是天主教也能在中国落地生根。

后来康熙年间，耶稣会神父又专门去开封看犹太人的经书。可惜的是，明朝末年，一场大水淹没了整个开封，犹太人的经书在这场洪水中损失严重。后来去的耶稣会神父记录了水淹开封的往事，感叹很多古代资料可能已经遗失了。[44] 由于有传教士持续对开封犹太人的记录，这个犹太社区在西方世界很有名。鸦片战争后，又有传教士去拜访这里，还买走了他们的古书。对于当时的中国人来说，普遍认为这些犹太人是回教的一个分支，因而称他们"蓝帽回回"。

由于犹太教和基督教在教义方面有共通之处，再加上这些犹太人已经在中国几百年了，因而耶稣会神父认为他们作为第三方，写出对中国礼仪的认知，很有说服力。所以犹太人的证词会出现在耶稣会神父准备的文件包裹中。多罗接收了两位神父送来的文件包裹，也同意会看。但他始终没有做出任何批示。后来耶稣会神父还催促过几次，但都没有结果。[45]

多罗是 1703 年离开欧洲开始的赴华行程。离开的时候，教皇还没有最后签署禁教条约。不过多罗知道教皇要在天主教徒内部禁止中国礼仪，派他到中国就是来协调这个问题的。多罗在欧洲时就知道这个问题争议很大，也知道反对禁止中国礼仪的主要就是在华的耶稣会神父，同时他很明白自己没有学识可以和这些神父探讨中国相关的问题。当时并不是只有在中国天主教内才有礼仪问题的争论，印度南部也有类似问题，也在争论到底是否应该允许印度天主教徒继续他们的传统风俗活动。多罗在到中国之前，在印度停留了半年，就是在处理当地的礼仪问题。他还把他的各种意见发回了罗马。[46]多罗深知中国的问题更复杂，更难处理。而且更现实的麻烦是，多罗发现耶稣会以外的传教士中文都很差，连一个有能力给他做好翻译的人都没有。他到中国后，选的翻译是遣使会派到中国的毕天祥神父（Ludovico Appiani）。毕天祥在四川传教多年。多罗用过毕天祥以后，发现他中文满文都不行，只能做最简单的日常翻译，跟康熙进行稍微深入一点儿的交流，毕天祥就跟不上了，这时多罗就必须用耶稣会的神父来做翻译。也就是说，到中国以后，在交流上，多罗连一个可信赖又有能力的翻译都没有。这也是多罗入华以后，就一直想避开谈论任何礼仪方面问题的现实原因。

从多罗和耶稣会神父的一些谈话可以看出，其实多罗自己并不关心中国礼仪是否真的和天主教教义有冲突。在他看来，既然教皇决定了，作为天主教神父应该做的就是服从。不管自己私下认可还是不认可教皇的观点，都不应该质疑，更不能继续争辩。在 1706 年 2 月，当得知耶稣会神父准备找康熙再签署一份解释中国礼仪的文件以后，他就明确表示反对。[47] 他警告耶稣会神父这样做只会给他们自己带来麻烦。多罗让耶稣会神父想想，罗马会不会受制于一个"异教徒"（指康熙）对天主教的解释？同时他还让耶稣会神父思考，要是把康熙牵涉进来，最后罗马做出的决定又和康熙的旨意相违背，结果会是什么？最后有麻烦的是谁？还不是在中国的神父和信徒吗？多罗劝耶稣会神父，不要陷于理论上的对错不能自拔，让他们从实际出发，去解决问题。多罗告诉耶稣会神父继续在这个礼仪问题上争辩是不值得的。他建议不要把康熙牵涉进来，给教皇施压，这样有可能把问题变得更复杂，更难解决。多罗认为最直接也最简单的方法是，在中国找出一个切实可行的方案，按照教皇的旨意一点点修正以前的做法。按多罗的分析，如果循序渐进地在礼仪问题上做出改变，就既不会在中国教徒中引起风波，另一方面又遵守了教皇的决定。[48]

但耶稣会神父也有他们的想法。首先，耶稣会是天主教中最有学问的一个团体，能进入耶稣会的神父都是被考核过的。他们一个个都自视甚高，在很多问题上都认为自己的理解才是正确的。公正地说，单从耶稣会神父学习中文的能力来看，他们确实都很厉害，其他教会的神父很难和他们相提并论。这些在华的耶稣会神父其实就是第一代的西方汉学家。对于中国的问题，他们认为他们才是天主教世界最了解中国、精通中国文化方方面面的人，所以教皇应该听他们解释中国传统礼仪。在他们看来，现在教皇禁止中国礼仪活动，是因为教皇被那些对中国一知半解的伪中国通误导了。其次，从历史上看，耶稣会神父以前通过他们的才学也确实改变过教皇的决定，这也让他们对再次改变教皇的决定有信心。1645 年，教皇英诺森十世（1574—1655）就下旨禁止中国教徒继续参与中国礼仪活动。[49]在浙江的耶稣会神父卫匡国 1653 年回到欧洲解释了中国礼仪问题，把中国的各种礼仪活动解释为世俗活动，不具备宗教意识。也就是说，这些活动和一神论的天主教并不冲突。当时的教皇亚历山大七世（1599—1667）就认同了卫匡国的说法，并下旨允准了中国的礼仪活动。卫匡国神父本身当然也是奇才，他回欧洲前在浙江传教，和江南士人多有往来。他在回欧洲的船上，凭着记忆一口气写出了三本书，回到欧洲就出版——三本书都是当时的畅销书。对于耶稣会神父来说，有卫匡国神父凭一己之力扭转教皇态度的先例，他们这次也对改变教皇抱有希望。也就是说，在多罗来的时候，耶稣会神父一开始想的，就不是如何接受和执行教皇的决定，而是在盘算如何改变教皇的决定。

传教士笔下的历史

康熙在多罗到来之前，对欧洲进行的中国礼仪之争并没有特别关注过。他可能或多或少从耶稣会神父那里听到过一些风声，但他没有想到多罗到中国来是处理中国礼仪问题的。对于这一点，现在存世的满文折子就是证明。在知道多罗来华以后，在外打猎的康熙多次写信让赫世亨询问耶稣会神父多罗来华的目的到底是什么。康熙对多罗来华的目的有过各种猜测，但没有任何地方提到过中国礼仪问题。在接见多罗的会谈中，康熙也没有提过礼仪问题。

康熙是被耶稣会神父引到天主教内部的中国礼仪之争去的。他们希望通过康熙来向罗马施压，让罗马在这个问题上让步。[50] 不过，耶稣会神父大约心里也知道把康熙这个教外皇帝引到自己的教内纷争中是不对的。所以，在记录多罗来华的《北京纪事》(The Acta Pekinensia)中，他们一直有意识地在淡化他们把康熙引向了中国礼仪问题这点。他们希望看记录的欧洲读者认为是康熙自己发现了礼仪之争的问题，因而参与了进来。但零散的清宫档案显示事情并非如此，康熙不是自己注意到礼仪问题争论的。在《北京纪事》中，耶稣会神父详细记录了他们是如何跪下来恳求康熙接见多罗，而且还把安多神父请求康熙的奏折完整翻译了出来；但对于康熙的回复，他们只翻译了一小段。[51]康熙回复的全文还在。[52] 看完全文，就能知道，传教士是有意回避把全文翻译出来。他们省略没有翻译的部分，就是康熙猜测使节来华目的的部分。这部分就可以看出康熙完全没有想到过中国礼仪问题，他猜测多罗来华是为了处理耶稣会传教士的内部矛盾。《北京纪事》记录的风格是尽量不遗漏任何细节。为什么要有意识地隐去这部分呢？因为这部分正好说明了康熙开始时根本没有关注过礼仪问题。

《北京纪事》有目的地省略某些内容，来传递自己想要传递的意思，这其实就是中国历史书写中所谓春秋笔法中的"笔削"。写什么、不写什么或者说"削"去什么，都自有目的。《史记》中司马迁评论孔子作《春秋》时有意省略一些东西，评语就是："笔则笔，削则削，子夏之徒不能赞一辞。"耶稣会神父用春秋笔法的目的很明确，就是要让欧洲的读者认为是大清皇帝自己要对中国的礼仪问题发表意见。而且他们还要让欧洲读者相信，康熙后来对中国礼仪问题很有意见，是因为多罗的处理不当导致的。客观地说，耶稣会神父的《北京纪事》达到了他们想要达到的目的。后来的学者也确实相信康熙是被自大、自负的多罗带进了礼仪之争中。[53]

但是清宫留下来一些零散文件显示，历史事实并非如此。多罗住在北京的大半年中，康熙都没有提到过礼仪问题。就是在《北京纪事》中，耶稣会神父的记录也表明，在正式的辞行会上，康熙也没有提到过礼仪问题，而只是多罗要求康熙给他一封官函，他好带回欧洲复命。康熙让多罗第二天再来，而在这个临时增加的会见中，康熙提到了中国礼仪问题。《北京纪事》其实又有意省略了一个重要的下午，就是辞行会结束以后到第二天临时增加的见面会中间发生的事。这个下午康熙在思考应该如何答复多罗要一封正式信函的要求，如果要写这封信，应该写什么内容。耶稣会神父是北京城中康熙唯一能找来探讨的人。《北京纪事》完全没有提康熙那天下午和谁讨论这件事了。而当时整个北京只有耶稣会神父有兴趣讨论中国礼仪问题。他们一直想找多罗谈，但是多罗一直回避。直到康熙和多罗正式辞行会结束，耶稣会神父都还没有和多罗在中国礼仪问题上真正说上话。这时候，耶稣会神父只有靠康熙把这个问题提出来给多罗。因而我们看到，在第二天增加的会见上，康熙突然向多罗提出了中国礼仪问题。

耶稣会神父能把康熙的注意力引到中国礼仪问题上去，靠的是他们与康熙的特殊关系，这不仅让他们能在康熙面前说上话，而且更关键的是他们知道康熙会为他们出面。其实在把问题推给康熙之前，他们早就利用在内务府的关系让其他人为他们出面过。比如当时管理内务府的大皇子就出面问过多罗关于礼仪方面的问题。了解清史的都知道，康熙的大皇子是康熙儿子中没有多少文化，也对文化问题不感兴趣的一位。所以他出面向多罗提中国礼仪这样的学术问题，多半是传教士拜托他提出的，而不是他自己真对这个问题有什么兴趣。多罗有一次还对耶稣会神父发火，问他们为什么要把天主教内部的争论讲给异教徒。多罗所谓的异教徒就是康熙身边负责和他接洽的奴才。多罗责问耶稣会神父，难道他们认为他会听不出来哪些论点是那个奴才自己的，哪些论点是他们教那个奴才说的？[54] 北京耶稣会神父看起来是西洋人，但实际上北京是他们的主场，内务府的人就是他们的人。

同时，耶稣会神父不想让康熙知道的内容，康熙就不知道。比如，多罗对于耶稣会神父在中国买田置地、赚取租金的做法就很有意见。而且认为他们与租户、佃户签订的租赁条款的很多细节是有违天主教教义的。为这些租赁条约，多罗和耶稣会神父争论过很多次。耶稣会神父把争论内容详细记录在《北京纪事》中发回了欧洲。[55] 但是这部分内容，康熙就完全不知道，也没有过问过。按理说，这还不完全是他们教内之事，因为租赁关系中的佃户等，不是天主教徒，是大清内部的普通百姓。尽管这才是多罗和耶稣会神父在北京期间真正争论过的内容，但康熙完全不知情，也没有发表过意见。这说明哪些东西要康熙知道，要康熙出面，实际是完全掌握在耶稣会神父手中的。

《北京纪事》中，耶稣会神父还有意把多罗塑造成一个性格不好、脾气暴躁、让人讨厌的人。但根据清宫材料来看，康熙对多罗并没有什么意见。康熙和多罗的私下交流更像现在朋友之间的交流，他多次让御膳房给多罗送吃的，多罗有病之时，还为他安排医生，为他找药。同时，他还几次问多罗有没有西药可以给他，还问多罗要过巧克力。现在看来，这些都是他们友好交流的证明。而且，康熙在写给他身边奴才的一份御旨中就明说：

> 览多罗汉字奏稿，似并无大逆之处。唯因尔等究诘的太厉害，故伊以为尔等向此处西洋之人……[56]

上面的"尔等"，说的就是康熙身边几个负责和西洋人打交道的奴才。多罗在北京一段时间后，康熙知道他和耶稣会神父不和，也知道自己身边的奴才都是向着北京耶稣会神父的，毕竟耶稣会神父和这些奴才有着多年的交情。所以他警告他身边的奴才不要刻意为难多罗，总在他身上找毛病。

当然，尽管康熙作为国君不想过多掺和耶稣会神父和多罗之间的矛盾，但耶稣会神父毕竟是跟了他几十年的家奴，作为主子，有些事他又不得不管。耶稣会神父常年在康熙身边，知道康熙的脾气，他们知道把关于中国礼仪的问题说给康熙，康熙就会出面管这件事。大半年过去了，他们都没有办法让多罗和他们探讨中国礼仪问题。在无计可施的情况下，他们不得不找康熙出面。这样，他们希望能在中国礼仪问题上和罗马讨价还价。

辞行会见

1706 年 6 月 29 日，康熙专门给多罗安排了辞行会见。多罗之前一直没有决定什么时候离开，当离开的日期确定后，正好是在康熙准备离京围猎之前几天。这时多罗已在北京待了半年多了。这半年中，尽管多罗和耶稣会神父在很多问题上都吵到不欢而散，但多罗和康熙还是保持了良好的关系。康熙对多罗也很照顾。当医生说狼的大肠能治疗多罗的肠胃病，康熙就让内务府安排在他围猎的地方捕捉一匹狼给多罗。[57] 后来多罗还请求去汤山温泉养病，康熙也同意了。[58] 那时候，汤山温泉是内务府皇家专用的地方。

跟第一次接见多罗时的安排相仿，辞行会见也是以家庭会见的形式进行的。全程没有朝廷大臣参加，只有耶稣会神父和康熙的几个儿子到场。多罗在内务府奴才的带领下从故宫西门的内务府专用通道进了宫。会见在内廷的养心殿中举行，耶稣会神父和内务府的人一起站在大殿内的西侧。在多罗和他的随从给康熙行礼时，耶稣会神父没有参与。这个细节说明耶稣会传教士这时是属于康熙一方的人。在礼仪性问候以外，康熙主要问了多罗哪天离京，以及离京以后，在中国内部的行程安排。多罗与康熙的交流一直都比较融洽，因而他在会见最后请求康熙写一封信让他带给教皇。他解释说拿着康熙的信，回到欧洲能给他长脸。康熙没有预料到多罗会在最后时刻突然提出这个请求。根据耶稣会神父记载，康熙迟疑了一下，说好吧，让他再想想。他让多罗明天再来。会见就结束了。康熙允许多罗一行去参观紫禁城内平时上下朝举行国事活动的几个大殿——由耶稣会神父带着前去。[59]

在参观时，耶稣会神父的记录中有一个值得注意的细节。康熙派了一个太监过来，告诉多罗明天要么到同样的地方来见康熙，要么去畅春园。太监还补充说，康熙这时还没有想到要写什么给教皇。[60] 这个细节说明康熙到这个时候都还没有想到过礼仪之争的问题。

耶稣会神父的记录中有意回避了当天下午，没有说明到底康熙召见了哪些神父来商讨如何给教皇写信。但第二天多罗再次来见康熙的时候，康熙就突然提到了中国礼仪的问题。根据后来多罗所言，当天下午康熙找的是徐日升神父，但徐日升神父否认是他把康熙引入礼仪之争的。

第二天，康熙在畅春园接见了多罗。康熙首先对多罗说，他没有更多的东西要写给教皇了。要说的，要写的，之前都说过写过了。康熙说他只是要补充一点，就是关于中国礼仪问题。康熙说中国的礼仪活动都是在儒家传统中慢慢形成的。如果天主教认为这些活动和天主教教义可以调和共存，那么这些神父就可以继续在中国传教。如果认为不调和，那么就不要再传教了。康熙还专门强调了一点，他说这些话不是在谈论二者到底调和与否，只是指出一个现实。[61] 换句话说，康熙的意思，中国的礼仪就是这样的，你天主教觉得这教能传就传，不能传就算了。然后康熙要求多罗把他的话带给教皇。

严肃的话说完以后，多罗并没有争辩，只是连连称是。根据传教士记载，康熙这时口气稍微缓和了一些。康熙向多罗解释说，他个人倒是认为中国这些传统和天主教的教义是可以调和的，这也是为什么他会在大清容留天主教的原因。多罗当时也没有想到，在这最后临时增加的会见中，康熙还是被牵扯进了礼仪问题之中。多罗当时的回答还是得体冷静的。多罗说他一个外国人，不懂中国礼仪，尽管听到过相关争论，但他自己没有资格在这个问题上发表意见。康熙应该也没有料到，多罗竟然会完全回避这个话题，一句答复都没有。康熙没有就此罢休，接着追问多罗，你能不能举出一个例子来说说，到底中西方在什么问题的操作上是不一样的。多罗又说了一大堆话，说自己无知，谦虚了一阵，然后才说，据他所知，儒家对于儿子为父报仇，是赞同允许的；但在天主教中，无论什么情况，报仇都是不被允许的，就算是儿子为父亲报血海深仇也不被允许。[62]

康熙听到多罗举出的例子，并没有生气，反而很耐心地引经据典做了很长的解释。大约在场的耶稣会神父对儒家经典不熟悉，所以没有记录清楚到底康熙引用了哪些古籍的话来论证这个问题。他们只提到康熙做了很长的解释后，多罗连连称是。康熙也就很愉快地结束了会谈。[63]对于复仇这个问题，儒家和天主教各有各自赞成和反对的理由。所以多罗到底是真心认可康熙的解释，还是适可而止选择退出争论，我们无从得知。

接见完毕以后，康熙的心情还是很好的，他恩准多罗一行在园中游玩，让他坐上龙舟在园中的湖里欣赏美景。康熙的第二子，也就是当时的太子，在会见结束以后，还邀请多罗到他的私家园林里去看看。多罗很开心，感觉未来的皇帝也会继续优容天主教。在去太子花园的途中，康熙派他掌管内务府的大皇子带着仆人，又拿了几套礼物过来，让多罗再选一套给教皇带回去。多罗选了一套黄色的瓷盘。[64] 这个追加礼物的小细节，说明康熙对多罗当天的表现是满意的。

第二天，康熙又派人把头天说的关于礼仪问题的话，用文字形式强调了一遍，交给多罗，让他带回欧洲。康熙原话的底稿已经佚失，现在只有据传教士留下的记录把意思回译为中文。康熙写道：

> 五月二十日，圣上对多罗说过：昨天，你问过朕，是否还有其他未尽的事宜。朕后来想了想，也没有什么其他具体事要交代你办，就是要你把朕的一个意思带给你们教皇。在中国这里，两千年来，百姓都推崇认可孔子的说教。而从利玛窦入华算起的两百年来，特别是我在位的这四十几年，西洋人在这里没有惹出什么是非。但是如果有什么新的东西出来，跟以前的成规有冲突，西洋人将很难继续在中国立足。[65]

从耶稣会神父的记录来看，多罗收到这份声明后并没有什么大的反应。康熙也没有继续纠结中国礼仪这件事，第二天就出京打猎了。在打猎的途中，还下旨让留在宫中的奴才赫世亨去问多罗，还有没有上次进献过的巧克力和多余的西药，有的话，让他在走之前，再进献一些。[66] 在多罗离开北京前这段时间，康熙让他的三儿子负责与多罗衔接，并让御膳房给多罗送去些好吃的。[67] 在 7 月 10 日这天，多罗还让赫世亨转告康熙，菜味道很好，他十分感谢。[68]

康熙面试颜珰主教

康熙真正开始认真思考中国礼仪之争的相关问题，是在最后一次和多罗会谈后。在会上，多罗告诉康熙，法国传教士颜珰主教正在赶来北京的路上，他是中国礼仪问题方面的专家，有什么问题都可以问他。其实多罗到北京以后，就知道耶稣会神父要问他中国礼仪问题，现在康熙也来问他，所以当知道颜珰来京的消息后，多罗如释重负，终于有人来帮他扛这个问题了。在多罗眼中，颜珰是回答耶稣会神父以及康熙疑问的最佳人选，最初禁止中国礼仪的观点就是在福建的颜珰于 1690 年代提出来的，后来教皇禁止中国礼仪的条约也是基于颜珰的说法。[69] 所以，站在多罗的角度来看，颜珰是世界上解释教皇禁约的最佳人选。

自从明代万历年间传教士进入中国以后，如何把天主教引入中国就涉及各方面的具体问题。概括起来可以说问题来自两个方面：一是语言，二是行为。语言就是翻译，要把天主教的概念用中国的语言和能理解的方式表达出来。行为就是如何把天主教融入中国传统的行为方式中，同时又要保持天主教的宗教行为方式。这些总结起来很容易，但操作起来却是千头万绪。每一个具体问题，不同的传教士都可能有不同的理解，从而引起争议。比如天主教中的神（"Deus"，也就是现在英文中的 God）应该翻译成什么？这个问题就在天主教内部争论了几十年。最早传教士利玛窦决定把"神"翻译为"上帝"，但后来有些传教士又认为不对，应该翻译为"天主"。还有传教士早年认同翻译为"上帝",后来又认为这个翻译是个错误。这个"神"的翻译就是中国礼仪之争中的一个重要问题。

1693 年，颜珰作为福建教区主教，为了在他的教区内统一传教士的思想，结束争论，就在七个有争议的问题上做了具体规定。其中第一条就是，停止使用"上帝"，而改为使用"天主"来翻译天主教中的神；第二条是停止在教堂内挂"敬天"的牌匾；第三条指出前任教皇同意教徒参与祭孔子、祭祖的决定是基于不完整的信息；第四条要传教士劝说教徒停止参与祭孔子、祭祖活动；第五条，家里要放祖先牌位的教徒，应该注意牌位上的字眼，比如牌位上的名字后如果有"神位""灵位"的字眼，则把"灵""神"去掉，仅保留"位"字；第六条，要求传教士不能继续在教徒中宣称中国传统文化与天主教义一致这样的论断；第七条，要传教士减少利用中国古书来讲解天主教教义。颜珰在他的福建教区发布了这七条规定以后，就把规定发回了罗马，要求罗马裁决。差不多在颜珰之前四十年，教皇亚历山大七世在 1656 年已经对部分中国礼仪问题做过批示。颜珰的七条规定相当于掀起了新一轮关于中国问题的争论。这些问题当时之所以存在长期争论，是因为背后有说不清楚的理论分歧。比如孔子的儒家到底算不算宗教？这在现在依然是有争议的学术问题。祭孔仪式中的孔子是什么角色？还有祭祖先的仪式中的祖先是什么角色？在祭祀中，孔子和祖先有"神"的性质吗？为了裁决这些理论问题，当时的教皇在罗马成立了一个四人裁定小组。对于当时的天主教来说，中国是一个新的区域，罗马处理这些教义问题是摸着石头过河，很小心谨慎。为裁定相关问题，罗马的取证和各方询问的过程持续了近十年。最后的裁决报告，也显示他们做了很充分的功课。比如，他们裁定中国的祭孔和祭祖仪式中，是有"神"存在的，引用的就是孔子《论语》中的"祭神如神在"这句话。罗马的认定意见，总结起来就是中国传统的礼仪活动中有宗教或者类似宗教的情节在里面，不能视为单纯的世俗活动。由于天主教的教义只允许信徒心中有一个神，那么人教的信徒就不能再参与中国传统活动中有宗教情节的部分。（见附录三，颜珰关于中国礼仪布告）。

中国礼仪之争之所以会持续那么多年，根本原因就是问题本身存在争议，双方意见都讲得通。康熙在与颜珰会面前，专门抽时间看了颜珰的七条论断。康熙看完后，和他周围的奴才说，颜珰论述"浅薄"，但他也没有认为其中有什么大是大非的问题，总体来说，康熙是愿意和颜珰会面交流的。[70]

但让多罗等所有人没想到的是，颜珰在会见康熙时，把事情搞砸了，大大地激化了礼仪之争的矛盾。最后也影响了多罗一生的命运，令他最后都没能回到欧洲，客死在了澳门。

颜珰入京之前，主要在福建传教。从 1681 年入华算起，他在中国已经二十几年了。完全出乎康熙意料的是，见到颜珰后，康熙发现他的中文很差，基本不能交流。康熙在会面前，以为这个来华二十几年的传教士，中文水平应该和张诚、白晋神父差不多。这两个神父 1689 年入京时，都还完全不会中文。但学了两三年，中文满文都过关了。颜珰的中文在康熙看来不是差一点儿的问题，而是基本不会。康熙在会见中，已经照顾颜珰是外国人，放慢了语速，但即使这样，简单交流到第三个问题，颜珰就听不懂了，只好由康熙身边的耶稣会神父来翻译。当时跟在康熙身边的是巴多明神父。巴多明神父 1698 年入华，比颜珰晚十七年。康熙又想这位颜珰神父是不是只是口语不行，因而问他，认不认识大厅木头牌匾上的字。牌匾上写的是"华岩云阁"四字，但颜珰只认识其中的云字。[71] 康熙彻底生气了，问颜珰："怎么与你交流。你说也不会，写也不会。算了，现在说的你也听不懂。"[72] 当然颜珰还是很尴尬的。对于康熙来说，这次会面让他最气愤的是，罗马方面和多罗竟然说他是中国问题专家，而且罗马对于中国礼仪问题的见解是基于颜珰的论断。

康熙认为整个西方都被像颜珰这样大字都不识的伪中国专家误导了。作为中国的皇帝，他立马认为他有责任派人到西方去阐明他的观点，以正视听。康熙在会见后第二天就下了两份御旨。一份是给颜珰的，这是一份会见提要，说明他的中文很差。第二份是写给多罗的，告诉他，颜珰没有学问，叫他以后不要听信颜珰的观点。同时康熙担心在中国的地方上，还有更多像颜珰这样的传教士。因而他要求多罗在南下离开中国的路上，不能巡游各省，去单独会见地方上的传教士。康熙说如果多罗想要见地方上的传教士，那就把他们召集到一个地方，一次性和他们见面。而且他还让多罗转告教皇，以后所有来华的传教士，他都会仔细审核，防止像颜珰这样的人混迹在地方上。[73] 康熙在三个月后，正式要求所有在华的传教士到北京接受审核，通过了才能领取同意他们在中国传教的信票。

多罗当然完全没有想到颜珰觐见康熙会是这样的结果。他离开北京的时候，自认为整个出使还是成功的。现在康熙决定要审核每一个入华的传教士，并要多罗把这个决定告诉教皇。根据当时送达这份御旨的奴才给康熙的反馈，多罗很犹豫要不要接这份御旨。[74] 按照耶稣会神父的说法，多罗很生气，不知道该怎样把这个御旨带回给教皇。多罗的翻译毕天祥神父还安慰多罗说，就算教皇不满意这个决定，想必也不会为难给他传递信息的使节。多罗接受御旨时的情绪引起了康熙的怀疑，康熙担心他不会准确地把自己的各种意思带回欧洲。[75] 耶稣会神父早就怀疑和担心多罗回到欧洲后会说他们的坏话，在《北京纪事》的序言里，纪理安就写道：

> 我知道欧洲将会出现各种对北京出使的记载。不过，我不会等到它们出现。我能做的就是把我的记录写出来，而且我写的每个字都是真实并有据可查的。[76]

《北京纪事》尽管是纪理安编写的，但是在北京的耶稣会神父都读过，并且签了名来担保其真实性。他们都担心多罗以及使团中的人回到欧洲后推出回忆录，损害他们的名誉。因此耶稣会神父花了很大力气来记录整个使团在北京的大小事情，同时在很多有争议的问题上，他们还附上了原始的证据。

康熙怀疑多罗是否会准确传达他的意思，于是做了两个决定：一是取消之前派赴罗马的白晋使团。当时白晋和沙国安还在广州等船。派白晋出使是当年 1 月做的决定，是康熙接见多罗后对罗马的礼节性回访。但现在情况有了变化，白晋带出去的只有康熙准备送给教皇的礼物，代表不了他接见颜珰后要向教皇传达的意思。同时，康熙的第二个决定是派出另外一个使团去罗马，使节就是本书序中出现的红票中提到的葡萄牙耶稣会神父龙安国和法国耶稣会神父薄贤士。这个使团除了向教皇阐述康熙的观点以外，还有一个目的就是要让欧洲广泛知道北京所发生事情的来龙去脉。[77] 两位神父是在 1706 年 10 月 17 日离开北京的，而他们着手翻译各种带回欧洲的材料在 9 月 4 日就开始了，也就是说在多罗离开北京一周后他们就准备去欧洲的事了。[78] 北京耶稣会神父得知康熙决定派出新使团后都很高兴。[79] 除了康熙需要两位使节带去罗马的各种材料以外，两位神父还带上了耶稣会神父最新写出的《北京纪事》。[80]

康熙召回和新派使团的两个决定，是写在一个御旨上，让他的奴才通知北京神父的。[81] 从新派遣的使节选择上看，康熙应该是经过深思熟虑的。他选了一个葡萄牙神父、一个法国神父，这样显示出北京的传教士无论国籍如何，是一个统一的整体。同时，他召回白晋使团给出的说法是，不知道多罗使团是否真是教皇派遣，需要先派人过去确认。当然，确认多罗真假，是康熙的说辞，传教士早从各方面确认了多罗的身份。熟悉蒙古、满人历史的都知道，确认使节真假，是草原上传统的外交说辞。这样可以一方面把正在进行的任务停下来，同时又给未来重新启动这个任务留下空间。

领　票

康熙接见颜珰以后，发现原来还有这么多在地方上的传教士他完全不知道。像颜珰都入华二十几年了，而且还在欧洲挑起了礼仪之争，在会见前，康熙对他却全然不知。因而康熙决定必须要管理来华的传教士。按照纪理安的说法，康熙担心还有更多像颜珰这样的人在地方上。[82] 在接见颜珰几天后，康熙就告诉多罗，他未来要审查入华传教士，而且他审查传教士的决定是多罗造成的。因为是他把颜珰当作中国专家引荐给他的。康熙说他以前从来没有查过来华的西洋人，在给多罗的信中说：

> 先来中国之旧西洋人等，除其修道、计算、天文、律吕等事项外，多年并未生事，安静度日，朕亦优恤，所有自西洋地方来中国之教徒，未曾查一次。由于尔来如此生事作乱，嗣后不可不查，此皆由尔所致者。[83]

三个月后，也就是在 1706 年的 12 月，康熙决定像给僧侣发度牒一样，给传教士发认证的"票"。要领到这个票，传教士需要宣誓遵守耶稣会神父利玛窦定下的规矩，同时还要表示永远留在中国。

对于康熙要求的这个"票"，以前的学者早就注意到了，认为这标志着康熙开始限制天主教在华传播，也是后来雍正禁止天主教的开端。当然，从教会角度看，领票确实是多出来的麻烦，某种角度上也确实限制了传教士入华，但这并不表示康熙的目的是为了限制天主教的传播。关于领票问题，有一点先要明确，就是康熙对于领票要求的核心不是改变，而是拒绝改变。康熙成长过程中，从南怀仁开始，一直都有耶稣会神父在他身边，他从小就接受了儒家和天主教是相通的观念，也就是说接受了耶稣会神父所说的利玛窦规矩。他身边熟悉的耶稣会神父也一直推崇利玛窦规矩。突然，到康熙五十多岁的时候，一个连中文都说不流畅的人站出来告诉康熙，利玛窦规矩是错误的，不符合天主教教义，这让康熙难以接受。同时康熙突然发现原来在华的传教士对他认为是常识的东西还有不同意见。这是康熙要求领票的背景，这也是为什么康熙领票的核心要求是传教士不要改变，保持已有的利玛窦规矩。换句话说，康熙不是要改变而是要保持天主教在华传播的原有方式。

从实际操作来看，康熙也完全没有限制天主教的意思。反而他多次鼓励传教士来领票。有一次集会上，康熙像今天的销售一样，向传教士推销票的好处：

> 朕念你们，欲给尔等敕文，尔等得有凭据，地方官晓得你们来历，百姓自然喜欢进教。[84]

康熙告诉传教士领票的好处，这样可以让地方官和百姓知道他们的来历。康熙这段话是在劝传教士去领票，丝毫没有限制他们的意思。而且在实际操作中，康熙让他的奴才用《千字文》的顺序对票进行编号，当时在华的传教士全部加起来才一百来人。也就是说，康熙的票是准备长期发下去的。[85]

对于康熙的领票要求，北京耶稣会神父并没有认为这是在限制他们。他们也领会到这个票是有很多好处的。第一，这个票确认了他们在中国的特殊地位。因为这个票是内务府发的，这就跟礼部发给其他宗教的度牒有本质区别。用耶稣会神父自己的话说，这个票其实附带了很多"特权"。[86] 而真正让当时北京耶稣会神父烦恼的是，如何把分散各地的神父都召集到北京来领票这样具体的操作问题。

不过领票问题后来确实演变成了天主教在华生死存亡的一个大问题。这是因为还在南京的多罗1707年2月以教皇特使的身份发布了正式的谕令，反对在华所有传教士去领取康熙的票，同时规定了应该如何处理与中国礼仪相关的问题。[87] 多罗的谕令是这样写的：

我们忠于圣座的想法，忠于最近圣座和教宗克莱孟十一世的决定。我们知道这个决定，它是经过多年认真研究，详细审议了长期以来扰乱着传教士们的争吵后作出的。

为了履行我们的职责，我们决定建议，公布和建立一个明确的法规，以便使大家将来共同遵守。我们以全权代表的权威，制订、命令、要求所有传教士执行，不管是教区司铎，还是各修会的传教士们，甚至耶稣会的传教士们都要照此回答我们所听到的和要被问到的问题。

如果他们被问到有关中国传统教导、法律、礼仪、一般习俗，他们是否同意这些东西，或者答允不攻击它们，不在口头上或书面反对它们时，他们都必须答复如下：如果它们是和基督教法律相容的，或者可以与之合法及恰如其分地相符的，答复是可以的，否则不行。

如果他们被问到在神律中是否有与中国传统的教导的不同之处，他们必须回答：有许多不同。当要求他们举例说明时，他们可以尽他们所能想到的，阐明算命，祭天、祭地、祭太阳、祭月亮，祭其他星宿和神灵等的意义。基督徒只能祭万物的创造者天主，他们从天主那里得到祸或福。

当他们被问到敬祭孔子和祖宗的焦点问题时，他们应该作如下回答：不行。我们不能奉献这样的祭品。我们不允许听从神律的人们祭孔和祭祖。

同样地，关于中国人习惯使用牌位以尊敬死去的祖宗，回答是：不行。

当他们被问到"上帝"或者"天"是否是基督徒的真正的天主时，回答：不是。

当他们被问到为什么要这样想时，他们应回答：因为这些事情和对真天主的真崇拜不相容，因为这个决定是圣座作出的，而在信仰领域内，圣座是基督徒的一贯正确的导师。

当被问到圣座决定是哪一天作出的时，他们可以说：众所周知，这个决定是 1704 年 11 月 20 日发出的。[88]

多罗谕令以这样一问一答的方式写出来，很明显就是针对康熙领票的要求。多罗同时申明教皇已经发布了禁止中国礼仪的旨令。多罗以教皇特使身份公开发出谕令，这就跟康熙领票的要求正面冲突上了。

康熙在 1707 年南巡中，就有五位传教士告诉康熙他们私下都支持利玛窦规矩，但是无奈不得不遵守多罗特使的谕令，因而他们不能去领票。康熙为此还两次派他的儿子去和这几位传教士沟通，但五位传教士没有改变主意。康熙并没有把这五人赶出中国，只是让他们都去广州待命，等待他派出去的使节回来以后再议。

康熙知道也理解传教士面临的二选一的窘境。在 1707 年 3 月，康熙对着九位传教士，说让他们放心，他作为皇帝会帮他们、保护他们的，让他们在领票问题上不要有顾虑。康熙原话是这样说的：

　　你们领过票的就如中国人一样，尔等放心，不要害怕领票。[89]

在宽慰传教士的同时，康熙还让闵明我神父写信给多罗，让他赶快离开中国，不要再生是非。闵明我起草好的信件，先交给康熙过目。康熙对这封信的批改还存世。我们可以看到，康熙改了几个字眼。闵明我信中说，你的谕令把康熙惹"恼"了，康熙把"恼"字勾掉，旁边改成了"怒"字（见图 5.1）。这可见康熙当时的心情。

　　当时的北京主教伊大任（Bernardino della Chiesa，1664—1721）主张领票（第四章中票的实物图就是他的），而且他还给出了十九条理由解释为什么传教士不需要遵守多罗谕令。伊大任是独立的天主教神父，他并非隶属于耶稣会。他个人完全从宗教教义角度赞同耶稣会神父的观点，因而他的主张在当时很有说服力。同时他又是北京的主教，所以尽管多罗发了谕令，大多数在华传教士还是选择听从伊大任，申领了票。[90] 根据现存内务府的一份名录，在 1707 年 5 月，有四十八位传教士领了票，有十三位拒绝领票后被驱逐出中国，同时还有五位传教士的票属于待定（领票名单见附录二）。这五位就是前文提到的，因为多罗谕令而没有领票，被康熙遣送到广州待命的五位传教士。

　　由于康熙用内务府发放这种票是史无前例的，地方官都没见过，

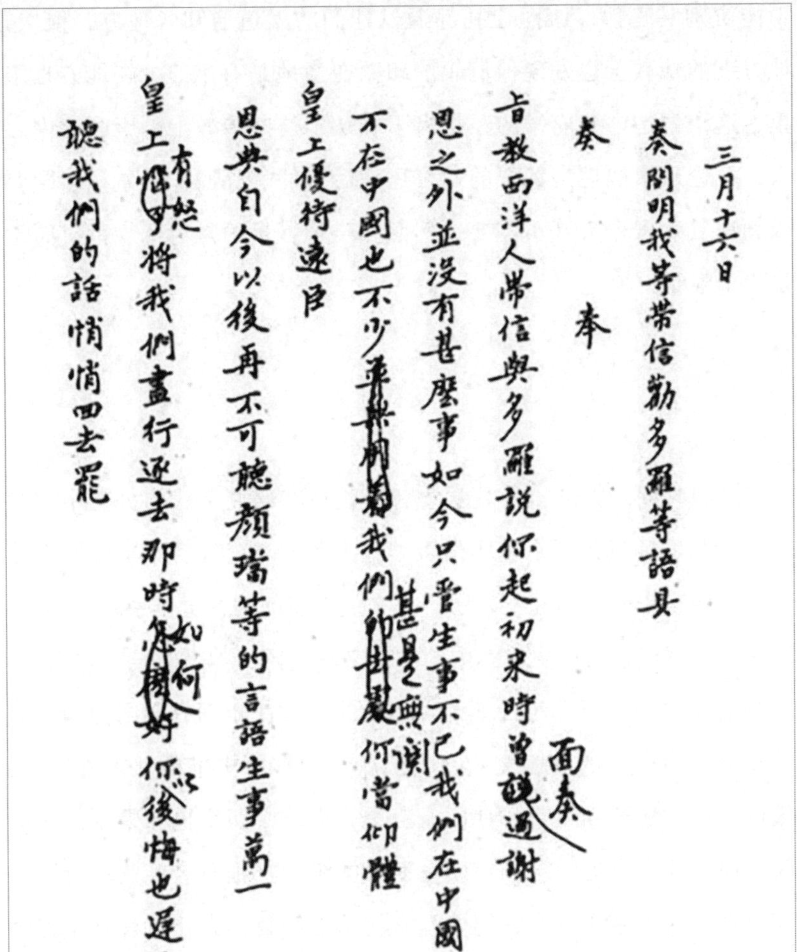
三月十六日
奏聞明我等帶信勸多羅等語具
奏 奉
旨教西洋人帶信與多羅說你起初來時曾面奏遇謝
恩之外並没有甚麼事如今只管生事不已我們在中國也不多
不在中國也不少甚是無關我們你當仰體
皇上優待遠臣
恩典自今以後再不可聽顏璫等的言語生事萬一
皇上有怒將我們盡行逐去那時如何你後悔也遲了不如
聽我們的話悄悄回去罷

图 5.1 康熙批改闵明我劝多罗信

图片来源:《康熙与罗马使节关系文书》

不能辨别其真伪，康熙让礼部通过他们的渠道通知各地。很快，地方上的传教士也发现他们领的印票在当地是有用的。在地方官眼里，这个票是内务府发的，相当于确认了这些传教士是康熙府中之人。无论从康熙规定领票的初衷还是后来的实际操作上看，康熙要求领票其实跟今天开车需要领驾照相类似，目的是为了规范，而不是为了限制。

小　结

民国时期，美国哈佛大学学者费正清在研究清代的外交中，提出了清朝的朝贡体系。其中最重要的一篇是 20 世纪 40 年代发表的总结清朝来华使团的论文，题目是《关于清朝的朝贡体系》。[91] 费正清总结了清代官方历史文献中的所有来华使团，他当时已经注意到，尽管清代的官方历史对各种大大小小的入华使团都有详细记录，但教皇派到康熙朝的使团竟然在大清所有的官修史书中都未见记载。俄罗斯派往康熙朝入京的使团有三个，但其中两个也都未见任何记录。而这几个未见记录的使团在西方文献中都很有名，费正清把它们单独列入一张表格中，但他没有能给出解释，为什么官修清史会出现选择性的记录和缺失。如果是因为别的原因，比如雍正不喜欢传教士，所以把教皇派到康熙朝的两个使团的记录删去了，那为什么所有的大清官修史书中，又都记录了教皇派到雍正朝的第三个使团？俄罗斯三次派到康熙朝的使团（1676、1693、1720）也是这样，其中第一次 1676 年的使团在清官修史书中有记录，而后面两次就没有任何记录。如果是有什么我们后人不知道的原因，又为什么只删除后面两次，而保留第一次？

我们知道了康熙接待多罗的各种细节以后，原因就一目了然了。没有记载并非后人的删除，而是因为康熙从一开始就把接待教皇使团当作他的家务事在操办，从头到尾都没有让朝廷部门经手。在康熙的安排下，整个过程都是他的内务府在一手操办，所以整个接待就不是外交活动了，而是他的家务事。因为是家务事，朝廷的史官自然就没有参与，也就没有留下记录。同样的原因，雍正在1725年接待教皇来使的时候，全程都交给了礼部在办理，属于朝廷接待，整个过程朝廷的史官都记录了。俄罗斯使团也是这个模式，第一次使团是礼部接待的，所以有记录，而后面两次都是康熙的内务府承办的。

康熙与耶稣会神父之间的关系决定了康熙接待教皇来使的各种安排。康熙在朝廷上是皇帝，而在他的家中，按照满人的传统，他是主子。他自然要照顾长期在他家庭圈子中的传教士。按康熙对传教士说的话，他同意接待多罗，是看在"豢养尔等多年"的分儿上。"豢养"二字在中文中是养家畜时使用的词语，特别是"豢"字，最早是用来表示喂猪（豕）的。满人主奴关系下，最早奴才和动物是一样的，主子负责奴才的吃喝，像养动物一样养奴才。在这个特殊的语境下，"豢养奴才"这样的表达才大量使用。

最后康熙决定用内务府把多罗使团当成私人关系接待，接待中吃吃喝喝，都是很典型的满人主子宴请待客之道。多罗后来慢慢明白了康熙和耶稣会神父之间的关系后，很无奈，因为无论他和康熙说什么，耶稣会神父都要按照他们的想法给康熙分析一遍。多罗在一封信中说道："耶稣会神父在宝座的背后，为了他们的自私想法，误导着皇帝。"[92]

康熙对耶稣会神父的信任，从中国历史上来看都是很不寻常的。比如他决定派遣使节到欧洲，选派的人员都是听他周围耶稣会神父推荐的。其中的薄贤士没有在康熙身边当过差，康熙只是看过他写的对中国礼仪问题的论说，就决定选派他代表自己出使。薄贤士自己都有些意外，在谢恩中特别感谢康熙的信任。[93]康熙对待耶稣会神父的一切都是基于他和这些神父长久以来的私人关系。这和礼仪问题及天主教教义都没有多大关系。他容纳天主教也好，接见多罗也好，都是看在他周围神父的面子上的。所以只要他和这些神父的关系不变，他对天主教的态度也不会有大的变化。对于多罗来讲，他的出使在最后阶段失败了，他入华的所有目的都没有达到。但是对于耶稣会神父和康熙来说，与罗马的交流才刚刚开始。康熙派出的两个去罗马的使节带着希望出发了。

第六章 彼得大帝使团和教皇新使团

1707 年 2 月 7 日，多罗在南京发布了教皇特使谕令，公开反对康熙的领票要求，阻止在华传教士去领票。[1] 在华洋人没料到多罗会这样公然反对康熙，纷纷写信给北京的神父，希望他们从中调停，以免龙颜震怒。[2]

说来也巧，这年春天，资格最老、在康熙身边已有三十四年的葡萄牙神父徐日升（1673 年入京）得了头痛病，病得很厉害，他在信中说，他的头痛病好不了就是和多罗有关。[3] 在康熙身边二十几年的安多神父（1685 年入京）这个时期也病了，说自己病重到信都写不了了。[4] 如果说这两位神父可能是装病的话，那么假不了的是 53 岁的张诚神父突然在 3 月份去世了。张诚 1688 年入京后就一直跟在康熙身边。无论是奔袭塞外还是南巡，康熙都把张诚带在左右。由于张诚和多罗都是法国人，多罗在京的时候，他是接待多罗的主要负责人。多罗走后，他也就成了多罗问题的责任人。张诚在去世之前并没有什么基础疾病，直到头一年 12 月，他都还忙着处理多罗入华后的很多遗留问题。但他的死很可能与多罗有关。因为张诚死后有一点很不寻常，就是康熙没有任何表示，没有给他举行葬礼，一句慰问的话、一两银子都没给。翻看历史就很清楚，康熙对传教士很照顾，根据亲疏远近，康熙多少都会对死去的传教士有抚恤。张诚做过康熙的老师，后来又常年跟在康熙身边。一直到他去世前几个月，他都还在康熙身边。他突然去世，而康熙没有任何表示的最大可能，就是康熙这段时间正在问责张诚，他很可能是处于极大的压力之下再加上得病才去世的。[5]

最早在是否要接待多罗这个问题上，北京耶稣会神父内部是有分歧的。作为法国耶稣会神父的负责人，张诚主张接待，反对的葡萄牙神父们后来让步了。[6]多罗入京后，和葡萄牙神父的负责人徐日升之间有很大矛盾。按照德国耶稣会神父的记载，多罗在众多神父在场的情况下，公开羞辱了徐日升神父。说他到中国后根本不是个神父，就是个艺人（artisan），还反问徐日升：你到中国是"用手传教"的吗？徐日升神父和康熙私交很深，他也确实让康熙喜欢上了西洋音乐。后来康熙的内务府中还有西洋交响乐队，彼得大帝的俄罗斯使团 1720 年到访北京时还听过这支乐队的演奏。康熙组织编撰的音乐著作《律吕正义》有一卷专门讲西方音乐知识，就是徐日升神父写的。站在徐日升神父的角度，他是希望用他掌握的音乐知识来接近康熙，从而换取康熙对天主教的优容。被多罗当着众多神父的面说成艺人，他是很委屈难过的。因为在天主教语境中，"艺人"类似于中文里的"戏子"。虽然当时欧洲整体并没有歧视艺人，但是在宗教环境中，把一个神父说成艺人有很大的羞辱意味。北京传教士大多同情徐日升神父，因为他们理解徐日升神父的不得已和委屈。[7]

多罗是教皇特使，在教会内部级别又高过北京耶稣会的神父，所以他面对耶稣会神父时态度居高临下，说话也不客气。他在责骂徐日升神父的时候，法国、葡萄牙等多国神父都在场，平时说法文的多罗，直接用所有神父都能听懂的拉丁文对着徐日升神父开骂："你，你，你，给我站起来，你有罪，没有资格坐下……"[8] 这样的场景在耶稣会神父的《北京纪实》中被记录下来，用来反映多罗对北京传教士的傲慢。在北京，多罗唯一要给一些面子的耶稣会神父就是张诚。张诚在许多问题上也劝过多罗。多罗离开北京后，张诚也尽其所能地收拾多罗留在北京的烂摊子。颜珰觐见康熙后闯了祸，张诚拨出专款，给颜珰做路费，帮助他赶紧离开中国回欧洲。后来，一直很反感多罗使团、当时负责内务府的康熙大皇子，又发现多罗的翻译毕天祥神父在四川还有官司没解决，张诚又出面各方打理疏通。张诚在 1706 年 12 月给当时在南京的多罗写了封长信，告诉他离京后留下的各种麻烦事。也是在这封信中，张诚告诉多罗康熙将要实行领票。现在看这封长信，张诚最主要的目的，是要跟多罗说他留下的麻烦已经够多了，现在康熙皇帝又开始要求领票了。[9] 潜台词是劝多罗赶紧离开中国。但张诚完全没有料到，多罗后来会公开反对传教士去康熙那里领票。这样一来，他就变成了给多罗通风报信的人。张诚受过康熙很多恩惠。康熙北出大漠，追击噶尔丹都带着张诚。张诚留下了详细的日记。从中可以看出，康熙随时都把他带在身边，他记录下了康熙接见塞外蒙古各部落的瞬间。很多接见现场，连跟出去的朝廷史官都没有机会参与。还有很多他和康熙的谈话，可以说都是朋友之间的对话。所以当多罗谕令发出来，他被划到多罗一边后，于公于私，张诚都很委屈，百口莫辩。当然，也没有直接证据证明张诚的死和多罗相关。但是康熙在张诚死后，对他这个鞍前马后十几年的老熟人，没有任何表示，就足以说明问题。张诚死前面临的压力可想而知。

面对多罗的谕令，几个月来一直称病不出的一位老神父出面了。他就是 68 岁的闵明我。闵明我也是耶稣会神父，他 1671 年入京后做南怀仁的助手，在钦天监里当差。由于闵明我有朝廷官衔，这在天主教内部是一个很有争议的问题，所以多罗入京以后，闵明我一直避免和多罗有任何接触。1707 年 3 月底张诚死后，徐日升和安多也都病重，闵明我作为北京神父中的元老，4 月不得不出来收拾残局。简单来说，闵明我神父处理多罗问题的策略就是把多罗和教皇区分开来，向康熙解释多罗有问题是他个人的问题，他的观点不能代表教皇。4 月 27 日，康熙身边的奴才赫世亨和赵昌禀报康熙，他们给闵明我带去口谕，命他写信给多罗。闵明我告诉赫世亨和赵昌，他们传教士已经多次寄信给多罗，他都不听；而且多罗还警告说要向教皇告他们的状。闵明我还讲，他们每次写信都是好言相劝，但这样多罗反而以为他们怕他。闵明我的原话是："以和语寄信，尔似乎以为我等惧怕于尔。"闵明我汇报给康熙，说不要再理会多罗了，应该直接联系教皇，康熙表示同意，这样康熙也就在多罗这个问题上翻篇了，不再继续和多罗纠缠，只是让广东官员运作，联系澳门的葡萄牙人把多罗软禁在了澳门。

康熙和北京耶稣会神父大概都没有想到，他们派去欧洲的人，一去十多年都没有消息回来。一直要到 1720 年，才等来教皇的第二支赴华使团。从康熙 1706 年派葡萄牙耶稣会神父龙安国和法国耶稣会神父薄贤士去欧洲算起，康熙等了十四年。这期间康熙早年身边信任的传教士都先后去世了。除了前面提到的 1707 年去世的张诚神父，徐日升在 1708 年，安多在 1709 年，闵明我在 1712 年先后离世。被软禁在澳门的多罗也于 1710 年过世。

康熙不厌其烦地和欧洲沟通，表面上好像一波三折，但内里恰恰反映出康熙对欧洲的耐心和对北京神父们的关心。本书反复提到的红票，就是康熙在这等待中发往欧洲的寻人启事。康熙和所有人并没有不同，当一个人不厌其烦地干一件事的时候，往往是有原因的。我们需要了解的是其不厌其烦的动力。而且当我们细察康熙和教皇第二使团的交往以后，我们就会发现康熙对教皇第二使团很满意，根本就没有过禁止天主教的想法。雍正后来要禁教，并不是康熙的意思。[10]

十四年的等待

教皇的两个入京使团，当事人和后来的史家都有提及，从不同角度都有记录。但是康熙等待第二个使团来华的十四年却无人关注过。康熙在这十四年中，对他派出的使节有过无数次的关心和挂念。这些关心和挂念，单独看只是一句问询，一个小举动，但把他一次次询问汇集到一起，就是十数年的坚持。本书中出现的红票，就是康熙挂念他使节众多举动中的一个。教皇派出的第二个使团是对康熙十多年等待和挂念的一个正式回复。

多罗离开北京不久，1706 年 10 月 17 日，康熙派出葡萄牙耶稣会神父龙安国和法国耶稣会神父薄贤士代表他出使罗马。1707 年 1 月，薄贤士在广州登船后，给北京的闵明我神父写了一封信，说他们二人已经登上了一艘坚固的大船，船上的水手对他们很好。他让闵明我神父转达康熙，让康熙放心。这是二人留给康熙的最后信息。二人选择了穿越太平洋，从美洲返回欧洲的航线。他们抵达巴西后，在8月7日给罗马耶稣会总会长写了封信，告知二人即将返欧，并且通知会长二人将先分别回到自己的国家，然后再到罗马会合。[11]二人在巴西，为了分散旅途中沉船的风险，分别登上了两艘不同的船去欧洲。但不幸的是，在1708年1月，两艘船都在途中遇到海难沉没了。[12]

在两位神父离开北京后的第二年秋天，也就是1707年的秋天，康熙就开始打听二人的消息了。根据现存的满文奏折，康熙派他身边的奴才去问了闵明我，闵明我回答他什么信息都没有收到。[13]因为1707年春天多罗宣布了谕令，又发生了许多事，加上还没有收到前次使节的消息，康熙决定再派两位使节去罗马，更完整地传达他的意思。这次康熙派出的是耶稣会艾若瑟和陆若瑟二位神父出使。二人于1707年10月27日离开北京去往澳门，他们在1708年1月14日登上了一艘葡萄牙的船，从印度洋线路前往欧洲。这次行程中艾若瑟还带上了他的中国弟子樊守义。樊守义在欧洲待了数十年，后来回到中国，一直到乾隆中期去世。身后留下了《身见录》，记载了他的欧洲行程。

艾若瑟一行于1708年9月抵达葡萄牙里斯本，葡萄牙国王接见了他们。1709年2月艾若瑟抵达罗马，并见到了教皇。教皇没有同意艾若瑟关于中国礼仪的意见，坚持他之前禁止中国天主教徒参与中国传统礼仪活动的决定。同时，教皇让艾若瑟留在欧洲，不要返回中国。[14]

艾若瑟一行在欧洲的行踪，康熙并不知道。不过康熙没有忘记他派出去的两个使团。在1708年8月的时候，康熙派人去问北京的神父们，怎么这么久他们都没有到康熙处报告和请安。正常情况下，7、8月份是西洋帆船乘着季风到来的时节，所以康熙这时候专门派人去问询。闵明我汇报说，他确实早就准备给皇帝请安了，但他在等消息，希望有了使团确实的消息以后，一并向康熙奏闻。闵明我还补充说，现在正是西洋船来华的时节，就算他不能收到两个使团的来信，也会多多少少从其他渠道得到一些关于两个使团的信息。[15] 闵明我的回答说明康熙一直在期盼消息，而且这种期盼给了闵明我很大压力，以至于他都在回避向康熙请安了。一个月以后，1708年9月23日，闵明我不得不上报康熙，被他派出去测量长城、绘制地图的法国传教士白晋从马背上摔了下来。在汇报完这件事后，闵明我在末尾提到他还是没有收到两个使团的消息。[16]

等了两年什么也没等到，康熙在1709年春决定增加信息收集的渠道。在4月份，也就是西洋船到来之前，他通过朝廷的官方渠道，下旨给江西、福建的巡抚，以及两广总督，让他们留意西洋过来的包裹和信件，有新的发现立刻上奏。下给这几位封疆大吏的谕旨都是中文写的，内容基本也是一样，分别发给了他们。[17] 这几位封疆大吏收到谕旨的时候，应该都比较惊讶，不知道为什么康熙会突然让他们关注西洋来信来物，而且谕旨又没有明示到底要关注西洋来的什么，几人也不知道该怎么回奏。几位封疆大吏不知是否私下联系过，但他们的反应都是一样，猜康熙所谓的西洋物品是红酒，于是都到自己管辖地区去找西洋人要洋酒，然后又把洋酒派人送到北京进献给康熙。[18] 到这年8月的时候，康熙还是什么消息都没有。他又派人去问北京传教士，但他们也没有收到任何信息。[19]

1710 年 3 月，康熙通知两广总督，让他关注所有将要来华的西洋船只，一有消息，迅速奏闻。[20] 8 月，两广总督禀报多罗去世。[21] 康熙在回两广总督的折子上，让他继续关注西洋来船，有信件和消息都迅速奏报。[22] 1711 年夏天，康熙还是没有收到任何消息。于是又几次派人去问北京传教士，仍然未果。[23]

1712 年 8 月，康熙终于等到了消息。此时距离第一批使节离开北京已经六年。葡萄牙人苏霖神父（José de Suarez，1656—1736）上奏康熙，他从欧洲朋友的来信中得知艾若瑟见到了教皇，人现在还在罗马。同时苏霖神父还解释说，这是他刚刚得到的最新消息，这封信所在的葡萄牙大船在入华途中耽搁了。苏霖专门解释这个细节，是因为不久前康熙才派人问过北京传教士。尽管苏霖解释了，康熙还是不相信，认为这些神父有意隐瞒。[24] 好在两天后，康熙收到一封沿海官员的奏报，奏报中也提到了苏霖神父说到的大船，也说这条船延误了。[25] 这样康熙才相信了传教士的话。10 月 1 日，苏霖神父再次上报，他又收到一封信，也提到艾若瑟已经到了罗马。信中还说，葡萄牙国王接见过艾若瑟，而且还派遣了使臣去罗马，劝说教皇不要听信多罗的话。[26]

康熙收到这些消息后，也算一块石头落地，好歹终于有使节到了罗马。这之后，康熙开始等待使节回归了。两年前，也就是 1710 年，广州巡抚范时崇奏报过，他从澳门人那里听说，康熙派出的龙安国和薄贤士已经沉船身亡。范还请旨康熙应该如何处理当时软禁在广州的几位神父。那几位神父是康熙交给范时崇，让他等龙安国和薄贤士回到中国以后再发落的。康熙告诉他，什么都不要变，继续照看那几位神父，等待他派出去的第二个使团回归。[27] 不过，康熙对两位神父去世的信息持怀疑态度，他们的死讯当时也无法证实真假。康熙交代沿海官员继续查证。后来 1718 年另一位巡抚上的折子中提到他从西洋人那里得到信息，龙安国和薄贤士二位神父确实已死亡，验证了范时崇的报告。[28]

1712 年以后，现存的奏折中开始有不少沿海官员上报西洋人和物的折子。以前都不知道为什么沿海官员这时期突然开始定期报告西洋来船和物了，这都是因为康熙挂念他派出去的使节的缘故。[29]特别要注意的是 1708 至 1712 这几年，是康熙人生中比较艰难的几年。这一时期正是康熙被太子废立问题搞得焦头烂额的时候。1708 年康熙废太子，1709 年又复立太子，1712 年再废太子。用今天的话来说，就是康熙在百忙之中，被家庭内部问题搞得心烦意乱之际，还惦记着他派去欧洲的神父们。这些汇报西洋人事的奏折为后人提供了很多有用信息。比如著名的宫廷画师，后来一直活跃到乾隆中期的耶稣会士郎世宁，他的入华消息最早就是广东巡抚 1715 年汇报给康熙的。[30]

康熙发给欧洲的公开信

1715 年 3 月 19 日，教皇重申了 1704 年他签署的关于禁止天主教徒参与中国礼仪活动的谕令。教皇知道他的谕令发出去了十年，相关的争论还在持续。他进一步确认之前的决定，希望这样能够平息争端。[31]一位英国船长在 1716 年 8 月来华贸易的时候，把教皇关于中国礼仪的决定全文带到了中国。[32]康熙从北京耶稣会神父那里看到了该决定的翻译。康熙很气愤，认为他派出去的人都没回来，而且他已经等了近十年，不能就这样接受一份随便抄来的教皇决定。于是康熙决定主动出击，既然等不回他的使节，他就昭告天下。本书所写的红票就是在这样的背景下产生的。

康熙让内务府印刷的红票，是一封让往来的西洋船只带回欧洲的公开信。这封公开信上有汉文、满文、拉丁文三种文字。由于印刷的墨色为朱砂红色，历史上又称"红票"。红票交给广东官员，让他们分发给所有"有头面"的西洋人，让他们带回欧洲。同时，康熙也把红票交给俄罗斯的往来官商，让他们也帮忙传递给欧洲。

红票的全文如下：

武英殿等处监修书官伊都立、王道化、赵昌等，字寄与自西洋来的众人。我等谨遵旨于康熙四十五年已曾差西洋人龙安国、薄贤士，四十七年差西洋人艾若瑟、陆若瑟，奉旨往西洋去了。至今数年，不但没有信来，所以难辨真假。又有乱来之信，因此与鄂罗斯的人又带信去，想是到去了。必竟我等差去人回时，事情都明白之后，方可信得。若是我等差去之人不回，无真凭据，虽有什么书信，总信不得。因此，唯恐书信不通，写此字，兼上西洋字刊刻，用广东巡抚院印，书不封缄，凡来的众西洋人，多发与带去。康熙五十五年九月十七日。

康熙红票的内容没有讲道理，也没有表明他任何观点，只是简单陈述一个事实，就是我派了人出去，但都没回来。康熙发出这封信的时候，其实已经知道派出去的四个人中有三个已经去世了。四个人的名字一起点出来，就是要教皇给个说法。

康熙红票中玩的这个计策，他早年就用过。在与噶尔丹汗交战时期，康熙从一个俘虏那里得知达赖喇嘛早已圆寂多年，统治西藏的桑杰嘉措却一直对大清隐瞒这个消息。康熙当时不愿意跟西藏方面把关系闹僵，这样很难收场。康熙在他的使节离开北京前，秘密跟使节交代，去了西藏不要质问达赖去世的消息，只需要坚持和达赖会面，看桑杰嘉措怎么说。[33] 康熙红票就是这样，把四个人的名字都写出来，要教皇给一个交代。红票的内容是康熙用满语口述的，汉语是他身边的奴才翻译的。文字没有经过康熙的内阁大学士润色，完全是口语，而且细读还不通顺。这也说明康熙一直坚持他跟罗马的联系是他的私事，不把朝廷里面的人牵涉进来。

红票传到欧洲以后，确实给教皇带来了很大的压力。艾若瑟回到欧洲，各国的教会内部早有耳闻。红票让欧洲知道原来艾若瑟是康熙皇帝的使节。这让教皇在道德层面很难堪。当时 18 世纪的欧洲已经很开明，拦着别国的使节不让回去是不可接受的。教皇在 1717 年收到红票后，赶紧召见了艾若瑟，让他回去复命，并让他用身体原因为借口解释为什么这么多年没有回去。[34] 艾若瑟走后，教皇迅速筹备了第二个赴华使团。教皇准备了一封长信让使团带给康熙。这封长信除了官方问候文字，还用了很多笔墨向康熙解释四位使节的遭遇。[35]

对于康熙来说，红票达到了预期的效果。艾若瑟被允许回大清，同时教皇又派了第二个使团亲自来解释。不幸的是，艾若瑟病逝在回大清的船上。他的汉人弟子樊守义守着他的棺材一起抵达广州。广东巡抚向康熙报告了樊守义的回归。康熙看完报告很疑惑，命令巡抚详查樊守义，因为康熙怀疑艾若瑟是在路上被害死的。但是，巡抚严查以后，并没有发现艾若瑟之死有可疑之处。康熙还是不相信，后来见到教皇的使节，还当面发火说道："中国所使之人，一字不回，都暗害杀死。"[36]

康熙的耐心

康熙皇帝文韬武略，南征北战，是世界历史上都赫赫有名的君主。无论从哪个角度看，康熙都完全可以按照他的想法决定传教士、天主教以及礼仪等众多问题。他完全有权力这样做，根本不需要和欧洲任何一方啰唆。但在与罗马的沟通上，康熙显示出了非同寻常的耐心。就连到京的俄罗斯使团也看出了这个问题，很惊讶为什么康熙大帝会有耐心跟天主教争辩这些理论问题。俄罗斯彼得大帝派使团 1720 年 11 月 9 日入京，比教皇使团早二十五天。两个使团到北京后都互相知道，康熙还一起接见过双方使团。双方也都用北京的传教士在做翻译，两边使团成员私下也有往来。俄罗斯的随团医生约翰·贝尔（John Bell）是苏格兰人，在他的旅行游记中就记录了康熙参与中国礼仪问题的争论，而且还评价道：

> 从任何角度来审视，一个异教的皇帝有兴趣参与到天主教内部的纷争中去都是一件很奇怪的事。[37]

约翰·贝尔解释说中国礼仪问题的争论是天主教内部的耶稣会和多明

我会两边的争论。他作为基督教新教徒都没有兴趣了解，因而很惊讶康熙会有兴趣掺和进去。西方研究康熙的权威、耶鲁大学的史景迁教授，在1990年代一次关于"中国礼仪之争"问题的研讨会上，也对康熙参与到争论里面表示很疑惑。史景迁这样评价道：

> 简单来讲，康熙完全可以把所有中国礼仪相关的争论都当成无稽之谈，那么这样我们也就不会在这里（开这个会）了。或者，他就坚持他自己的想法，无论想法是什么，他都可以坚持。他有权力这样做。他完全可以把一些传教士赶出中国。但他没有这样做，而是选择参与、争论、劝解，有时候还要发火。他真的很投入地在参与。[38]

史景迁认为康熙的参与不同寻常，他完全可以简单粗暴地处理这个问题，但他没有。那为什么康熙会耐着性子参与到这场耗时耗力的争论中去呢？

流行的说法是康熙是要捍卫中国文化，要从道理上说服西方。前人有这样的看法也不奇怪，因为一直以来，北京耶稣会神父就有意要把康熙塑造成文化捍卫者的形象。他们希望这样罗马教廷可以看在康熙皇帝的权威上有所让步。在欧洲的文化传统中，耶稣会神父把康熙描绘成文化捍卫者，完全吻合欧洲对东方开明皇帝的想象。他们自己心中的伟大皇帝就应该这样。[39] 因此，耶稣会神父对康熙这样的人设塑造在欧洲很成功。康熙身边的乐师、遣史会派到中国的德里格神父（1671—1746）就反复说过，康熙不像耶稣会神父说的那样，他是可以接受不同意见的君主，而且完全有可能接受教皇对中国礼仪的禁约。[40]

在德里格之前，多罗根据自己和康熙的接触也说过相同的话，认为康熙是有可能接受禁约的。多罗认为，之所以康熙不能接受，是耶稣会神父从中作梗，误导康熙。多罗写过信直接点明这一点。[41] 但是，历史是后人根据自己的理解书写的。无论是多罗还是德里格，他们留下的资料、信件，在后人看来，都有很多偏见，不够客观。最主要的是，他们的文字完全没法和耶稣会神父留下的记录做比较。耶稣会神父对事件做的记录，都是丝丝入扣，各种材料互相印证，让人无从反驳。[42] 这也是为什么后世基本都相信耶稣会神父们的记录的原因。

但一些新出现的汉文、满文奏折，说明康熙确实如德里格、多罗所言，是有可能在中国礼仪问题上接受不同意见的。1715 年，德里格给康熙上过一封汉文密折，折子开头就希望康熙保密，不要把折子内容透露给他身边的奴才，因为那些奴才都是站在耶稣会神父一边的。[43] 德里格的折子的核心是向康熙说明为什么那么多年都没有他两个使团的消息。按德里格的说法，是耶稣会神父有意屏蔽了欧洲过来的消息。德里格在这封折子中向康熙讲了教皇禁约的大概内容，同时告诉康熙欧洲所有天主教修会都表示遵守教皇禁约，而且特别点出在罗马的耶稣会总会长都已经明确表示了要遵守教皇禁约。德里格告诉康熙，中国地方上的耶稣会神父早就收到了罗马发来的教皇禁约，但是以纪理安为首的北京耶稣会神父阻止教皇禁约在中国流传。这就是为什么所有在华西洋人都知道了新传来的禁约，而没人禀报给康熙的原因。为了说明耶稣会神父的霸道，德里格还提到了西洋人罗若德。[44]1712 年罗若德在澳门上交给广东巡抚一封教皇寄给多罗的信件，那时多罗已经去世，他就转给大清朝廷。德里格说，在澳门的耶稣会神父知道罗若德把信给广东巡抚后的当天晚上，就逼着罗若德登上了一艘离开澳门的船。

尽管德里格的奏折中很多事的真假无法查证，但他所说的罗若德一事是有据可查的。1712 年 10 月 11 日，广东巡抚满丕上了一封满文折子，转交了罗若德的信。满丕在折子中还说，他收到罗若德的信后，专门去找广州的神父们鉴定过，广州的神父说信确实是教皇发出的。[45]

除了封锁欧洲的消息以外，德里格还说耶稣会神父打着康熙的名义警告欧洲不要乱发消息入华。其中一封邮寄到欧洲的信，耶稣会神父是让康熙身边的奴才赵昌签字的，让欧洲不要把有关禁约的内容发到中国来。赵昌其实在欧洲的教廷那边已经小有名气，因为一直是他在替康熙打理所有跟西洋人有关的事务。当然，可以想象，康熙对德里格反映的事情应该是半信半疑的。一方面，德里格所言部分地解开了康熙长期的疑惑，为什么他的使节出发近十年，一点信息都没有发回来。另一方面，康熙也知道德里格和耶稣会神父是有矛盾的。康熙看完德里格的折子，并没有大的举动，只是吩咐把折子转给他的两个儿子看。

最能反映康熙真实想法的是他私下的谈话。康熙虽然表面上坚持天主教和中国传统文化互通，不矛盾，因而天主教应该允许中国礼仪相关的活动。但私下康熙很清楚天主教教义和中国传统儒家有很多不相通之处。他表面上坚持的观点，并不是他内心的真实想法，不过是为了在天主教世界继续中国礼仪活动而硬着头皮坚持的。1711 年 6 月，康熙还在翘首等待他的出访使节回复的时候，耶稣会神父白晋把他新写的《易经》注解拿给康熙过目。康熙看后很着急，下旨让他身边的奴才把所有在京的耶稣会神父叫到一起，告诉他们：

　　览白晋所写一文，其中引语多为繁杂。日后若有颜珰、刘应一类人物出来，则必款款皆难解释。若不从今日起有所谨慎，朕亦无法解释或说明。所有西洋人应当共同商议为妥，决不可轻忽。[46]

颜珰就是反对天主教徒继续参与中国礼仪活动的核心人物，康熙和他的会面上一章已经讲到过。刘应（Claude de Visdelou，1656—1737）是法国耶稣会神父，他是法国国王选派，当年和白晋、张诚一起最早入华的五位法国传教士之一。康熙接见过他，也知道他。刘应在中国待过一段时间，学习了中文以后，强烈反对天主教徒参与传统中国礼仪活动。他是持反对意见中很有名的一位，也是对中国文化比较了解的一位。所以康熙这里特别提到了他。

　　《易经》尽管是儒家六经之一，可以看作是哲学书，但说到底，这是一本传统占卜的经典。特别是里面的卦象卦图，这些和天主教教义是有根本冲突的。康熙很明白这一点，因此很着急，告诉北京传教士，要是你们写的这些《易经》的书落到了颜珰、刘应手中，这还怎么解释天主教和中国传统文化不矛盾？所以康熙对传教士说，如果你们这样写书，"朕亦无法解释或说明"。康熙说这句话，并不是他过于小心，而是他已经有过切身体会，要论述天主教和中国传统文化互通是不容易的。当年他和多罗会见的时候，多罗举出儒家主张为父报仇，而天主教不允许的例子，康熙就已经觉得不容易辩驳了。康熙明白，要是对方再把《易经》中的东西翻出来，那就更没有办法继续了。这也是康熙为什么要把北京全部传教士召集到一起，亲口警告他们的原因，而且还叮嘱他们"不可轻忽"。

尽管这段满文谕旨说的是让传教士小心，但这最直接地反映了康熙的真实想法。康熙知道也明白中西不调和之处有很多。从历史的角度看，康熙是一位很务实的君主，他一生并没有什么特别的坚持。作为一个国土同时横跨中亚、东亚的君主，他当然清楚各个文化有不同之处。佛教、藏传佛教、道教等哪一个宗教都和儒家传统学说有冲突矛盾的地方。康熙也不会天真地以为儒家和天主教教义是相通的。所以耶稣会神父笔下那个要捍卫文化传统的君主只是他们理想中的康熙，真实的康熙是一位现实的、没有文化偏执的皇帝。

那么到底又是什么原因使康熙能不厌其烦，耐着性子和欧洲保持联系呢？这正反映了康熙是个世故圆滑的皇帝。因为那时的康熙急需欧洲人和他们的技术。这种需求在当时是很现实的，无法以其他方式替代。耶稣会神父在康熙年轻时给他介绍了欧洲的文化技术，康熙知道的越多，对欧洲文化技术的兴趣就越浓，需求也越大。康熙在1700年以后，不止一次通知南方口岸的官员，注意发现欧洲过来的有真本事的洋人。后来，遇到有技术的西洋人，广东的官员自己就摸索出了一套方法，来鉴定这些人是否有真本事。擅长绘画的马国贤神父和擅长音律的德里格神父，都是广东官员先面试过一轮后，再奏报给康熙的。德里格神父还记录了他第一次见到康熙，康熙面试他音乐知识的场景：

他（康熙）把翻译叫到宝座附近，再把我叫过去，就开始"考试"了。他先问我是否带来跟音乐相关的新东西。我回答说我有自己创作的新曲子。然后，他又问我创作中是否用了一些新方法，问我是否使用哆、来、咪、发、唆、拉音符来谱曲。我回答说我使用了。他问我是否会在"拉"之后添加"西"（这是法国教授音乐的方式），或者说有没有不用"西"这个音符的其他方法。他说的这个其他方法指的是意大利方法，在"来"这个音中有上升突变，在"拉"中有下降突变。我回答说使用哪个方法对我来说都是一样的，我用意大利的方式举例讲解了其中的变化。他问我是否会用哆、来、咪、发、唆、拉音符唱曲。我说我嗓子不好，唱起来不好听。尽管如此，他还是让我试一试。他开始唱起来，我跟着他唱，他很满意。然后他问我是否知道缩短的音符，像八分音符、十六分音符、三十二分音符。翻译遇到了一些困难，他们只好用手来比划。我其实已经明白了问题，但还是等他们解释。然后我回答说，我不仅知道这些音符，而且还知道它们的用处，知道没有它们很难写出好的曲子。他问我是否知道升音符（sharp）和降音符（flat），在这里我没有等翻译，因为还有很多事情要做，我看着皇帝，问他是不是这些……然后我开始用升调来唱出音符。他高兴地说："是，是，好，好，好。"[47]

德里格和马国贤二人其实是由软禁在澳门的多罗推荐给康熙的，但康熙明显不在乎这些传教士的派系，只要有真才实学，他都求贤若渴。在后来的相处中，康熙并不喜欢德里格的个性，但康熙还是优容了他。

德里格 1711 年入京后再没有回欧洲（马国贤 1723 年回去了），活到乾隆年间。他在中国谱的曲子流传至今，网上可以找到欣赏。

在有些领域，康熙和他儿子已经学得很深入了，他们在等欧洲的学术突破。比如 1717 年，得知在欧洲大学做过数学教授的戴进贤神父（Ignatius Kgler，1680—1746）到达了北京，康熙让他的三儿子去试探对方是否有真才实学，同时让三皇子特别问问欧洲有没有找出新的简洁的数学方法来获取平方根和立方根。懂数学的人都知道，平方根和立方根求解是有一定难度的。特别是立方根求解，涉及跟虚数相关的问题，欧洲在 18 世纪中期以后才完全解决。康熙有这样的数学兴趣，就注定了他需要和欧洲保持良好的关系。[48]

如果说学术兴趣是抽象的，那么康熙当时正在进行的国家项目则是实打实急需有技术的西洋人。1710 年前后，在张诚、徐日升等老一辈传教士相继去世后，康熙在进行中的一些大项目急需西洋人，其中最著名的就是勘测疆域，绘制地图。[49]康熙由于缺人手，不得不把白晋派到一线去勘测。当时白晋醉心于《易经》研究，不愿意去。他到西安以后不久，康熙收到奏报，说白晋从马上摔下，需要回京调养。康熙对此朱批第一句就是"白晋原先即不愿去"，他看出这是白晋逃避工作的借口，接着写道："理当痊愈之日即以自力追上去。"意指他要真是坠马，就应该等病好了自己追上勘测的队伍。然而白晋竟然回京了。康熙不仅生白晋的气，连转奏的奴才赫世亨也一起骂了，因为他的说辞感觉是在帮白晋掩饰，康熙写道："尔如此含混转奏，理应即行革职。"[50]从康熙对白晋坠马一事发火来看，1710 年前后，康熙确实缺人手。但做西方式的勘测，画地图，只能用西洋人。康熙越到晚年，与西方各方面接触越多，也越需要更多的西洋人。1718 年，康熙吩咐两广总督："西洋来人，内若有各样学问或行医者，必着速送至京中。"[51] 1721 年，康熙去世前一年过寿时，当时在北京的葡萄牙耶稣会穆经远神父（1681—1726）建议葡萄牙国王选送西餐厨师给康熙作为寿礼。穆经远说他自己的厨师被康熙征调到御膳房去了。[52]

康熙从接见多罗以后，无论是派遣使节还是期待使节回归，处处都显示他有很强的意愿与欧洲进一步联系。他发给欧洲的红票更是说明了这一点。教皇在收到康熙红票以前，已经在欧洲公布了他禁止中国礼仪的谕令，洋洋洒洒写了一大堆理由。而对比来看，康熙的红票全篇没有一句话在阐述他的想法和观点，他只写了一个内容，就是昭告欧洲：我派了两批使节到欧洲，人都没有回来。这样的公开信发到欧洲，很明显，目的就是要求回复，要求继续谈。理解到这一点，以及看到康熙在接待第二个教皇使团前的漫长等待，我们才能够真正理解康熙在和教皇使节谈判中的各种说辞。

彼得大帝来华使团

在教皇使团到来前，彼得大帝的来华使团在 1720 年 11 月 18 日抵达了北京。两个使团差不多时间先后抵京纯属巧合。彼得大帝使团到北京来是谈判贸易的。自从 1689 年签订了《尼布楚条约》后，俄罗斯与大清贸易往来频繁，尝到了与大清和平往来的好处。但 1710 年代以来，俄罗斯对华贸易日渐衰落。衰落的根源，按照今天的说法是市场经济竞争的结果。当时大清理藩院给俄罗斯的公函是这样解释的：

（大清）各种皮货甚为丰足。况广东、福建等沿海地方，每年又有西洋等国商船前来贸易，诸凡物品甚足，无人购买尔之商货。皮货乃寒冷季节需用之物，内地暑热，而且所来皮货又甚多。小康人家购买貂、鼠皮张缝制衣服，一件衣服将穿多年。富有之人虽然愿买，而尔属之人又高抬物价，因此不能卖出。遇有内库购买各种皮货时，尔商人不但不肯出售好皮货，反而高抬物价，暗中私自赊给无名商贩，此等商贩皆为贫穷之人，一旦无力偿还，则又再三求告监督催收。……[53]

当时俄罗斯卖来的皮毛制品价格太高，无法和欧洲国家从海路卖过来的皮毛制品相竞争。除了价格高以外，俄罗斯产品质量也没有南方海运过来的东西好。跟俄罗斯做生意的中国商贩，赊了俄罗斯的货款，最后还不上了，俄罗斯商人又在北京告官。为了两国和睦，如果中国商贩实在没钱还给俄罗斯商人，最后是康熙从内库拿钱出来赔付给俄罗斯商人。理藩院写了一大堆理由来告诉俄罗斯，贸易减少不可避免，[54]归根到底是因为俄罗斯的商品在中国没有市场竞争力。当时俄罗斯正在欧洲一侧和瑞典等国打仗，争夺出海口，彼得大帝需要大清的贸易来支持他在欧洲的军事行动。1719年，彼得大帝派伊兹麦伊洛夫率团出使大清，目的就是来找大清谈贸易。出行前，俄罗斯知道大清对书写用词这些细节很在意，专门在称谓上做了特别安排。彼得大帝让使节带给康熙的国书，最后的落款是："大皇帝的好友，彼得。"[55]这样通过朋友相称，避免了称谓上出现高低之分。

从圣彼得堡到北京，整个使团两百多人，停停走走，走了十六个月才到达北京。随团医生约翰·贝尔在游记中说，他估计速度快的话，应该半年时间可以从圣彼得堡到北京打个来回。[56] 使团到了北京，受到了康熙的热情接待。康熙一向重视与俄罗斯的关系，从国家战略层面讲，他一直认为大清最大的敌人是西北还没有归顺的蒙古部落。1720 年，西北依然不太平。康熙派出他最得力的皇十四子前往处理甘肃、新疆、西藏这些地区的边务。所以，康熙对俄罗斯使团来访的举动也很欢迎。对康熙来说，能通过贸易稳住俄罗斯，把俄罗斯变成自己的盟友，是代价最小的解决大清北方地缘政治问题的方式。

俄罗斯使团是带了彼得大帝信函来华的正规使团，同时也提前通知了礼部和理藩院。本来是要这两个朝廷部门负责接待使团，但使团到了北京后，和礼部以及理藩院主管在接待的具体礼仪上不能达成一致。俄罗斯大使要求亲自把彼得大帝的信送交到康熙手中，同时要求免除三跪九叩的仪式。这两条礼部都不能答应，说这不符合规矩。[57]1676 年来华的俄罗斯使团就在礼仪问题上和礼部谈崩了，以至于最后什么实质条款都没有达成。有了前车之鉴，在两国又因礼节问题陷入僵局以后，康熙决定绕开礼部等朝廷部门，让内务府通过满人传统的私人方式来接待俄罗斯使团。这样一来，整个接待又变成了康熙的私人行动。所以这次俄罗斯访华使团也和之前章节中的多罗使团一样，在《清实录》以及后来各种官修史书中都没有记载。

康熙绕开了紫禁城，把接待地点放到了他西郊的畅春园中。俄罗斯使团的随团医生约翰·贝尔大概也觉得奇怪，为何康熙没有在皇宫中接待他们，只是在他郊外的"乡村别墅"（country house）中接待了使团。[58] 接待中，康熙完全放弃了中国传统方式，而改用满人的待客之道。约翰·贝尔说，他们被带到接见的院子后，看见各官员在通向接见大堂的道路两旁，露天席地盘腿坐在皮垫子上。当天是 11 月 28 日，北京已经是冬天，约翰·贝尔感叹好冷。当时在场的翻译是三名传教士，约翰·贝尔专门记录说他们当时穿着大清的衣服，也就是说他们是代表大清出席这次会见。根据康熙派人和俄罗斯大使在接见之前的交涉，双方各自退让一步，俄罗斯大使在见到康熙以后，把信放在一个小桌子上，再由康熙的人把信拿着，在大使看着的情况下，转交给康熙。这样做应该是出于安全考虑。

在实际会见时，俄罗斯大使也确实按事先约定，看到盘腿而坐的康熙后，就把信放到预先摆好的桌上。但康熙看到这个步骤后，示意大使亲自把信送到他的跟前。在接信的同时，康熙询问大使："你国君的身体还好吧？"[59] 整个递送环节，最后完全按照俄罗斯大使希望的程序进行了。康熙又让翻译跟大使讲，他为了和彼得大帝表示友好，这样接信是把朝廷的规矩都破坏了。他希望大使把他的话带回去。接见使臣时，康熙盘腿坐在龙椅上，其他臣工席地盘腿坐在地上，随后摆宴吃喝，席间音乐伴奏，这都是按北方游牧民族的待客传统在接待外交使节。宴会上，康熙还询问了俄罗斯大使一些欧洲君主的情况，同时他还专门提到，听说彼得大帝经常出海，说大海太危险了，让彼得大帝要多加小心。康熙让使节把他的话给彼得大帝带回去。康熙还提到了瑞典，说一个瑞典小国，怎么让俄罗斯如此头疼。康熙提到出海和瑞典，是话中有话，一是显示他有渠道知道俄罗斯在欧洲最西面的战况；二是和瑞典的战争在当时是俄罗斯和彼得大帝的痛点。彼得大帝跟瑞典打了二十年，在两国战争历史上称为"大北方战争"（1700—1721）。瑞典国王查理七世（Charles XII）亲率大军几次以少胜多，战胜了彼得大帝率领的部队。查理七世也是欧洲的传奇人物，一生几次大起大落，直到他 1718 年去世，俄罗斯才终于在与瑞典的战争中取得控制权。1720 年，俄罗斯已经签订了几个条约来结束战争。尽管俄罗斯获得了最后的胜利，但也是苦战后的胜利。所以康熙问为什么和瑞典一个小国，俄罗斯打了那么多年的仗。这个问题一出，康熙就等于告诉使团他知道俄罗斯西线吃紧。使节是如何回复康熙的，约翰·贝尔没有记录。不过贝尔听到康熙谈论欧洲战事很惊讶，没有想到这个远东的君主知道那么多。

宴会结束，使团退出殿外，跟着外面席地而坐的人一起，对康熙皇帝行了三拜九叩的大礼。使团跟着大清的人一起给皇帝下拜，算是入乡随俗行礼。这跟单独拜还是有区别的。单独拜，是代表了彼得大帝。约翰·贝尔记录里说，当时有一个人大声用满语指挥着大家，什么时候跪下，什么时候站起来。[60]

康熙就这样用满人的接待方式，绕开了朝廷的礼仪。第二次会见，康熙让俄罗斯人直接到内廷谈，据约翰·贝尔说，这次会见只有俄罗斯人和康熙内务府的人，没有官员。这一次康熙和俄罗斯使节应该谈了一些正事，约翰·贝尔对谈话内容没有记录。[61]俄罗斯使团一直在北京待到来年 3 月才离开。这期间他们在康熙的关照下，见识了北京的方方面面。传教士是他们的翻译，以及在北京的向导，带他们参观了康熙的动物园，里面养了大象。俄罗斯没有大象，这让俄罗斯人大开眼界。康熙爱好广泛，对各种动物也有兴趣。早年葡萄牙人还给康熙送来一头狮子。不过没养多久，狮子就死了。传教士也私下宴请过俄罗斯使团，席间还有内务府里的杂技演员表演杂技。俄罗斯人还去参观了北京的天文台，看了康熙的玻璃厂。玻璃制作是传教士把技术从欧洲带到中国的。约翰·贝尔说玻璃制品最初到达中国时，被当成宝石，卖得很贵。这个厂开起来后，价格就迅速降下来了。而且约翰·贝尔说里面产的玻璃制品已经是世界一流了，康熙送给彼得大帝的礼物里面就有两件这家玻璃厂的作品。[62]

12 月有很多西方的节日。俄罗斯人先是在北京一个东正教小教堂过了节。雅克萨之战后，俄罗斯投降的俘虏被押解到北京。康熙把这些俘虏编入了满人八旗中的镶黄旗下面。康熙善待这些俘虏，让他们建立自己的教堂，保持自己的习俗。[63]这一点让约翰·贝尔很敬佩。

圣诞节前后，俄罗斯人又接受了京城中传教士的邀请，到耶稣会神父在北京的教堂中做客。他们也见到了教皇派到北京的使节。约翰·贝尔特别注意到，在圣诞节期间，康熙还派了他的一个太监，代表他参加教堂里举行的活动。康熙通过这种方式，让传教士感受到他对他们的关心和支持。[64]

春节期间，俄罗斯人还看了很多次北京的焰火表演。在一次焰火表演后，他们和康熙聊到了中国发明的火药。交谈中，康熙还说到了《圣经》中的洪水和诺亚方舟，他说那时候中国记录中也是洪水滔天（可能说的是大禹治水时代）。康熙这样天南地北、古今中外的和俄罗斯使节闲聊，展示了他的才学。最后聊天结束时，康熙还很客气地抱歉说天气这么冷，把你们留久了。当然俄罗斯使团忙表示这是他们的荣幸。这时候，康熙幽默地说，也是，你们俄罗斯人都是不怕冷的。

说完后，双方相视开怀大笑。这让在场的约翰·贝尔很感慨，说康熙不仅是有知识、有思想的君主，还非常地平易近人（affability）。[65]

约翰·贝尔在北京这段时间，还实地到北京各个市场去逛了。除了赞美北京的治安和整洁以外，他提到了他发现香烟（tobacco，非鸦片）在北京已经是日用品，男女都有抽。他观察到茶馆里人们在一边喝茶一边抽烟，也就是说抽烟不局限于有钱人或者特权阶层。他去北京郊外，还看到那里有烟叶种植。根据他抽中国香烟的经验，他认为中国烟比西方烟的烟味稍微要淡一些。他说草原人蒙古人只喜欢抽中国内地烤制的香烟的味道，只从中国内地购买香烟。[66]约翰·贝尔对香烟味道的评价，基本跟现在人的评价是一样的。

香烟是欧洲人发现美洲新大陆后，伴随全球贸易传播到世界各地的一件重要商品，也是早期全球化中的标志性商品。约翰·贝尔特别提到香烟在中国的普及，是要说明当时的中国和世界紧密相连。最早的香烟大概是明万历年间从南方沿海传入中国的，后来烟叶开始在福建沿海地区种植，而这时已经在北京种植了。近年来，对香烟历史的研究发现，不同文明和地区对欧洲国家运送来的香烟有不同的反应。比如最早欧洲天主教国家对美洲来的香烟是很排斥的，认为这是蛮荒之地的产品；当时强大的奥斯曼土耳其帝国也对香烟很排斥。[67]而中国作为一个文明古国，对香烟以及当时很多美洲来的物品（包括很多农作物）反而很容易就接受了。约翰·贝尔记录这一点是有原因的，因为当时欧洲对中国文化是否排外，是否有包容性等有疑问，约翰·贝尔用香烟这个例子是想说明中国有包容性，跟当时的世界紧密相连。同时，约翰·贝尔还去考察了另外一个将中国同世界紧密相连的物品——茶叶。当时茶叶在欧洲卖得很贵，是有钱人喝的饮料。他看了北京市场上卖的各种茶叶以后，直呼暴利，说商人赚了几十倍的差价。[68]说完茶叶，约翰·贝尔又提到，咖啡当时没有能进入中国，大约是中国人对咖啡没有兴趣。[69]

最让约翰·贝尔难忘的经历是打猎。[70]过完春节以后，康熙邀请俄罗斯使团去打猎，因为知道他们也有这个爱好。俄罗斯使团来的时候带着狗。一到中国，接待他们的满人官员，就对他们的狗很有兴趣，因为那是猎犬中有名的品种（具体什么品种没有说）。这次打猎安排，从时间上看有点早，安排在2月末，正常开春以后才是打猎的最佳时节。康熙要通过打猎向俄罗斯使节显示自己的军威，这跟现代通过军演来展示实力有相通之处。在打猎中，康熙让俄罗斯使节骑马跟在他旁边。1720年的康熙已经66岁，但他在骑马打猎中对进退节奏的掌控，对马的速度的控制，以及指挥周围士兵在打猎中保持的阵形，都让俄罗斯人叹为观止。约翰·贝尔说有一天连续骑行了六个小时，他都受不了了。最后一天，他们还一起狩猎了老虎。面对老虎，康熙当时用的是枪（Musket，现代步枪的前身），打了两枪都没有打中。于是他把枪递给了俄罗斯大使，让他试试。俄罗斯大使装弹以后，向老虎靠近。约翰·贝尔说，有十名卫士拿着长矛跟在大使后面，以防出现意外。大使最后也显示了他的水准，一枪把老虎打死了。打猎就这样欢快地结束了。晚上康熙命人把制作好的虎皮送到大使的帐中，还让人转达大使，根据打猎的"江湖规矩"，谁打死老虎，虎皮就应该归谁。大使很开心地接受了虎皮。

这次接待俄罗斯使团，康熙恰到好处地展示了他的文韬武略。约翰·贝尔这个走遍世界的苏格兰人，给予了康熙极高的评价，他回欧洲后就出版了他的游记，成为当时欧洲的畅销书。但可惜的是，这次使团入华在大清的正史中一个字也没有记载。20 世纪 70 年代，在总结中俄历史关系的时候，国内学者终于在理藩院的档案库存中发现了两封关于这个使团的历史文件。一是前文提到彼得大帝自称为康熙"好友"递交给大清的俄文国书。另外一封就是俄罗斯使团离开大清的时候，康熙让理藩院给俄罗斯的回文。俄罗斯大使出使，需要拿到对方国家给出的公函，确认大使把礼物送到了。1676 年俄罗斯来华使团就向大清要过确认函。当时俄罗斯大使因为各种朝廷礼仪问题跟清廷不能达成一致，所以大清朝廷也就没给俄罗斯大使开具确认函。作为翻译的传教士南怀仁记录下了当时的矛盾，最后是他给俄罗斯大使写了封信，作为大使入京的证据带回了俄罗斯。有了这个背景才能理解，为什么康熙用自己的内务府接待完俄罗斯使团，在最后时刻，又把朝廷中的理藩院牵扯进来。这是因为正式文书必须要用到理藩院这个朝廷部门。这封文书内容极其简单，一看就是用来走过场的，全文如下：

敕谕俄罗斯使臣伊兹麦伊洛夫：

尔国君主恭请朕安，愿益敦两国之睦谊，祝中国愈加繁荣昌盛，诸事成功等情之奏书，朕已收阅，贡物皆已收下，凡事皆已当面降旨。着尔恭记朕旨，转告尔君主，事竣妥为返回。特此敕谕。[71]

全文其实就两句话。第一句确认大使入京带来的礼物和问候都收到了。第二句可以说是一句空话，没有任何具体内容。康熙把交待的事都省略了，用了一句"凡事皆已当面降旨"带过了。这说明康熙不想朝廷部门和官员知道他和俄罗斯大臣商谈的具体内容。但同时他又需要朝廷部门出具公函，因而不得不用他们。这份文书档案的下面还有备注，是康熙要求理藩院选用特别纸张来写这两句话。从备注上看，第一次用的龙笺纸，康熙不满意，让他们换成"香笺纸"来重写。[72] 这也是为什么说这份文书是形式大过内容的操作。最后，理藩院尚书亲自把这份大清出具的文书在紫禁城午门前交给俄罗斯大使，送他离开，算是完整地为俄罗斯使团走完了整个程序。约翰·贝尔也特别记录了 1721 年 2 月 26 日这天最后送交文书的过程。他说理藩院尚书反复对俄罗斯大使讲，这又是康熙破例，以前从没出具过这样的文书。[73]

教皇第二个入华使团

1720 年 12 月 17 日，也就是俄罗斯使团入京差不多一个月后，康熙得知教皇特使嘉乐（Carlo Ambrogio Mezzabarba）一行离北京只有差不多七天的行程了。康熙把北京所有传教士召集到一起，开了一个通气会。康熙知道艰难的谈判即将开始，他必须在嘉乐到来之前，给所有他身边的传教士统一思想，在北京这边建立统一战线。这时距离上次 1706 年康熙与教皇来使多罗会晤已经过去十四年了。在这十四年中，康熙私下和北京传教士多次谈到过中国礼仪的问题，他也知道这些传教士各有各的观点。他身边的德里格神父和马国贤神父就是著名的支持教皇禁约的传教士。康熙知道他们的观点，但并不妨碍他和二人的交往。前面提到过，尽管康熙知道德里格神父赞成教皇的谕令，但并没有为难过他，还把他介绍给皇子。德里格和皇四子也就是后来的雍正有很好的私交。

教皇特使没有来的时候，康熙对这些传教士的各持己见是可以睁一只眼闭一只眼，不去深究的。因为在康熙看来，禁止中国礼仪也好，允许也好，是他们教内之事。但眼看教皇特使马上就要入京了，康熙不得不给出一个明确的态度和观点。康熙在会上，向传教士指出了三点：首先他明确表示他对中国礼仪问题的观点没有变，跟十四年前一样，认为天主教教义和儒家的礼仪是相通的，所以天主教应该允许中国传统风俗礼仪活动；其次，他要求所有传教士跟教皇特使嘉乐表态他们是遵守利玛窦规矩的；第三，如果传教士们在之后的谈判中有什么疑问和想法，要先向他报告，不允许私下发表意见。康熙临时提出这三点要求，其实正好说明康熙这些年并没有表示出很强的姿态来强调利玛窦规矩。[74] 所以他才觉得有必要在与教皇使节会面前，特别亮明他的态度。

七天之后，也就是 12 月 24 日，嘉乐一行到达距离京城大约五十公里的窦店。康熙派他的奴才去见了嘉乐，询问嘉乐一行的真实目的，让他们如实禀报。嘉乐刚进入中国时，禀报说他们是来感谢康熙这么多年优容传教士的。康熙当然知道这并非事实，所以派人再去问。康熙还让他的奴才告知嘉乐，现在彼得大帝的使团就在北京，要是你一个教皇使团到了北京，遮遮掩掩连出使目的都不实说，传到俄罗斯使团那里不好听。这其实是康熙的惯用招数。康熙知道天主教的教皇这边，一般不愿意落下什么口实到东正教的俄罗斯那边。听说俄罗斯人也在京城，嘉乐也觉得隐瞒他的出使目的有点上不了台面。他本来准备把有争议的问题留到和康熙会面的时候谈，现在他在康熙奴才的催问下，交代了他出使的两个目的：一是恳请康熙允许他号令所有在华的天主教神父；二是希望康熙能够同意在华天主教徒遵守教皇对中国礼仪的禁约。[75]

康熙看了嘉乐的呈报之后，首先取消了原定于 27 日的会见，同时命令嘉乐一行不得进入北京城。然后，康熙嘲讽地回复说两个请求他都准了，条件是嘉乐把他的神父们都带回欧洲去遵守教皇的禁约。同时，康熙补充道，要是有技术的传教士愿意留在大清继续效力，那么他们可以私下遵守教皇的各种规矩。康熙虽然没有直接挑明，但道理上是要嘉乐明白，教皇的权力仅限于传教士，这里的其他臣民还是他康熙说了算。嘉乐随后又向康熙提交了教皇让他带来的各种正式信件，以及教皇禁约的全文。27 日，康熙再次回复说，他可以安排所有的在华传教士和嘉乐在北京会见，然后嘉乐可以把他们一起带回欧洲去。嘉乐看到康熙的这个回复很慌乱。因为他不远万里出使大清，到了北京城外，却迎来了最差的结果：一方面连皇帝的面都没有见到，同时又毁掉了天主教在华上百年来打下的基业，使所有传教士被逐出中国。[76]

在嘉乐新的回复中，就没有和康熙谈正事了，而是和康熙谈人情，希望康熙念在他万水千山，一路舟车劳顿的分儿上，开恩让他先休息一段时间，不要赶他离开。长途跋涉是实情，同时这也是嘉乐争取时间的策略。[77]康熙看到这个回奏，也没有继续逼嘉乐，而是谈了一下他对中国礼仪之争的看法。康熙指出整个争论是他们天主教内部派系之争。为了支持耶稣会神父，康熙指出教皇在处理整个教内纷争时有失公允。因为上一回的来使多罗就是传信部派出的成员，现在嘉乐又是这个会派出的，康熙反问嘉乐，教皇这样安排，"公道何在？"康熙行文看似是抱怨，实则在为耶稣会神父出头，鸣不平。[78] 这一通抱怨是在还没有开始具体谈判礼仪问题之前，就给嘉乐扣上了不能公平处理纷争的帽子。这样，嘉乐还没有开始谈，就已经被康熙怀疑其公正性了。

嘉乐看完康熙对争论的理解以后，开始反过来探康熙的底，希望知道康熙到底对教皇禁约中哪些条款有异议。嘉乐给康熙的回奏中，请求康熙明示到底哪些条款可行，哪些不可行。嘉乐明言，如果康熙指出不满意的条款，在他职权范围内能修改的，就按康熙说的修改。如果条款是他无权修改的，他会把康熙的意见带回欧洲，让教皇决定。同时，嘉乐提到恳请康熙理解他作为使节的角色和责任。[79]

康熙毕竟是南征北战的君主。他收到嘉乐的回复后，马上很自信地让属下传话给嘉乐："尔教王必交与尔两样表章条约，命尔到中国见景呈奏。"[80] 康熙从嘉乐回奏的口吻中一眼看出，他那里准备了多个方案，会根据不同的情况来调整方案。这也就是康熙所谓的"见景呈奏"。康熙在嘉乐表示可以变通，也就是有谈判空间以后，就不具体参与谈判了，而是让北京传教士去和嘉乐谈细节。同时，康熙准备打感情牌，让嘉乐感受到他的善意。两天以后，也就是12月31日，他在畅春园接见了嘉乐。在这次会面中，康熙和嘉乐没有谈论有争议的问题，整个会谈气氛很融洽。1721年1月的前两周，康熙和嘉乐主要是在互赠礼物。康熙说北京天冷，送了一件貂皮袄子给嘉乐，同时他还让御膳房给嘉乐派吃喝，这是满人君主传统中把对方当贵客，表示亲近和关心的一个表达方式。

可惜的是北京传教士并不能和嘉乐在礼仪问题上达成共识。北京传教士内部其实都没有共识。传信部派到中国的德里格和马国贤神父认为教皇禁约可以在中国施行，嘉乐不需要做任何修改。但北京耶稣会神父不同意教皇禁约，认为在华没法执行。让康熙没有想到的是，他选择作壁上观和不干涉被有些北京传教士认为是默许了教皇禁约。德里格和马国贤在私下竟然恭贺嘉乐，说他完成了教皇的任务。康熙发现北京传教士内部都无法统一意见后，在 1 月 17 日通知嘉乐，让嘉乐不要听任何一方观点了，以后以他说的为准。[81] 而且康熙发现，传教士作为翻译各怀私心，把自己的意思加到了翻译中。康熙告诉嘉乐说：

> 尔前日在朕前亲见，众西洋人言语参差不成规矩。朕之旨意，通事之人不能尽传于尔。尔回奏之言，又加私意上奏，言语不同，事体不能明白。[82]

在这样的情况下，嘉乐再次呈上教皇禁约的全文，希望康熙直接指出哪些条款是可以在中国施行的，哪些是不可以的。嘉乐再次强调，他能做主的，就按康熙的意思改；不能改的，他把意思带回教皇那里，再行定夺。康熙当然明白这是嘉乐在探他的底线。如果康熙给出了逐条批复，那么嘉乐就知道到底具体应该怎么修改了。康熙没有逐条

批注，只是在禁约后用红色御笔写了一段批注，全面地否定了禁约。（图 6.1）

该批注的最后一句，最有名，后来的学者引用很多。康熙写道：

> 似此乱言者，莫过如此。以后不必西洋人在中国行教，禁止可也，免得多事。

后来的史家以这句话作为铁证，认为康熙有意禁止天主教。但看过康熙前前后后数十年不厌其烦的各种安排，都会知道，这句话是谈判中的常规技巧。康熙深知他作为皇帝的权力在哪里，也知道教皇那边的软肋。还没有见到嘉乐时，康熙已经威胁过嘉乐一轮，告诉他，你如果要坚持禁约就把传教士都带回去。现在威胁的话直接变成了禁止天主教。康熙的措辞也很有意思，禁止的理由是："免得多事"。

值得注意的是，康熙在 1 月 18 日这天让他的奴才把禁约批文递给嘉乐的同时，还附了一道御旨，上面写着以后就用文字方式沟通，不要再见面。同时，康熙再次提到俄罗斯使团，表示如果不能达成共识，他会像上次一样再印红票，把各种道理印出来，让俄罗斯人带到欧洲去。如果康熙真如其批文所说，想要禁教，"免得多事"，他就没有必要再附上这样一道御旨，威胁要印刷红票，通过俄罗斯把道理讲到欧洲去。这完全不是怕"多事"该有的样子。康熙为什么要这样？原因很简单，因为康熙先前已经断定嘉乐来的时候有备选方案，对他来说，最好的结果是直接看到嘉乐的底牌，到底教皇能够让步多少，然后在那个基础上再来和嘉乐谈。康熙对禁约的批注以及附带的御旨只有这一个目的。

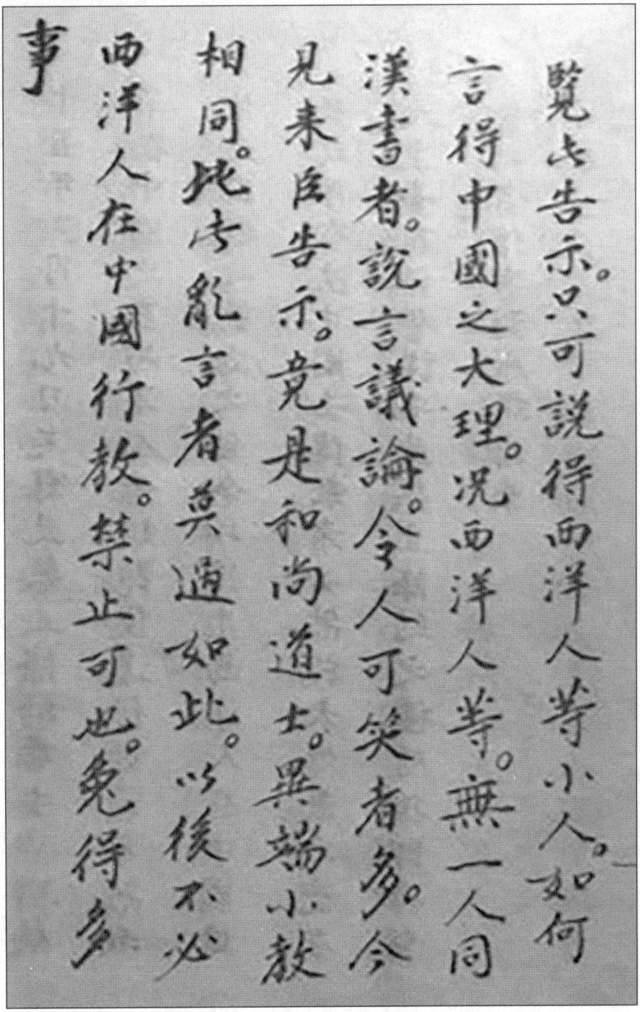
覽此告示。只可說得西洋人等小人。如何言得中國之大理。況西洋人等。無一人同漢書者。說言議論。令人可笑者多。今見來臣告示。竟是和尚道士。異端小教相同。彼此亂言者莫過如此。以後不必西洋人在中國行教。禁止可也。免得多事

图 6.1　康熙批注教皇禁约

图片来源:《康熙与罗马使节关系文书》，文件 12。

嘉乐在葡萄牙里斯本等待去中国船的时候，教皇确实派人给嘉乐送去了备选方案。[83] 这一点康熙应该事先不知道，不过他还是猜到了。

不出康熙所料，嘉乐收到康熙的批注和谕旨以后，很焦虑。第二天，他呈上了禁约的解说方案，写道"嘉乐来时，教王还付于臣条约解说一张"，请康熙过目。嘉乐给出的解说，就是对礼仪问题中一些活动给出了通融，总共有八条。[84] 八条如下：

第一，中国基督徒在家中被允许使用上面仅仅刻着亡者名字的牌位，在这个牌位旁边必须附有一个基督徒对死亡的看法的恰切说明。立这块灵牌必须没有任何迷信的暗示，必须避免一切恶表。

第二，不是迷信的，也不会被怀疑为迷信的礼敬亡者的民间礼仪，可以得到准许。

第三，对孔子的民间性礼拜是准许的，也准许用牌位敬拜他，牌位上必须没有迷信的刻字，并且需要伴随着对天主教信仰的声明。同样，在修订过的牌位前准许点燃蜡烛、焚香和供设食品。

第四，允许在葬礼上使用蜡烛和香，但需张贴必要的声明。

第五，在修订好的牌位面前，以及棺木面前允许叩拜和匍伏敬拜。

第六，桌子上可以准备美味珍肴、水果、肉和其他按风俗习惯供给的食品，在灵柩前面或周围可以放置修订过的牌位。也必须作必要的声明，没有任何迷信的色彩。所有这些都是向亡者表示孝爱和尊敬。

第七，可以准许在中国新年和其他节期向着修订过的牌位叩头。

第八，在修订过的牌位前可以燃烛和焚香。在墓前也可以供设食品，只要采取上面提到过的预防措施即可。[85]

康熙收到这八条通融条款以后，很满意。这变相同意了中国天主教徒参与很多之前被禁止参与的传统活动，要求是参与者自己发一个声明。尽管康熙还是让嘉乐把他关于中国礼仪的评论带回给教皇，但他马上全盘接受了通融条款。康熙早就看出天主教这个内部争议是扯不清楚的，同时也看出这八条通融条款确实做出了很大让步，教皇已经给足了他面子。他借着这个通融条款下了台阶，结束了这场争论，应该说对各方面都是最好的结果。

尽管在嘉乐拿出通融条款之前，康熙在谈判中的文字，以及给教皇禁约下的批注，处处透着他的威严和愤怒。但有意思的是，他收到嘉乐通融条款三天后，态度又变得和蔼可亲，气全都消了。他把所有北京传教士和嘉乐召集到一起，对嘉乐说：

> 今节（春节）近，尔于明岁再定回去日期。今事体具已明白；朕之旨意，尔亦全晓。尔系使臣，辩论道理之时，朕必直言无隐。尔既不复争辩，朕仍前优待。朕原视中外为一家，不分彼此。尔可少息一二日，京城内天主堂，随尔便居住，以副朕怀柔至意。[86]

康熙是在 1721 年 1 月 21 日向嘉乐说的这段话。从中可以看出，康熙已经完全不生气了，除了让嘉乐随便在京城教堂居住以外，还特别解释了为什么此前他的态度强硬，因为那是"辩论道理"，必须"直言无隐"。康熙大概觉得他之前话说得太重，把嘉乐给吓着了，所以有必要解释一下。[87]

还有一个细节，特别值得注意。在给嘉乐禁约批注，威胁要禁教的那一天，康熙还命令隆科多去抓捕悄悄潜入北京的利国安神父（Giovanni Laureati，1666—1727）。利国安是罗马耶稣会派到中国的巡视官，主要责任是来督促北京耶稣会神父遵守教皇禁约的。他偷偷潜入北京，游说北京的耶稣会神父。康熙其实早就知道他的行踪，一直睁一只眼闭一只眼。不过在他决定亲自出面和嘉乐谈判时，就下令把利国安抓起来。隆科多当天在北京一座教堂的墓地抓到了利国安。康熙让隆科多把利国安带到嘉乐面前，当着嘉乐的面审问他为什么偷偷摸摸藏在墓地里面。

我们可以站在嘉乐的角度来思考当时的情况。在收到康熙威胁禁止天主教的当天，又看到了隆科多带着军队搜捕罗马耶稣会派到中国的巡视员。嘉乐当时面临的压力可想而知。还有一点要注意，嘉乐本质上是个神父，他并不是一个政治人物。他的一生除了这次出使中国，都是在教堂里做神父。当康熙用上各种政治手段，嘉乐是完全没有招架能力的。这也是为什么他第二天就把带来的通融条款全部交上去了。从康熙命令隆科多缉拿利国安的时间选择上来看，康熙当时是在打组合拳，一方面文字上施压，一方面行动上施压。当然康熙本来也只是吓唬一下嘉乐，抓捕利国安是"项庄舞剑，意在沛公"，收到嘉乐的通融条款后两天，就把利国安给放了。[88]

1721年1月28日是这一年的春节。嘉乐在北京过了春节，还参加了很多聚会。他也见到了当时在京的俄罗斯使团。整个1721年2月，嘉乐可以说都是在节日的气氛中吃喝玩乐度过的，收取各方礼物，同时也送出各种礼物。2 月 11 日，嘉乐还参加了康熙举行的元宵节宴席，一直吃喝到晚上。2 月 18 日，康熙把送给教皇和葡萄牙国王的礼物，交给了嘉乐。[89] 葡萄牙国王为了中国礼仪之争的事，几次派人到罗马规劝教皇。这些康熙是知道的，所以他专门准备了赠送葡萄牙国王的礼物。3 月 1 日，康熙给嘉乐举行了高级别的告别仪式。[90] 这些谈判后的各个细节都显示，康熙对嘉乐的表现和谈判的结果是满意的。

嘉乐离开北京后，先到达广州，最后于 1721 年 6 月登船离开。嘉乐离开以后，康熙一直到 1722 年 12 月 20 日去世，还在继续盼望更多西洋人的到来。嘉乐走后不久，康熙让两广官员留意物色有技术的西洋人。1721 年 8 月，广东巡抚就上报了来华西洋船，以及船上有技术的洋人。[91] 同时，康熙也没有忘记他派出去的使臣，最后装在棺材里运回来的艾若瑟。康熙从内务府里派人到广东，为艾若瑟修墓地。内务府为艾若瑟购买了 37 亩土地（超过三个足球场大小），其中 10 亩用来修墓地，27 亩用来耕作，所得之钱用来维护墓地。从墓地购买的规模能看出康熙对艾若瑟很重视。墓地现在已经没有了，但是在鸦片战争以后，有英国人来拜访过这个墓地，记录了当时周围的环境，并全文抄录了墓碑上的文字。从碑文上可以知道，康熙给的艾若瑟名头是"钦差"。[92]

墓志铭记录了艾若瑟的生平，主要强调他作为钦差，排除万难，一心回到中国复命的事迹。全篇写法大概学的是《汉书·苏武传》。从墓碑上的日期来看，墓地完工于 1722 年 12 月 11 号，也就是康熙去世前九天。同时，墓碑上的文字也说明康熙没有再追究艾若瑟滞留欧洲的原因，而是接受了教皇的说法：艾若瑟是因为身体原因没能及时回来。墓碑的残件现存于广州博物馆（图 6.2，图 6.3）。

欽差艾公之墓

皇恩特賜安葬

日巳時復蒙

聖恩差往大西洋公幹終于康熙五十九年二月初七

六年二月初六日於康熙三十一年進中國蒙

耶穌會士聖名若瑟係意大理亞國人生於順治十

康熙六十一年十一月初十日立

图 6.2　艾若瑟墓碑正面碑文

图片来源：Gray. *Walks In the City of Canton*, 634.

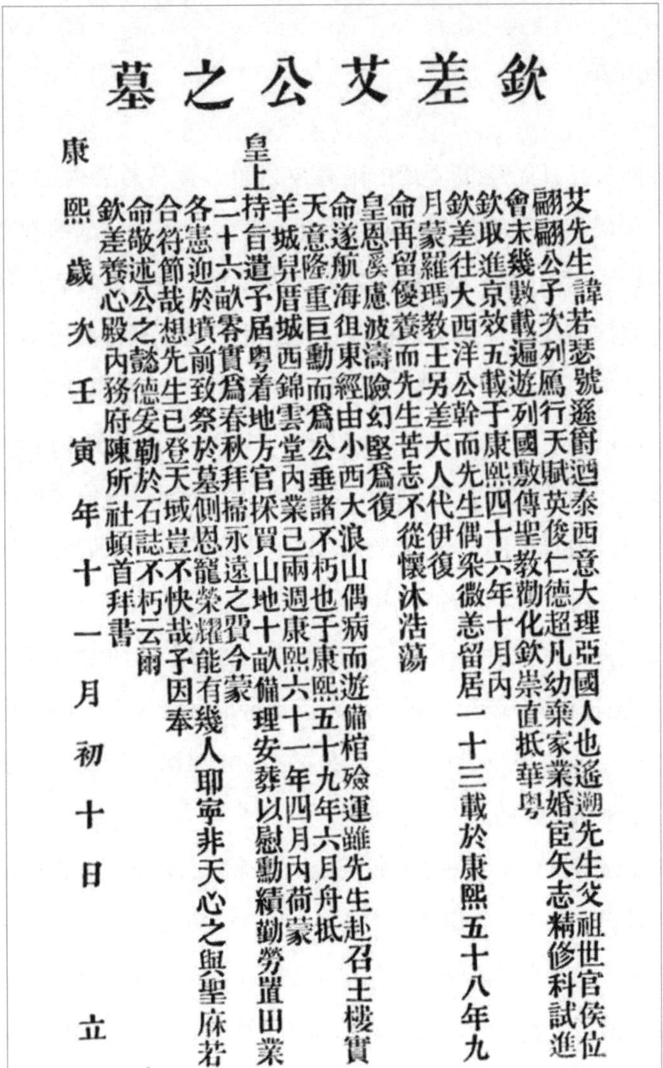

欽差艾公之墓

艾先生諱若瑟號遜爵迺泰西意大理亞國人也遙遡先生父祖世官侯位
翩翩公子次列鴈行天賦英俊仁德超凡幼棄家業婚宦矢志精修科試進
會未幾數載遍遊列國敷傳聖教勸化欽崇直抵華粤
欽取進京效五載于康熙四十六年十月內
欽差往大西洋公幹而先生偶染微恙留居一十三載於康熙五十八年九
月蒙羅瑪教王另差大人代伊復
命再留優養而先生苦志不從懷沐浩蕩
皇恩奚慮波濤險幻堅爲復
命遂航海徂東經由小西大浪山偶病而遊備棺殮運雖先生赴召王樓實
天意隆重巨動而爲公垂諸不朽也于康熙五十九年六月舟抵
羊城昇厝城西錦雲堂內業已兩週康熙六十一年四月內荷蒙
皇上
持旨遣予居粤着地方官採買山地十畝備理安葬以慰勳績勤勞置田業
二十六畝零實爲春秋拜掃永遠之費今蒙
各憲迎於墳前致祭於墓側恩寵榮耀能有幾人耶寧非天心之與聖麻若
合符節哉想先生已登天域豈不快哉予因奉
命敬述公之懿德爰勒於石誌不朽云爾
欽差養心殿內務府陳所社頓首拜書
康熙歲次壬寅年十一月初十日立

图 6.3　艾若瑟墓碑背面碑文

图片来源：Gray, John Henry. *Walks in the City of Canton*, 635.

小　结

　　康熙从一开始就很清楚中国礼仪之争是罗马教会内部的争论。大清内部民族、宗教林立，康熙当然知道各种宗教内部的教义和规矩与传统中国的儒家文化有冲突。汉传佛教、藏传佛教和道教都有教规、戒律与儒家传统准则相违背。这并不是什么特别的事。在教皇的思维中，信仰是一个双向选择，信徒如果愿意遵从儒家的规则，那么他可以选择不信天主教。反过来，如果他们选择了相信天主教，就应该遵守天主教的教规。这一点是教皇给康熙写的信中最核心的一个观点。教皇反问"我们听说对其他宗教的信徒你们并不要求什么，也不过问他们是否遵守中国的礼仪习俗"，潜台词就是，您何必为难我们呢？这些道理康熙其实都明白，他参与天主教内部的争论并不是要坚持什么理论，而只是为了支持耶稣会神父，因为他们是他内务府的人，相当于自己的包衣奴才。按照满人传统，主子维护奴才，是不讲道理的。

　　康熙最初没有想到这个礼仪问题会带来这么多麻烦。嘉乐拿出妥协的八条通融条款后，康熙借坡下驴，立刻就接受了，结束了这场漫长的争论。其实当时耶稣会神父对条款还不满意，但康熙这次没有继续听他们的了。根据马国贤神父记载，康熙对嘉乐说，他以后保证不会再介入他们宗教的内部事务了。[93] 所幸的是，最后双方对结果都满意。1721 年春节，双方都在欢乐的气氛中度过了。嘉乐离开时，康熙和嘉乐都对未来双方进一步沟通交流充满了希望。历史也确实是这样在演进。嘉乐走后一年，康熙收到了罗马新继位的教皇英诺森十三世（Innocent XIII）登基后专门发给康熙的通报。[94]

那么为什么以前的历史，大多认为教皇的两个使团是失败的呢？这大概有两个原因。第一个是欧美历史研究中一直存在的欧洲中心论。站在欧洲人的角度，两次出使都没有达到他们要达到的结果，而是做出了很大的让步。在欧洲研究者眼中，妥协就是失败。1940年代，最早研究两次出使的学者安东尼奥·西斯托·罗索（Antonio Sisto Rosso），欧洲史料、汉文史料都看到了，也知道最后康熙和嘉乐达成了一致，可还是坚持嘉乐的第二次使团是继多罗使团后的"再次失败"，因为嘉乐没能够让教皇禁约完全在中国施行。[95]这个欧洲中心论应该也是欧洲工业革命以后才有的论调。起码嘉乐回到欧洲时，教皇对结果是满意的，葡萄牙、法国等国家也都是满意的。在葡萄牙的帮助下，嘉乐还把教廷一直觉得有亏欠的多罗的遗体从澳门带回罗马安葬。嘉乐回去不久，也得到了教皇的嘉奖。所以欧洲中心论其实是后来的产物。当时，起码面对康熙，欧洲没觉得自己是中心。

第二个原因是对历史材料的误读。因为大清一方没有接待教皇使团的官方记载。1930年代发现的原始材料是没有背景的历史档案。如果对历史脉络没有完整了解，就只能看到字面意思。比如，本章提到关于康熙威胁要禁止天主教的话，这种在谈判中说的重话、狠话，不能只看表面意思，应该具体判断。

另外，康熙当时能从容应对世界各地来的使团，很重要的一个因素是他有能力绕开整个朝廷制度。他1720年接待的彼得大帝使团和教皇使团在正史中都没有记载。为了谈判需要，康熙通过内务府把接待教皇使团的关键过程都记录下来。记录的方式类似于今天的会议摘要。康熙派传教士找到俄罗斯使团，让他们帮忙把会议记录带回了欧洲。[96] 这份记录在民国时期整理故宫档案时由陈垣在康熙的书房懋勤殿中发现。尽管有这份记录，但是似乎大清的历代史官都没有看到过。雍正、乾隆朝编撰的各种官方史书都不知道教皇在康熙年间就派了两个使团到中国，而是一直以为教皇的第一个使团是雍正年间才入华的。[97]

最后，有一点值得强调，尽管中国礼仪争论看似是关于中国礼仪问题，但这个问题的辩论场主要在欧洲。康熙多少给出了他的看法，算是参与到争论中，但他并没有把这个问题扩大。所以当时大清的儒学大师和高官基本没有参与争论。"中国礼仪之争"准确来说是欧洲教廷内部的一个问题，而不是中国的一个社会问题。如果说天主教的"中国礼仪之争"对中国完全没有影响这一说法有点绝对的话，那么说礼仪之争影响了天主教在中国的历史轨迹肯定就言重了。后来还有说礼仪之争引起了后来的雍正禁教，那就更是无稽之谈了。那么到底为什么雍正登位就要禁教呢？且看下章分解。

第三部分

荣耀后的沉寂

第七章　雍正争位与禁教

雍正五年四月初八（1727 年 5 月 24 日），雍正收到了广东发来的消息，新来的葡萄牙使团已经离开广东赶来北京了。这一天正好是释迦牟尼佛的生日，雍正在朝会上公开评论了天主教和佛教：

> 今日为佛诞之期，恰遇西洋国使臣上表称贺，两事适然相值，尔等在廷诸臣奏事之暇，偶将朕意宣谕尔等知之。……朕意西洋立教之初，其人为本国所敬信或者尊之如天。倘若立教之时，居然自称为天主，此理之所无者也。释氏原以清净无为为本，以明心见性为功，所以自修自全之道，莫善于此。[1]

雍正在朝会上公开对着群臣臧否宗教，是很少见的，特别是他评点的内容和时政又没有什么关系。雍正大概也知道这有点不合常规，所以还专门解释了一下，他只是在大臣们"奏事之暇"，抽时间说几句。很明显，雍正这段话说明他对天主教中像"天主"这样最基本的概念都是不认同的。尽管他措词委婉，"此理之所无者也"，但明白人都能听出，雍正是从根本上否定了天主教。同时，雍正也讲出了他心中最好的宗教，那就是释氏的佛教。在朝堂上，面对朝臣，这样公开的一贬一褒，雍正的态度不能再明确了。

其实，早在三年以前，雍正元年都还没过完，他就废除了康熙的容教诏令，禁止传教士在中国地方上继续传教。传教士只能留在京城为朝廷做天文观测这样的技术性工作。当然，北京的传教士也没闲着。从雍正禁教起，他们就在北京找各种关系，希望说服雍正取消禁令。雍正也明白这个在路上的葡萄牙使团，大概又是来求情的。在葡萄牙使团来华前两年，雍正已经拒绝过教皇派来的使团。[2] 所以雍正在收到葡萄牙公文以后，就在朝堂上公开评价了天主教，并让官员们把他的意思带给葡萄牙使团。

北京传教士烦恼的不仅仅是他们的宗教这样被皇帝公开羞辱，最让他们沮丧的是他们看不到一点儿希望。康熙去世后，他们在北京的状况江河日下，一步步被排挤出了北京的权贵圈。雍正登基后，第一件事就是把他自己府上的和信任的人，换去管理内务府。传教士作为康熙内务府的一部分，与康熙其他近身奴才遭遇基本一样，都被逐出了宫，不再属于内务府。据马国贤神父回忆录所记，雍正元年管理内务府的是康熙的十七皇子，他把神父们召集到一起，通知他们以后就不再归内务府管，也不算内务府的人了。不归内务府管也就是被剥夺了内务府身份，最直接的一个结果就是以后他们得不到皇帝的专门召见，不能入宫了。皇十七子还专门强调了这一点。[3]能入宫面圣是了不起的特权。这个传教士享有了超过半个世纪的特权，就这样被取消了。最让传教士们失望的是，雍正皇帝连表现机会都没有给过他们，就直接把他们赶出了内务府。没有了内务府的身份，他们就只是一群懂天象观测的术士，地位一下子就跟市场上掐八字算卦的没多大区别了。

从被赶出内务府，到雍正全面禁止天主教，中间大概相隔了九个月时间。这期间，传教士已从朝野上下对他们态度的转变中，预感到了禁教的前景。被逐出内务府对传教士来说是釜底抽薪，一下断了他们在大清朝野存在的根本，朝野上下也都明白这其中的意味。传教士很真切地感受到了各方面势力对他们态度的变化。很快，许多权贵都开始回避他们，不和他们来往了。

雍正继位的时候已经四十五岁，思想、性格都已经完全成熟。对于传教士来说，他们没有任何机会影响、改变雍正。这一点，跟当年七岁继位的康熙不一样。传教士那时接触到的康熙，正处在学习阶段。他们成功地用他们的知识来引导康熙，让康熙对西洋知识、器物都发生了兴趣。可惜的是传教士的一切在雍正那里都没有吸引力。雍正二十岁开始就喜欢和喇嘛、和尚、道士往来。在雍正还是皇子的时候，传教士也没有特别花过功夫去接近雍正，双方尽管没有矛盾，但也没有特别的关系。前章讲到，传教士在康熙朝受到的厚待得益于他们和康熙之间的关系，那么雍正朝他们受到的冷遇，也是他们和雍正关系的体现。传教士和康熙各个皇子建立关系的黄金时段是康熙晚年废掉太子以后，也就是康熙的最后十年。在这段时间里，为什么传教士会错过雍正，没有和他建立起良好的关系呢？这就不得不说到康熙晚年的储位斗争。

康熙晚年的皇位争斗

康熙晚年的储位之争大概是他一生中最感棘手的问题。涉及的人都是自己的儿子和亲人，手心手背都是肉，康熙很难恰到好处地处理。满人的传统，大多是不立太子的。努尔哈赤和皇太极去世的时候，都没有立太子。但也正是因为没有立太子，二人死后满人内部都有剑拔弩张的争位戏码上演。立太子是汉人朝廷的传统，也是皇位和平有序传递的一个措施。1675 年，康熙听了汉人臣子的意见，在他二十一岁的时候，就册立了当时才两岁的皇二子为太子。太子长大后，中年的康熙也确实体会到了立太子的好处。康熙几次塞外远征和南巡，都是太子坐镇北京，管理朝廷日常运作，让康熙可以放心远走。但问题是，康熙走后，太子在北京朝廷中体验着当皇帝的感觉，康熙回来，他又回到太子的角色上去。太子等待皇位的时间是漫长的，在当了三十三年的太子以后，还是在 1708 年被废了。康熙在颁布的废太子诏中，从太子"秉性乖戾"说起，给出了一大堆太子不好的理由。不过，最本质的问题应该还是康熙察觉到了太子想登位，他自己感受到了威胁。但是废黜太子并不是解决皇储问题的办法。康熙很快发现这一举动反而激化了皇储问题中隐藏的各种矛盾。太子位空缺让他众多儿子看到了机会，一个个蠢蠢欲动，同时整个朝廷的各派势力也通过支持不同的皇子在暗中角力。康熙的大皇子甚至对康熙说，如果杀废太子下不了手，他可以出手。康熙一直敬重的舅舅佟国维推荐立皇八子为太子，康熙不同意，也让舅舅不要掺和这事。佟国维则直言康熙要让自己闭嘴的话，除非把自己给杀了。遇到这种家务事，舅舅又这样讲话，康熙应该是很烦恼的。历史记载中他和舅舅佟国维的争论只是只言片语，但从后来康熙的反应看，二人应该不是简单的几句争吵而已。康熙幼年就丧父丧母，他小时候，母亲家里的两个舅舅佟国纲、佟国维一直作为侍卫守在他身旁。他们之间是有深切亲情的。传教士记录中，康熙无论朝堂上还是私下里，都是亲切地直呼二人为"舅舅"。而佟国纲又在跟随康熙追击噶尔丹时战死疆场，佟国维就是康熙晚年最亲的长辈了。按正常情况，佟国维 1719 年去世，康熙会赐给他这个舅舅很高规格的葬礼。但实际上，康熙连谥号都没有给他。最后佟国维能有谥号，全靠他的儿子隆科多辅佐雍正有功。雍正上台第一年为了拉拢隆科多，就先给佟国维补上了谥号。这说明康熙晚年和他的舅舅为储位问题应该产生过很大的分歧。

康熙废黜太子不久，便发现太子身上的许多问题其实是大皇子从中搞鬼的缘故。这让康熙对废太子的决定有些后悔。权衡各种利弊之后，康熙又在一年后，也就是 1709 年复立了太子，希望以此结束皇储的纷争。太子尽管恢复了，康熙对太子的猜疑还是没法去除。康熙本来有南巡的雅兴，1699 年、1703 年、1705 年、1707 年数次南下，但经过 1708 年、1709 年废太子后又复立太子，康熙至死都再没有长时间远离北京南下巡游。1712 年，康熙再次废太子，公开的理由还是跟第一次废太子时差不多，就是太子品行等各方面都不配做一个君主。废太子一直被软禁，直到雍正登基后的第二年去世。康熙废太子以后，拒绝了所有立太子的建议，这也就开启了历史中被津津乐道的九子夺嫡时期。

北京传教士既是康熙宫内人事起伏的见证者也是参与者。1675年，当两岁的太子刚刚被立以后，传教士就开始了长远计划，努力接近太子和他的势力圈。这个圈子的核心是索额图，是太子母亲的叔父。传教士一直和索额图保持着密切的私人关系。很多传教士的书信中都提到过索额图，称他为"索三"，因为他是索尼家的第三子。索额图和传教士的往来在铲除鳌拜之前就开始了。传教士能得到康熙颁布的容教诏令，就是索额图帮传教士打通了礼部的各个关节。有了索额图的这层关系，传教士在太子还未成年之时就在太子的核心圈子中了。从北京传教士发回欧洲的信中可以看出，他们对太子赞誉有加，而且认为他能延续康熙的容教政策。1706年，教皇特使多罗参加了康熙的辞别会后，还去了太子那边。多罗对太子的印象很好，认为太子会继续容留天主教。[4] 对传教士来说，1712年太子再次被废也是他们的重大损失，这意味着他们三十多年来在太子身上付出的心血付之东流了。他们需要重新猜测谁会是新的皇帝，并和可能的人选建立关系。

康熙一朝，传教士前后来去已历三代。他们跟所有的皇子都有交集。康熙学习了西方知识以后，让传教士把许多西学科目首先翻译成了满文，教他的儿子和皇族子弟。在康熙晚年争位的儿子中，大概可以分为四派：

第一派是废太子一派，以前的太子党还在寄希望废太子能有再被复立的一天。

第二派是以皇三子为中心的一派。皇三子以学问大闻名，康熙把跟学问相关的项目都交给皇三子去办。比如著名的《古今图书集成》

就是皇三子在主持。还有跟西学相关的天文、数学等项目也是他在负责。皇三子自己就是有学识的，他带着一帮满人子弟，通过他们自己的天文观测数据，竟然发现了传教士所讲天文学中的漏洞。在1716年前后，皇三子、十五子、十六子一起上书康熙，报告根据他们从1714年开始持续三年对夜晚的观测，发现传教士讲的天文理论有问题，有误差。[5] 对于皇子们发现的问题，传教士是承认的，只是说他们给的数据是目前最好的数据。有新来的传教士，康熙也是派皇三子去测试来者是否有真学问。在欧洲大学讲授数学的耶稣会传教士戴进贤来到北京，康熙就是派皇三子去测试的。[6]

皇三子在以前争位历史中被提到的不多，但是皇三子在当时是一个不可小视的存在。研究雍正皇帝的学者黄培就提出，康熙最中意的皇子是皇三子，因为根据已知康熙晚年的满汉奏折来看，康熙联系最频繁、交办事务最多的皇子就是皇三子。[7] 后来雍正登位以后，第一年就把皇三子放逐去为康熙守陵，这也反映出雍正对皇三子的忌惮。康熙是否有心传位于皇三子，已无从考证。这里要强调的是，研读历史必须要站到当时人的环境中去体会。当时所有的人，包括传教士，都不知道康熙会传位给谁，他们只能猜测。那么他们猜测的凭据是什么？很重要的一点，就是看康熙把重要的任务交给哪个皇子，平时和哪个皇子走得近，往来的多。从这一点看，皇三子确实和康熙来往频繁。从现存的满文奏折上看，就特别明显。皇三子管着大大小小很多事，经常出现在奏折中。

争位中第三派势力是各种史书、小说、电影、电视都经常提到的皇八子一系。这一派还包括皇九子、皇十子和皇十四子。在1708年废太子以后，皇八子确实有很高的呼声。八旗中支持皇八子的权贵众多，他在皇子内部也呼声很高。康熙的舅舅佟国维就支持皇八子。后来朝臣发现康熙铁了心不会传位皇八子，又把目光集中在这一派中的皇十四子。各种野史中盛传康熙有意传位给皇十四子的说法，并非空穴来风。康熙在晚年把最重要的西北军务交给了皇十四子。康熙一生最在意的就是平定西北，消灭还没有归顺的蒙古部落。皇十四子有勇有谋，在处理青海、西藏等问题上让康熙很满意。只是皇十四子在西北的历史功绩后来在历史中被雍正抹去了。

康熙晚年，皇子内部就认为康熙让皇十四子领兵去西北，就说明他有意把皇位给皇十四子，同时也用这个任务来最后考察皇十四子。对于这一点，当时人应该都知道。传教士穆经远被抓以后的审讯记录里面提到这事。穆经远承认他确实听到过皇子之间说康熙让皇十四子领兵就是中意他的表现。[8]

同时，约翰·贝尔在他的记录中提到，他当时在北京听说，皇位是要传给皇十四子，同时也说皇十四子正在处理当时最麻烦的西北军务问题。约翰·贝尔所在的彼得大帝使团是 1721 年 3 月离开北京的，也就是在康熙去世前大概一年半时间。他这条记录应该算是一个跟大清内部没有任何利益关联的人留下的一条珍贵的历史记录。[9] 争夺皇位的历史情形复杂，这里只能讲到一个脉络。就本书关注的传教士来说，他们也跟众多朝臣一样，把宝押在了这一派上。

第四派就是最后登位的雍正一派。雍正一派中还有皇十三子，这也是历史中常常提到的人物。在上面四派中，传教士可以说跟前面三派都有很好的关系。唯独在皇四子雍正这里，传教士基本没有下过功夫。为什么在废太子以后漫长的十年中他们会恰好错过雍正？要真正理解这个问题，必须站在传教士的角度思考。站在传教士角度最重要的一条，就是要明白他们是历史中的人物，无法知道历史后来的演进，不知道最后皇四子会登位。他们所有的决定，都是基于他们当时所观所感，做出他们认为的最好选择。

雍正登位中的谜团

康熙是 1722 年冬在京郊打猎时染了风寒，突然过世的。根据传教士记录，康熙其实在前一年身体不佳，而 1722 年身体已经恢复。康熙 1722 年秋已经去热河木兰打过一次猎了，冬天这次是再次出京打猎。这么频繁围猎也说明康熙身体没有什么问题，起码他自己没有感觉到有什么问题。所以康熙并没有特别准备过传位事宜，只是身体抱恙以后，在病床上匆忙开始了继承人选择。根据清史官方说法，康熙是口谕传位给皇四子的，给出的理由是皇四子"人品贵重，深肖朕躬"，就是说雍正品行好，康熙认为他像自己。正史中还说，传位时还有康熙的几位皇子和九门提督隆科多在场。

从官方史料记载来看，传位皇四子并没有什么疑问，但雍正篡位的说法一直存在。这个说法到清朝灭亡，所有宫廷文档公开以后，变得更盛行。尽管没有铁证，但疑点很多。通过各种清官方记录比对，学者发现雍正时期删除了许多康熙时期的记录，而且删除的记录正好跟雍正的继位有关联。民国初年清史学者孟森对雍正继位的合法性做过深入考证，其中提到一点怀疑，这一点也是雍正朝时就被提出的问题：为什么雍正两个最亲的人，都对他登位不满？这两个人一个是雍正的母亲，一个是皇十四子。就宫廷常态来说，皇帝儿子众多，皇子之间一般最亲近的是同父同母的兄弟。雍正和皇十四子就是同父同母。在康熙驾崩之时，皇十四子正在西北处理西藏事务，过了几个月才回来，回来后就和雍正闹翻了，被雍正发配到城外居住。更诡异的是，雍正的母亲也对雍正继位没有半点高兴的样子，在雍正把皇十四子发配到城外以后，雍正的母亲竟然以死抗争，撞柱而死。这个"撞柱而死"当然在正史中不会说到，提出这个的是雍正时代的曾静。他列举了雍正十大罪状，游说川陕总督岳钟琪谋反，其中一条就是雍正逼死生母，是大不孝。至于雍正生母是否真像曾静所写是撞柱而死已不可知，但雍正生母对雍正登位不满，和雍正关系很差，这在很多历史记录中都能看到。所以为什么雍正当皇帝，连他母亲和亲兄弟都不满？这不得不说是一个很大的疑点。对于曾静的指控，雍正曾经公开逐条批判。雍正把逐条批判，以及曾静被抓后写的悔过书，一起结集出版，取名《大义觉迷录》。雍正这样一条条批判，相当于把当年的各种传言，以及宫廷矛盾记录下来，公布于众。但问题是雍正写的东西并没有起到他想要的效果，反而暴露出更多的疑点。因为他的记录又和当时其他正史记录有出入。

乾隆初年，为了永远平息相关争议，乾隆又花大力气在全国范围内收回销毁了这本书。清末留日学生在日本发现了这本书，使其重见天日。[10] 孟森先生的考证很多就取自《大义觉迷录》，指出了很多细节与公布的正史之间的矛盾。[11] 后世怀疑的逻辑总结起来就是：如果继位没有问题，为什么会有那么多细节上的出入？而且是在雍正的御用学者编辑校对了正史各种记录以后，都还有那么多出入。也正因为存在各种疑点，雍正的继位问题成为后世每一位研究雍正历史的学者都绕不开的问题。当然这些疑点也为后世各种文学创作留下了想象的空间。

了解了雍正继位的疑点，也才能理解传教士在雍正继位之前的言行。第一，传教士跟当时大多数的朝臣一样，并没有预测到雍正能够继位。这也是为什么传教士在雍正继位之前并没有专门花精力接近雍正，跟雍正私下建立起关系的原因。传教士内部其实分析过谁有可能继位，但他们并没有想到雍正。他们也跟当时的主流分析一样，把重心放在了皇八子和皇十四子一派上。当时，皇九子、皇十子在京城负责给在西北的皇十四子通报朝廷中的讯息。而传教士穆经远就属于皇九子一系，参与了康熙晚年皇子间的争位斗争。清亡以后，民国年间，雍正上位后处置皇八子允禩和皇九子允禟一派的案子就是当时的研究热点。当时故宫博物院把宫中发现跟案件相关的审问材料结集出版，取名为《允禩允禟案》。其中的第一份口供材料就是穆经远在雍正初年被抓以后录的。[12] 在罗马还存有一份当年刑部根据口供写的中文判决书（见附录四：穆经远判决书）。[13] 口供中他坦然承认和皇九子的密切关系，开头就说，皇九子对他好，是"天下共知"的。皇九子被雍正流放，穆经远就跟着他。单看口供，根本看不出他是一个西洋神父，反而处处显示出他是一个忠于主子的满人奴才。录口供的人还问穆经远，抓你的那天，你对着皇九子的房子跪地磕头是什么意思？这些如果还是小细节的话，那么穆经远口供里还说，他在康熙末年私自联系过年羹尧，给年羹尧送过礼物，这就是大事了。穆经远在康熙晚年还向康熙推荐立皇九子为嗣，当然这被康熙呵斥了，说他不懂规矩。这些事情都说明传教士是参与到了康熙晚年皇子夺位政治中的，他们心中有支持的候选人。不过可惜的是，他们的候选人没能登上大位。

雍正的继位出乎朝廷上下意料，加上当时还有各种对他继位的流言，这些决定了雍正继位头几年的重点任务是逐步清除异己。雍正继位后的第一步就是更换内务府里面的人。那些常年跟在康熙身边的奴才都被换掉了。赵昌是康熙身边一个重要的贴身奴才。很多奏折上都能看到他的名字（注意赵昌是满人中的包衣奴才，不是太监，康熙还在其生病时，劝他禁房事）。传教士和他的私人关系也很好。雍正登基后，赵昌就被赶出宫，关在一个监狱里面。[14] 所以传教士们被赶出内务府，其实也不是雍正专门针对传教士的措施，只是雍正重新配置内务府人员的一个操作。后来乾隆上台以后，也把内务府里雍正养的和尚道士驱逐出宫，并且警告他们出去后不要乱说话。内务府就是管理皇帝家务事的部门，皇帝上任后，这里面的好多人物都要置换，属于常规操作。雍正朝由于有继位风波，外加雍正疑心大，当时被赶出内务府的很多。内务府调整完后，雍正的第二步就是处理让他感到威胁的众兄弟们。雍正 1722 年冬继位，几个月后，就把皇三子发配去给康熙守墓，把皇九子发配到西宁，皇十子被移送到蒙古。皇十四子在康熙死后几个月赶回北京后，被要求在北京城外居住。当时皇八子在京城势力很大，人脉很广，雍正暂时没有动他，反而任用了他。雍正稳住大局后，在雍正四年正月把皇八子圈禁于宗人府，当年 10 月皇八子就死了。到皇八子死为止，可以说雍正前四年的执政重点都在打击异己、巩固皇位上。[15] 雍正和康熙以及后来的乾隆不一样，他在位期间没有长期离开过北京，也从来没有下过江南。雍正似乎对他的江山一直到死都有几分不安心。

传教士也尽力了

雍正元年秋（1723 年 10 月），闽浙总督满保上了个折子，细数天主教在福建的问题，建议全国禁教。这个折子从内容上看，并没有多少新意，还是老生常谈，总体就是说天主教教义与传统观念有诸多冲突，不适合在中国传播等等。折子建议除有技术的北京传教士继续在朝廷留用以外，地方各省都应该禁止传教士出入传教。

这封奏折很简短，两三句说了地方上的问题，就转入了禁教的话题。北京传教士得知后，迅速派人了解事件的原委，了解什么原因导致福建官员突然要求禁教。传教士探询一番以后，发现并不是什么大事。当时福建有两位西班牙新来的传教士，没有遵循男女有别的原则，在福安允许男女同时出现在教堂的宗教仪式里面。为什么闽浙总督满保要把这件地方上不算大的事件捅到朝廷里去？传教士并没有找到原因。传教士只打探到满保先是与雍正沟通过，得到雍正的批复以后，才又用公开的朝廷渠道，以地方疆臣的身份上了折子给朝廷。现存的满语奏折确实印证了传教士的说法，是雍正指挥满保把事情闹到朝廷系统里面去的。[16]

打探中，传教士还了解到福建地方上对修女问题有意见。当时福建有遗弃女婴的习俗，传教士因此收容了不少女婴。收容的女婴长大后，传教士把他们培养成修女。当时福建以及浙江很多地方男女比例失衡，由于男子娶不到老婆，这些地方还存在卖妻、典妻的习俗。福建乡绅看到修女，认为这是天主教蛊惑妇女入教，影响了当地的传宗接代。他们并不了解这些修女大部分是由弃婴长大而来。

而福建地方官场上有禁教的说法起源于福安一个秀才皈依了天主教。这让福安知县不安，上报了闽浙总督满保，说传教士在当地兴建教堂，蛊惑人心。福安知县知道康熙是容留传教士的，也知道传教士手里有印票。但福安知县认为此印票是通融传教士在华居住之用，不是允许传教士私建教堂用的。福安知县提到，大清明文规定和尚道士不得私建庙宇，而传教士理当不能私建教堂。福安知县巡查，整个福安县有多处新修教堂。一个小小县城，就有15座之多（满保后来上的折子中提到了这一点）。满保让知县利用当地宗族势力，小心处理，限制天主教的发展。[17]

北京神父在写回欧洲的信件中，坦陈男女区分不严格，共同参加宗教活动确实是中国的大忌，很容易惹出麻烦。但他们觉得很冤枉，因为新来福建的传教士，北京的神父其实都不了解。而且传教士认为这个男女区分就算是问题，也只是一个小地方上的问题，全国其他地方都对这个问题处理得很好。对于福建当时的状况，波士顿大学的梅欧金教授在他研究福建天主教的专著中有过考证，认为当时禁教的折子是北京朝廷政治的需要，并不是福建当地问题的反映。[18]一个最直接的表现就是雍正颁布了禁教条约以后，反而福建各地并没有严格执行，许多地方教会依然长期存在。这也印证了当时耶稣会神父的说法，当时福建并没有什么跟天主教相关的大事发生。

雍正收到福建的折子后，把折子转送到了礼部，让礼部部议。礼部给出的最后结论是赞同折子所请，同意禁止天主教。雍正元年的最后一个月（1724 年 1 月），雍正发出谕旨禁教。整个过程从满保上奏，到最后禁教，事情发展得很快，总共不到三个月。北京传教士从知道折子开始，就在动用他们多年在北京建立的关系网，四处活动。他们先是找到钦天监里和满保是世交的满人主管，请他写信给满保。同时，广州传教士又多次登门拜见两广总督，请他出面帮传教士说情。两广总督开始本不想掺和这件事，但抹不开和传教士来往多年的面子，最后还是写信请满保三思。满保对各方求情的人，回复都差不多，大意就是事情已经捅到北京，后面事态发展他已无力把控。[19]这样婉言回绝了各方，欣然事外了。

之后，北京传教士把活动的精力主要放在了北京。他们毕竟扎根北京几十年，在北京官场也是有根基的。他们很快通过各种渠道打探到了各种细节。1723 年 12 月 29 日，巴多明神父从宫里一个内线那里得知，皇帝的意思是保留北京的教堂和传教士，但是禁止地方各省教堂和天主教传播。[20]巴多明得知雍正这个处理意见的时候，整个案子还没有交到礼部商议。这个信息很重要，这让传教士明白禁教就是皇帝的意思，调子已经定好了，礼部部议也就是走个过场而已。知道这个消息以后，巴多明又找到他以前在内务府里面一个老熟人，从那里得知折子送到礼部的时间。[21]

尽管传教士知道禁教是雍正的意思，但还是决定要在礼部那边做最后的努力。他们先是花重金贿赂了一个礼部的小职员，让他帮忙找出当年康熙容教的谕旨，原封不动地抄写出几份来。[22]他们希望康熙朝的这份谕旨能派上用场。他们先后通过各种关系，找到礼部中多人。其中，康熙的皇十二子、礼部满人尚书以及另外两位官员都同意帮他们仔细过问案情。1724 年 1 月 3 日，礼部部议了满保的折子。会中，一位官职低、平时不起眼的官员给出了处理意见，同意满保所请。答应帮助传教士的几位，相继在会中发问：为什么整件事都没有参考过康熙容教的谕旨？几个官员要求那位下级官员重新思考，下一次部议中再给出新的意见。奇怪的是，那位下级官员竟然一字不改，把前一天的处理意见再次拿到了第二天的部议上来，而且强调他不会做更改。按照传教士的记录，礼部官员从这位官员不同寻常的强势中，察觉到了他背后有人，而且很可能就是皇帝。所以这位平时不起眼的官员才会在这个跟他私人利益没有关系的问题上公然顶撞部门内的领导。在这种情况下，大多数礼部官员都很识相，默默地同意了那位低阶官员给出的议案。倒是传教士没有打点过的理学名臣、当时任汉人礼部尚书的张伯行，以及另外一名与传教士有交往的礼部官员，拒绝在议案上签字。不过二人因为此事受到很大压力，几天后还是同意了议案。[23]

这个时候，传教士看礼部方面爱莫能助，也确认了禁教就是雍正的意思。由于他们已经被赶出了内务府，早已不可能像以前见康熙那样，去直接求见雍正。他们就去找了雍正朝唯一可能帮到他们的人，那就是康熙的皇十三子。传教士以前和康熙的各位皇子都有交往，知道各位王爷的喜好。他们知道皇十三子喜欢书画，而且特别喜欢传教士郎世宁。郎世宁在康熙晚年才到北京，在传教士中属于晚辈，出面应酬的事一般还轮不到他。这次两位神父特地带着他一起去求见皇十三子。

雍正登位第一年，最忙碌的臣子大概就是皇十三子。传教士第一次上十三王爷府，皇十三子正要出发入宫，但还是匆忙中跟他们说了几句。这也可见传教士确实在康熙朝积累了过硬的关系。当时想要求见皇十三子的达官贵人太多了，很多都排不上号。皇十三子一见到他们就说，知道你们是为什么事情来的，告诉他们这事已经转到他和皇十六子这里处理了，他还没有具体了解过整件事，让传教士第二天到朝廷那边去见他。当时传教士感觉皇十三子的口气和善，似乎看到了希望。

　　第二天传教士去朝廷那边等了一天，都没有见到皇十三子。那时年羹尧正在西北平定罗卜藏丹津叛乱，战事吃紧，皇十三子当天公务繁忙，让传教士明天到他府上去商谈。传教士第二天一直等到晚上六点才终于见到了皇十三子。皇十三子过问了这件事，已经知道禁教是雍正的意思。于是一来就跟他们说事情很棘手，大意是他也帮不上忙了。[24]

　　第二天传教士们写了一份陈情书交给皇十三子。送陈情书的太监出来告诉他们皇十三子和皇十六子看了他们的上书。晚上他们等到了皇十三子，皇十三子说他认为陈情书措辞不恰当，整篇文字是在和皇帝争辩的架势，这样只会起到反作用。同时说如果他们实在要把这陈情书交到皇帝那里，要有什么不好的结果就不要再来找他了。[25]

　　听完皇十三子的话，传教士感觉情况严重，也就没有提交他们的陈情书。皇十三子同时还告诉他们，跟皇帝上书要以谢恩和祈求的方式来写，这样才会有结果。还没有等到传教士再次写陈情书，雍正禁教的谕旨就下达了，而且很快就知会了地方。

传教士面对这样的局面已经无计可施。几个月后，他们又再次去找皇十三子，告诉皇十三子各省传教士在禁教后遇到的具体困难，希望皇十三子能帮他们疏通。按照雍正禁教的安排，各省传教士要被驱逐去澳门。但当时澳门被葡萄牙控制，许多非葡萄牙籍的传教士到那里反而更难找到回国的船。所以传教士希望朝廷能允许他们去广州，那里各国来的船都有。同时许多地方上的传教士年事已高，外加在当地都住了几十年，突然要离开，需要更多的时间来善后。皇十三子听完这些具体困难，认为雍正会同意他们的请求，然后教他们应该如何上书雍正来提这些问题。皇十三子告诉传教士，禁教之事，木已成舟，新上折子就不要再对禁教之事做争辩。同时，皇十三子教传教士折子前半部分强调传教士入华百年来奉公守法，然后祈求皇上开恩，宽限一些时日。最后皇十三子交代他们把折子送到内阁，让大学士帮忙转呈皇上。同时皇十三子告诉他们如果那边不能把折子递上去，再来找他，他用他的渠道帮忙送呈皇上。[26]

上面皇十三子的指点是传教士写回欧洲的信中提到的。由于传教士这封折子是通过内阁提交上去的，因而该折子得以保留在宫廷档案中。折子全文如下：

西洋人戴进贤等谨奏，为吁恩垂鉴事切。臣等自利玛窦航海东来，历今几二百年。幸荷圣朝优容无外，故士致入归，守法焚修，原非左道。兹因福建之事，部议波及，一概驱往澳门。远臣奉命惟谨，敢不凛遵。

惟是澳门非洋船常到之地，若得容住广东，或有情愿回国者，尚可觅便搭船；今俱不容托足，则无路可归。澳门虽住洋商，而各省远臣，不同一国者甚多，难以倚靠。可怜欲住不能，欲归不得，此诚日暮途穷之苦也。

近接广东来信，抚臣奉文之后〔指朝廷禁教条文〕，出示行牌，严加催逼，限六月内驱往澳门，不许迟过七月。因思臣等荷蒙圣恩，留京备用，每年家信往来，亦所不免。倘广东无人接应，将来何以资生。我皇上仁恩溥博，薄海内外咸荷覆帱〔受到恩惠意〕，似此老迈孤踪，栖身无地，不得不冒渎严威，惟望圣恩宽厚，俯赐矜全，行令广东，免其驱逐。嗣后各省送往之西洋人，愿赴澳门者，听往澳门；愿住广东者，容住广东。如此则臣等感激涕零，受恩靡尽矣。再各省现有衰老病废难行之人，可否暂容？此又出自皇上格外隆恩，非臣等所敢擅请也。臣等不胜呼号待命之至。谨缮折具奏，伏乞皇上睿鉴，特赐俞允施行。[27]

很明显，折子就是皇十三子提的思路：开篇说传教士一直遵纪守法，接着讲困难，最后祈求皇上开恩。传教士虽然很多懂中文，但这篇折子，遣词造句很可能是找过汉人帮忙润饰修改而成，比他们其他的中文折子高出一个水平。最后"臣等不胜呼号待命之至""伏乞皇上睿鉴"，把他们趴在地上求皇上开恩的即视感都烘托出来了，深得文臣奏议精髓，神情并茂地把皇十三子交代的"祈求皇上"的意思写了出来。

这个折子大概也真是感动了雍正。根据传教士记载，雍正接到奏折后立马就给了批复。当时去送折子的三位传教士还在跟大臣寒暄，尚未离开。官员接到送出来的雍正回复以后，看了一眼，马上就把批复递给了传教士。巴多明神父看完回复后，马上用满文说了一句官场逢迎的套话。巴多明到底说了什么话，传教士的记录没有写明。他们只记录了传批复的仆人，一听到巴多明的满文回复，马上就跑回去禀报雍正。而雍正听完后，立马就召见了三位传教士。这次召见对传教士来说意义非凡。自从康熙去世，他们被赶出内务府以后，就没有机会见到皇上。这次会见，是自福建上禁教折子以来，快一年时间里第一次有机会见到皇上。这跟他们在康熙年间随时能见到皇帝完全是两重天。

传教士记载，雍正大约接见了他们十五分钟，雍正说什么，传教士都点头称是，没有任何争辩，只是一再谢恩。感谢雍正同意让传教士去广州。雍正说完以后，也对传教士的反应表示满意，还赏了每人一件小礼物。[28]

雍正为什么要禁教？

雍正为什么要禁教？这是天主教历史中一个绕不开的话题。雍正登位后第一年就禁教，而这时全国上下并没有什么跟天主教相关的大事发生。福安县反映的案子，指控教堂内男女混杂，当时的大臣和后来的学者都知道那不过是禁教的托辞罢了。每年无论寺庙还是道观，出现这种小范围的问题可以说数不胜数，地方官连朝廷都不会上报，就把事情处理了。既然当年没有什么大事，后世学者自然把目光放远，把禁教联系到之前发生的大事上去。这也就是为什么提到雍正禁教，原因都联系到了康熙时期的礼仪之争和康熙会见教皇特使这样的"大事"，甚至还有的把禁教与 20 世纪以来流行的中西文明冲突理论联系到一起。以前的说法，总结起来就是雍正禁教是长时间积累的结果，康熙时就有了苗头，雍正元年禁教只是表明雍正做了康熙准备做还没有做的事。历史学家宏观看待问题，把事件放到历史长河中去思考，这种思考方法本身并没有什么问题，但问题是这样的宏观思考，忽视了雍正这个个性鲜明的皇帝自身的作用。稍微了解清史的都知道，雍正是个有主见的皇帝，他做决策有他自己的决断思路和逻辑。在禁教问题上，雍正才是真正的主角。

清初皇帝手中的权力跟明朝皇帝完全不一样。康雍乾三个皇帝不仅手上都有实权，而且他们每个人也都追求对国家的管控。黄仁宇的《万历十五年》很生动地讲述了明朝皇帝被朝廷制度限制，不能放开手脚切实地管理国家，以至于万历皇帝二十多年都不上朝，让朝廷各部自行运作管理。尽管大清继承了明制，但是大清皇帝有入关前就形成的满人权力运作网络。皇帝如果遇到在朝廷那边不能按心意解决的问题，可以直接绕过朝廷处理，最直观的就是康熙雍正都绕开朝廷，有自己的秘密通信系统。皇帝可以直接通过主奴关系，秘密地和地方上的满人联系，绕开朝廷管道来办他们想办的事。比如前章讲到的康熙两次接待教皇使团，全部过程没有经过任何朝廷部门，从广东一路到北京，康熙自己的内务府就一手处理了。朝廷的史官，无论是《康熙起居注》还是后来的《康熙实录》，一条康熙接待两个教皇使团的记载都没有，就是这个原因。有些事需要朝廷部门配合的，皇帝秘密联系了他在地方的官员后，再让官员把事情递交到朝廷里处理，这样里应外合，事情很容易就按照皇帝的想法来办理。前面讲到的闽浙总督满保的折子就是这个情况。满保本来只是私下向雍正汇报了一些地方上天主教的情况。雍正表扬了满保"卿所言甚是"以后，御批最后一句让满保"如此缮本具奏"，[29]就是让他换成正式官文样式重新把事情公开上奏到朝廷里面去。后来朝廷礼部的部议其实就是走个过场。以前历史中也注意到雍正逐渐把权力集中到他自己的手里，称之为加强"中央集权"，其实更准确的说法应该是"个人集权"。明代也是中央集权，但那是把权力集中在朝廷中央，而不是皇帝个人。清朝康雍二帝利用满人的渠道把权力集中到了个人，所以在看待康熙雍正朝的事件时，得把他们个人意志放在首位。

历史中的细节也印证了禁教是雍正自己要禁教，根本没有什么历史趋势以及大的历史事件迫使雍正禁教。在知道福建递上来的折子后，康熙的十二子、十三子、十六子在传教士找到他们后的第一反应都是他们可以帮忙。但他们最后没有帮上忙，就是因为知道那是皇帝个人的意思。但他们的第一反应都真切地说明当时并没有什么大事，几个皇子都没有感受到有什么原因需要禁教。这几个皇子都是雍正的人，反应尚且如此。其他跟传教士交好的，如皇三子、九子、十子，这时都已被流放。当时跟雍正关系最近，也是雍正朝权力最大的皇十三子，就当着传教士和皇十六子的面说过，他一看到满保的奏折就觉得不妥，认为不能拿一个小地方事件，做成一个全国范围内的政策。而且礼部中的满人和汉人尚书在第一次会议中，同时都反对这个折子所请。[30]虽然他们二人最后都妥协了，但他们最初的反应也说明当时社会没有什么大家公认的"潮流""趋势"在支持禁教。这些历史参与者的第一反应是值得注意的。

雍正对禁教的解释

上面提到北京传教士求雍正开恩，让各地传教士可以去广州的折子。对于这个折子，雍正给了回复。这个回复应该是雍正第一次正式向传教士解释他为何禁教。他的朱批是这样写的：

朕自即位以来，诸政悉遵圣祖皇帝宪章旧典，与天下兴利除弊。今令尔等往住澳门一事，皆因福建省住居西洋人在地方生事惑众。朕因封疆大臣之请、廷议之奏施行政者，公事也。朕岂可以私恩惠尔等，以废国家之舆论乎？今尔等既哀恳乞求，朕亦只可谕广东督抚暂不催逼，令地方大吏确议再定。[31]

由于传教士的折子不是以私人的密折形式递交给雍正，而是通过内阁传递，这样一来，雍正的回复就是公文性质。他知道他的回复内阁里的人都会看，所以这个回复有很明显的官腔。回复的实际意思是同意晓谕广东不要催逼传教士，但前面一大部分是在为其禁教做解释。雍正一开头就声称他继位以来，一直遵循康熙的政策。而禁教是"封疆大臣之请"，结果是大臣"廷议"的结果。这样一来，雍正把自己在里面的角色撇得干干净净，而他只是在根据朝臣意思办"公事"罢了。

雍正在一封给两广总督孔毓珣的御旨中还解释过他为何禁教。孔毓珣于1724年4月出任两广总督。他是山东曲阜人，据称是孔子的后代，当然也是汉人。他接替的是杨琳。杨琳是八旗里面的汉军旗人。在满人内部，汉军旗人是被当满人看待的。杨琳给康熙上奏折都是以奴才自称。他在广东任上七年，帮助康熙处理了很多西洋事务，跟各路洋人传教士都有私交。杨琳被调离两广总督职位后，雍正没有给他新的任用。孔毓珣上任后向雍正汇报了他了解到的西洋人以及传教士的情况。他上任之时，禁教谕旨已经颁布了三个月。他说他调查广东各地后，并未见传教士有违法乱纪之事。他也不知道到底雍正禁教的目的是什么，只能附和礼部的处理意见。雍正收到孔的上奏后，给了他回复，回复是这样写的：

> 朕不甚恶西洋之教，但与中国无甚益处，不过从众议耳。你酌量，如果无害，外国人一切从宽为好。恐你不达朕意，过严，则又不是矣。[32]

这封回复中，雍正让孔毓珣从宽对待传教士之前，简单解释了他禁教的原因，他是"从众议"。这里雍正又把禁教归结为朝廷廷议结果，说明这不是他的个人意愿。

为什么雍正在两次解释中都把禁教原因推到朝廷众议上面？原因可能很简单，因为他根本就没有一个令人信服，特别是让这些朝廷高官信服的理由。如果天主教或者传教士当时真有什么问题，他完全可以直接坦白地告诉他的朝臣，不用把禁教的决定推到"众议"上。还有一点，雍正反复说明禁教不是他的个人意思，其实正说明当时的官场就是这样认为的，所以雍正才感觉有必要反复说明。

当局者怎么说?

关于禁教，雍正有他的说法，其他人也有他们的理解。禁教不久，当时在北京的耶稣会神父就详细记录了他们了解到的全部过程，其中就有他们自己对禁教的分析。他们认为传教士被北京权贵们疏远，到最后的禁教，都和雍正的个人喜好有关，他们是这样说的:

> 时过境迁，今上几乎不再使用欧洲人，对科学及外国珍奇之物似乎也鲜有兴趣。皇帝这种态度使原先一些朋友疏远了我们，他们中一些人已不能再为我们出力，另一些则不敢与外国人来往。[33]

雍正确实和康熙在个人兴趣爱好上有天壤之别。尽管这些喜好是个人的偏向，但这个偏向决定了他们的待人接物的态度。朝臣权贵们都是明眼人，特别是雍正一登基就把传教士赶出了内务府，这已经释放出了明确信号: 雍正对这些传教士不感兴趣。在这种情况下，传教士的处境自然急转直下。在传教士理解中，福建发上来的禁教奏折就是整个官场环境的一个反映。

皇十三子和传教士原本算不上深交。在康熙年间，传教士的书信中基本没有提到过皇十三子。尽管如此，皇十三子作为雍正朝初年最有实权的王爷，还是尽其所能帮助了传教士。根据传教士所记录，皇十三子和其他几位皇子曾多次接见他们。

毕竟这些传教士在康熙内务府里几十年，跟这些皇子们家里家外都是几十年的老相识。传教士性格都很好，皇子们自己或者家里人生病，还会经常找他们看病。在这些皇子们眼中，传教士都是一些老好人。所以当传教士找到皇十三子，皇十三子没有敷衍他们，也到雍正那里帮他们疏通过。后来皇十三子还不厌其烦地指导传教士如何给雍正上折子。传教士写好后，他还帮他们修改。特别需要注意，雍正初年皇十三子是最忙的王爷，传教士在他们的记录中也多次提到他很忙。就是在这样的背景下，皇十三子还在尽力帮传教士，可以说是仁至义尽了。从传教士的文字中看，他们也确实很感谢皇十三子的帮助。在一次闲谈中，皇十三子还帮传教士做了分析，也特别告诉传教士那是他个人的理解：

　　你们不要弄错，这是我的想法。你们知道今上在只是四亲王时是很喜欢和尚道士的，不过当初他尚未登基。你们要听明白，我的先父皇对你们十分喜欢，恩宠有加，但你们不是不知道，他对你们的庇护与恩赐常引起文人们窃窃私议。[34]

这段皇十三子私下的话，是要让传教士知道，你们当初得宠是康熙个人喜欢你们。同样，雍正喜欢和尚道士，所以你们就失宠了。皇十三子通过这一最直白的对比来劝慰传教士，让他们想开点。言外之意，这些个人喜好，是没有办法去找关系疏通改变的。这就是命，让他们认了，不要再折腾找人了。从后世的历史角度看，这段话其实涉及一个很重要的历史问题，到底这些有实权的皇帝的个人喜好对历史有多大影响？皇十三子提到的雍正喜欢"和尚道士"，这个"喜欢"在历史中有多大分量？

雍正与佛教

雍正信佛，后世一直都知道，不是什么新闻。信佛的皇帝在历史上有很多，但真正让雍正在历史上独树一帜的是他"信"的程度。简单来说，雍正不是大众认知中一般烧香拜佛的佛教信徒，而是一个闭关打坐的修行者，而且达到了佛教内部都认可的一流境界。可以这样说，他和普通佛教信徒的差别，就像一个偶尔打打乒乓的人和国家队一线球员的差别。说雍正是佛教信徒，这没有错，但是这个说法使后世大大低估了雍正的佛教水平，同时也淡化了佛教对雍正的影响。

说到雍正信佛，欧美学者认为清初皇帝都宣称崇信佛教，这是他们的政治需要，因为佛教信仰能帮他们更有效地统治广大的蒙古和西藏地区。因而信佛是一种政治手段。[35]民国清史大师孟森尽管深知雍正信佛修行，但他基于雍正上台后残酷镇压异己和兄弟的历史，不相信雍正是真正的佛教大师，因而解释雍正是通过佛教修行来掩盖他夺位的企图。[36]中外史家的这些解释，都混淆了一个时间顺序，那就是雍正先是佛教修行者，然后才是皇帝。雍正在他20岁出头就与佛教结缘。雍正还是皇子的时候，距离他的藩邸（现在的雍和宫）不到三百米就是当时著名的柏林寺。这对雍正亲近佛法可谓是得天独厚的条件。后来，曾做过柏林寺方丈的独超禅师圆寂后，其弟子来找雍正为其写塔铭。其中就写到二人是康熙四十一年开始一起谈经说法的。[37]

康熙四十一年（1702年），雍正不过二十五岁，有缘拜会当时的一代名僧，还能与其"谈法甚契"，这说明雍正学佛已经有些时日了。

而且雍正称独超为"师"，这些前后因缘都说明雍正跟独超禅师学过佛，不是一般的应酬关系。

雍正自号破尘居士、圆明居士。他不是历史中常见的那种只"谈"佛法的文人，而是一个参禅打坐的实修者。他自己记录了他参禅中破参的经历，写道：

> 壬辰春正月，延僧坐七、二十、二十一，随喜同坐两日，共五枝香，即洞达本来。方知惟此一事实之理，然自知未造究竟。……叩问章嘉，乃曰："若王所见，如针破纸窗，从隙窥天。虽云见天，然天体广大，针隙中之见，可谓遍见乎？佛法无边，当勉进步。"[38]

壬辰年是 1712 年，这年春，康熙的太子还在位。这说明雍正修佛先于后来的储位之争。雍正这段记录有点今天所谓"炫技"的意思，一起同修的和尚要打坐七天或者二十、二十一天，而他只打坐了五枝香的时间就"洞达本来"。雍正记录提到，他的参悟还得到了章嘉活佛的认可，确认他是入门了，让他继续。雍正还记录了他在禅修中参破三关的体验：

> 二月中，复结制于集云堂，着力参求。十四日晚，经行次，出得一身透汗，桶底当下脱落，始知实有重关之理。
>
> 恰至明年癸巳之正月二十一日，复堂中静坐，天意中忽蹦末后一关，方达三身四智合一之理，物我一如本空之道。庆快平生。诣章嘉所礼谢，国师望见，即曰："王得大自在矣。"[39]

禅修中有破三关的说法，是禅修的三个阶段。雍正上面三段记录就是分别写出了他破三关的主观体验以及时间。而且他的破关经历还得到了章嘉活佛的确认。这位章嘉是章嘉活佛第一代（1714 年圆寂），是当时著名的高僧。[40] 在佛教传统中，一个人禅修中的证悟，是否修行得法，以及是否误入魔道（歧途），这些都是由在世高僧来确定。所以雍正的记录中，用章嘉活佛的话来确认他的修行，符合佛教传统。从历史角度看，雍正这些记录的可信度很高，因为这些记录出自他编辑的《御选语录》。这本书是历代高僧语录的集结。雍正的本意是希望用他编出的语录来帮助后来的人修行。因而雍正很明确，他编的这本书的读者是佛教中有一定修为的修行者。雍正需要向这些人说明白，凭什么他有资格来编辑这些高僧语录。他记录下他自己破三关的经历，其实就是在向后来的修行者展示他的资格。

到底雍正的佛教修行水平如何，没有修行过的人当然无从判断。他所写的主观经历，没有经历过的人也无法辨别。要评鉴他的水平，现在流行的同行评议原则大概可以作为一个比较公允的手段。首先我们可以看雍正自己对自己水平的一个评估，然后再看佛教中公认的高僧对他的评价。雍正自己曾经评论过禅修中的三关，他说：

三关妙旨，累进而上，言思具绝，历来古德宗匠，多止提倡初步。至于重关，不过密隐于语句之中，令至者自会，未尝轻以一字一句，系缀学人，累他堕入情推识解也。即观向来宗师透重关者，亦不多见，近年以来，几至埋没不续矣。朕因加意提撕，而诸人感朕开示之恩，努力精进，于是因真参而得实悟透重关者，颇有其人，此实从来罕遇者。[41]

按雍正解释，历史上的高僧，一般都只在文字中记录下第一关（通常称为"本参"）的修行。而对第二关的重关没有多加解释，留给破这一关的人自行领悟。这就是雍正所谓的"至者自会"；同时他解释高僧们这样做的原因是怕立下文字以后，误导了后人。因为有了文字，后人就会通过文字，用逻辑理解的方法来思考重关，就是雍正所谓的"累他堕入情推识解"。这样的话，反而误导了后人的修行。这和佛教中著名的"以手指月"的故事暗合。佛教中认为文字就像手指，本来是指着月亮的，但不知道的人，就会围着手指琢磨，忘记了月亮才是手指指向的意义。

对于"重关"，雍正的评价是："即观透重关者，亦不多见，近年以来，几至埋没不续矣。"按雍正的说法，破重关在历史上已经很少见了。而雍正的水平是不仅破了重关，还破了第三关，同时他还指导一些人破了重关。从雍正的这段评价三关的文字可以看出，雍正是把自己放在中国佛教修行的千年历史中做的评价。他的自我评价是很高的。

现当代史中公认的第一高僧大概非虚云和尚莫属。虚云和尚在1953年上海玉佛寺的一场法会上，讲到了雍正。虚云说：

雍正帝在皇宫里也时常打七。他对禅宗是最尊重的，同时他的禅定也是非常得好。在他手里悟道的有十余人，扬州高旻寺的天慧彻祖，也是在他会下悟道的。禅门下的一切规矩法则，皆由他大整一番，由是宗风大振，故人材也出了很多。[42]

1953 年虚云已至晚年。虚云提到雍正，因为他当时正在指导僧人坐禅七，禅修法门和雍正当年所用一样。因此他在禅七的第二天讲到了雍正。虚云不仅肯定了雍正的"禅定也是非常得好"，而且还提到雍正指导了多人悟道。虚云提到的天慧彻祖，是扬州高旻寺第一代祖师，他是在雍正的宫里禅堂中，在雍正指导下悟道的。佛教中自悟已经不易，还能指导多人悟道，这在佛教史中也是不多见的。虚云几句话已经把雍正放到一代宗师的位置上了。

另外，著名的印光法师（1862—1940）在雍正编的佛教书籍重新出版时，为雍正作注。其中印光法师确认雍正是涅槃觉悟，对雍正的书评价道："言言见谛，语语归宗。如走盘珠，似摩尼宝。凡具眼者，无不佩服。"[43] 如果说这些大师的评价还有一定主观性的话，那么客观上看，雍正编的佛教书籍后来被中日两国佛教界都收入了佛藏中。20 世纪，海峡两岸的佛教出版社都在纷纷重新出版印刷雍正的佛教书籍。

作为佛教居士的雍正

雍正从年轻时开始佛教修行，到 1712、1713 年参禅破关，可以说他从十几岁到三十几岁的生活重点都在佛教修行上。他破关之时离他登基都还有十年时间。也就是说他在当皇帝之前就是当时佛教界的风云人物了。他破关后不仅指点其他和尚修行，还参与到了禅宗内部的一些理论争论中。佛教有不立文字的传统，认为文字是一种束缚。所以关键问题的解释权都在悟道之人那里。雍正的禅修得到章嘉活佛的认可以后，雍正在佛教内部也就有了话语权，是权威。加上后来还有修行者在他点拨下破关，这就进一步加强了他在佛教界的权威地位。从历史角度看，雍正的权威感首先来自于佛教界，是在精神领域，而后来做皇帝带来的权威是在世俗层面。

雍正在佛教界，用现在的话来说是信仰精神领域的权威。这是一个被长期忽略的问题。顺治信佛，后来还曾剃度，但顺治在佛教内部看来就是一个普通的信徒，不是精神上的权威。康熙尽管征战四方，被蒙古、西藏很多地方视为神，但他自己清楚他在任何宗教里都不是精神上的权威。他和教皇谈判就是明证，他清楚教皇才是教内的权威，他只是作为一个世俗皇帝在和教皇谈判。但雍正不一样，雍正是佛教里被认可的觉悟之人，而且是指导当时高僧修行的人，因而他自信有资格评论世间宗教。除了本章开篇引用雍正在得知葡萄牙使团入华以后，评论天主教的"天主"概念以外，他在接见葡萄牙使团之时，当着传教士的面，还评论道：

〔根据传教士记载翻译〕你们批评其他宗教教派。难道是一些宗教好，一些不好？事实并非如此，所有宗教到最后都是殊途同归的，都在某方面是好的。但从众多宗教论说来看，文人们〔指儒家〕还有你们这些天主教传教士以及其他一些人，很少有真正把自己宗教教义搞明白的。你们得先把自己的本心弄明白了，才能真正理解你们自己的教义。[44]

雍正当时已经是皇帝了，他敢于直接评论天下一切宗教，还能说出"宗教到最后都是殊途同归"这样的话，这就是雍正作为佛教"觉悟"之人在对众生指点迷津的姿态。他还直接告诉面前的传教士，他们自己都没有搞明白自己的教义。从传教士记录的文字来看，他们并不认可雍正的话，他们记录的本意其实是想体现出雍正的自大和荒唐。但传教士没有明白的是，雍正的话其实是一个佛教觉悟者的正常评论方式。他的这种评价方式在禅宗公案、佛教故事中，可以说是层出不穷。因而，了解了雍正在当时佛教界的地位，就会理解上面评论反映出来的不是自大，而更多的是佛教已经融会到雍正的思想灵魂深处。

皇位争斗与禁教的关联

雍正和传教士之间并没有因为信仰问题有过矛盾或者争论。在康熙的引荐下，传教士和他的皇子们都有往来，雍正也不例外。但雍正和传教士处于道不同不相为谋的状态，双方没有深交。笼统而言，天主教是一神教，本质上传教士不能兼容其他的宗教。传教士能和儒家文人保持良好关系，因为儒家实际上不是一个宗教。传教士入华以后没有与和尚融洽相处的例子。这一点和中国传统中和尚道士能够互相交流不一样。而且在传教士的文字中，还经常看到对和尚的奚落和嘲讽。

天主教不能容纳接受其他宗教这一基本点，注定了传教士不可能和皇子时的雍正建立亲密关系。毕竟雍正的府上常年香烟缭绕，和尚喇嘛不断。也是因为这个原因，雍和宫后来成了寺庙，现在香火依然很旺。而且康熙在世之时，并没有特别迹象显示学佛的皇四子可能继位，这样传教士也就没有特殊的理由要进一步去接触皇四子。要是雍正不继位的话，他就是康熙十多个皇子中的一位，如此而已。总而言之，在雍正登位以前，他研习佛法这一点，提前注定了传教士和雍正之间的距离，二者不可能有比较亲近的关系。在康熙晚年长达十多年的储位斗争中，传教士没有在雍正这边下过功夫。雍正登位以后，也就不把传教士当自己人。重组内务府的时候，把传教士赶出宫去也就是自然而然的事了。

有一个历史细节值得注意，就是跟雍正唯一有私人关系的传教士德里格在康雍两朝的不同际遇。德里格在康熙宫廷里做音乐。教皇第二位使节在北京时，德里格私下告知使节康熙可以允准教皇的禁约，这让康熙震怒，以"德里格乃无知光棍之类小人"开头整整写了一页纸朱批来批德里格的种种不是。[45] 康熙后来把德里格软禁在北京的一个教堂里面。德里格不是耶稣会的神父，他是罗马传信部派往中国的。尽管他和耶稣会神父都在康熙手下做事，但双方关系很差，经常敌对。公正地说，德里格在音乐方面是有大才的，他在紫禁城内创作的弦乐协奏曲，今天世界各国音乐家都还在演奏，曲风恬淡清新，兼具中西特色。康熙爱才，尽管私下对德里格有不满，还是一直把他留在宫中组建西式乐团。俄罗斯彼得大帝使团入华，听完康熙的乐团演奏后大为吃惊，没想到在紫禁城内还有一支如此高水准的西式乐团。

对德里格个人来说，他在康熙晚年最大的收获是做过雍正的音乐老师，而且一直和雍正保有私交。因为有这个私交，雍正一上台就把德里格从软禁中释放了，而且还任用他来负责接待雍正朝所有来华西洋使团。也是在雍正上台这一年，德里格终于实现了他多年的夙愿，在北京建立一座属于自己的教堂，这样他终于能从耶稣会神父的教堂里独立出来。他建立的教堂在北京称为西堂，在现在西直门内大街上。德里格的例子就最直观地说明了和皇帝登位前的私交对传教士来说是何等地重要。

雍正信佛决定了他如何看待传教士及他们的用处。雍正和康熙不一样，他对传教士讲的数学、天文等欧洲学术都没有兴趣，因而在他眼里，传教士并没有什么特别之处。这一点是他和康熙在看待传教士问题上的根本区别。

应该说雍正刚上台的时候，还是有意以一个皇帝的姿态，大度地容纳天主教的。传教士穆经远代表葡萄牙国王给雍正送了很多礼物恭贺他登基，雍正全部收下了，这在当时来说是一个很好的开端。但是，在康熙内务府里混迹了几十年的传教士，不可避免地被牵涉到雍正早年的权力斗争中。1723 年 4 月，雍正登基不到五个月，发现穆经远和皇九子关系很深，就把他和皇九子一起发配西宁。同时他警告在北京的传教士不要多管闲事。[46]

北京传教士似乎并没有把雍正的警告放在心上。当然也有可能是传教士和雍正对不要"管闲事"的理解不一样。雍正元年，北京传教士继续和雍正要打击的苏努一家走得很近。苏努是努尔哈赤四世孙，与雍正同辈，累世军功，有贝勒封号。在康熙朝，苏努一家一直支持皇八子登基。苏努本人没有信教，但是其有四个儿子以及数十名家丁从康熙五十一年（1712 年）后陆续受洗，都是当时有名的天主教徒。因此传教士一直和苏努家有来往。这种来往本来并不是什么大事。但是雍正上台后，在关于苏努家的奏报中经常发现传教士的身影，这就成了大事。[47] 在发配皇九子到西宁时，除了穆经远以外，还发配了苏努的两个儿子。雍正一直派人监视皇九子等人的言行。但让监视人都感到意外的是，穆经远竟然在 1723 冬（当年的圣诞节）公然给苏努两个儿子受洗，让他们正式成为了教徒。这些都被眼线汇报给了雍正。后来，让雍正更气愤的是，他发现皇九子为了躲避监视，竟然把西洋文字做成密码在和北京联系。而这西洋文字无疑是穆经远教的。用西洋密码联系一事在多个清官方历史中都有记载。最近有学者在清宫档案中发现了这些用西洋密码写成的私信，还做了总结。[48]

同时，在北京，传教士私下还和苏努家有来往。这些来往雍正和他内部圈子的人都知道。当时雍正圈子中的隆科多就看在眼里，很为传教士着急。隆科多是佟国维的儿子，是佟家在雍正朝早期的核心人物。前面已经讲过，传教士和佟家有几代的关系。所以隆科多在宫里碰到传教士巴多明的时候，冒着风险，告诉他皇帝知道他们和苏努家的关系，让他们传教士赶快远离苏努一家。[49] 不过，传教士没有认识到问题的严重性，在他们看来，他们和苏努家的来往跟政治完全没有关系。而且作为传教士，他们很难抛弃追随他们信仰的信徒。

雍正初年的朝廷政治远比传教士想象中要复杂。巴多明还记录了一个细节。隆科多在跟他说话的时候，突然看到迎面另一个大臣向他们走过来，便马上停止了谈话。这个细节就是当时朝廷政治的直观写照。隆科多是雍正朝头几年最重要的实权派。即便以他这样的地位，跟传教士说话的时候都要处处提防，小心谨慎。当时，雍正正在清除异己，许多朝臣和皇亲国戚都因为派系问题受到牵连，即使位高权重如隆科多都要处处小心。但传教士似乎没有察觉到当时危机四伏,还在继续和苏努一家来往。

禁教和皇位之争有关联,这并不是后见之明的分析,当时跟雍正关系最好的传教士德里格,在他1725年(禁教后第二年)发回欧洲的一封信中就写道:

> 各省驱逐传教士与礼仪问题完全无关。禁教始于福建,正如我去年写的那样,皇帝批准了。(有人说他是始作俑者,但我不能确定)。终究他还是批准了。说他是始作俑者(尽管我不这么认为)源于欧洲人可能站在他的兄弟那边。也就是说如果他的哪个兄弟要起事,地方上的欧洲人可以提供很多帮助。[50]

德里格尽管也是传教士,但他和当时北京所有的耶稣会传教士都有矛盾,他的观点可以看作是独立于耶稣会神父以外的第三方观点。他对禁教问题的分析有两点:一是他认为禁教跟康熙时的礼仪问题完全无关;二是禁教跟雍正和他兄弟之间的斗争相关,而且这个观点在当时就是流行的说法。

那么到底雍正禁教有多少政治因素在内?这很难知晓。因为就算雍正因为政治问题要处理传教士,他也不会直接说出来,让这事留在历史记录里。看看年羹尧案,当时抓年羹尧的时候,给出的理由是年羹尧的奏折用词不当。后来审讯又给年羹尧列了一系列罪名,但当时人和后来人都明白那些公布出来的罪不过都是托辞。真正的原因一直是个谜,时至今日学者都还在争论。传教士涉及政治这一点,到底多大程度影响了雍正的禁教决策，很难有明确的界定。但有影响是一定的，否则隆科多也没有必要冒着风险提醒巴多明神父。后来，雍正坚持要杀掉穆经远神父也说明他一定是比较深入地卷入了派系斗争。雍正知道杀传教士会在历史上留下骂名，但他思虑再三后，还是赶在葡萄牙为穆经远神父求情的使团到来前，把他给杀了。穆经远是葡萄牙王室派出的神父，他在康熙晚年一直是耶稣会里的领军人物。他成为鸦片战争前唯一一个因为政治问题被杀的传教士。但细看现存的穆经远审讯记录，他根本没有犯任何真正的罪，有的只是对皇九子的忠心。在因为皇九子案被审问时，他坦然面对，没有否认和皇九子的关系，他在审讯开头这样说："我在允禟处行走，又跟随他在西大同，前后有七八年了，允禟对我好是人所共知的。"[51] 穆经远的罪其实就是在错误的时间，错误的地点，跟错了主子。雍正初年，康熙的皇子们站错了队的，尚且不能自保，更何况一个传教士。

小 结

其实北京的满人权贵和传教士都知道，当时无论是禁教还是容教都不是什么大事，掀不起什么风浪。就是在康熙的最后二十年中，把在中国各个教派的传教士加在一起，最多的时候也就 140 人左右。根据人口统计，清初大概有两亿人，所以这个数字放在当时中国，就是沧海一粟，无足轻重。[52] 相较之下，当时有记录的和尚就有 11 万，尼姑有 9000。[53] 这几个数字放在一起，140 人的传教士基本可以忽略不计。按雍正的话说，传教士"人众不过二十"。[54] 对这样一个小群体，无论是容留还是禁止，可以说完全听凭皇帝的个人意愿。

历史的各种细节也证明了当时朝廷上下根本没有共同认可的原因来禁止天主教。也就是说没有什么后世所谓的历史趋势、潮流来决定当时禁教。禁教就是雍正的个人意思。对这一点，当时的王公大臣都看得很清楚。禁教风波期间（1723 年 10 月到 1724 年 1 月），当时朝廷真正的大事是年羹尧出兵西北镇压罗卜藏丹津叛乱（1723 年 8 月到 1724 年春）。叛乱中，有西藏喇嘛直接拿起武器，跳上马背和清军正面对抗。对于这些喇嘛叛军，雍正几次命令前线的年羹尧"勿拆毁庐舍祠宇，勿扰害庙内番僧"。[55] 雍正的这些举动，完全有违清朝军队对不投降者格杀勿论的老传统。朝廷上下都不理解，甚至普遍怀疑是雍正内务府里的和尚在干扰朝政。后来雍正不得不在朝会上表明，他只是在闲暇时与和尚一起谈经说法，他们并没有干预国事。[56] 不过，雍正想要保护喇嘛和寺庙是他的个人意愿，而清朝军队的士兵却没有雍正对佛教的那份情感。他们还是按照清朝军队的老传统，在打胜仗以后把所有喇嘛都杀了，同时也捣毁了寺庙。有记载显示，清朝军队一次就杀了 6000 喇嘛。[57] 雍正要求禁止天主教和他要保护喇嘛寺庙基本是同一时期的事，放在一起就很明显可以看到，雍正的个人倾向在他决策中起到的作用。

对于传教士来说，雍正烧香拜佛，念经打坐，本来和他们是没有什么关系的。而康熙驾崩和雍正登位，立马使得雍正的一切都和他们的命运关联起来。可惜的是，雍正信佛和他的个人爱好，是传教士没有可能改变的部分。他们唯一能祈祷的是雍正能够怜恤他们，把他们当成世间各种大宗小教中的一种，不要为难他们。所以传教士数次强调他们是遵纪守法的宗教，入华两百年从未给朝廷添过乱，话里话外的意思就是希望雍正像对待其他守法宗教一样，一视同仁地对待他们。

但是，传教士忘记了一点。雍正初年，举国上下，没有任何宗教团体像传教士那样深深植根在北京的满人权贵圈中。他们不可避免地卷入了皇家的家庭恩怨之中。所以，从某个角度说，传教士的命运其实是和当时的皇位之争紧密相连的。如果康熙以后继位的不是雍正，传教士在华的轨迹完全有可能是另外一番景象。按照传教士的理解，这是上帝的安排。按中国的通俗说法，这就是命。

跋

历史是后来人书写的过去。传教士进入中国的这段历史，中西方学者都很关注。研究西方科学传入中国、中俄关系、西方列强入华、中西文化交流、基督教传播、比较文化理论、殖民主义的等等，都喜欢写这些不远万里来华的传教士。各自切入点不同，历史材料选取不同，讲出的故事也不一样。但无论从什么角度，有什么理论，这些牵涉到传教士入华的历史书写，都有一个共通点：就是书写的人已知道历史发展脉络，即传教士事业在康熙朝的璀璨及之后的陨落。他们都希望讲出一个前因后果，最后殊途同归到一个大问题上：为什么传教士的事业没能传下去？在这个大问题下，不同领域的历史书写又进一步派生出不同的问题。比如，科学史家想要解释为什么传教士没能把西方科学带进中国，而写文化交流的史家想要解释传教士的失败显示了哪些中西文明的冲突。

历史是一个素材库，无论什么理论，在其中总能找到所需的材料。

20 世纪初开始，最早对禁教的解释是中国文化排外。这个说法确实找到了不少国人排外的例子作为证据支撑。1978 年改革开放，中国重新融入世界以后，排外理论渐渐退出了历史舞台，取而代之的是文化冲突理论。二者的区别是"排外"带有贬义，认为是落后文明对先进文明的排斥；而文化冲突把中西文化放在同样的高度，认为冲突的根源是二者不匹配。就像离婚中说性格不合，双方没有高低之分，谁都没有过错，只是不合而已。这个理论最有名的论著是法国谢和耐的《中国与基督教》。这本书最早的 1982 年法文版，标题是 *Chine et christianisme: action et réaction*。后面的小标题 *action et réaction* 是西方世界流行的谚语，来自牛顿力学第三定律，中文直接翻译出来是"作用力与反作用力"。这句谚语用在谢和耐书里的意思是，来自西方的基督教在中国施加了一个作用力后中国产生了反作用力。在牛顿定律配搭下，这句谚语还有一层隐含意思，就是作用力和反作用力是相等的，但同时方向又相反。也许是这个副标题太隐晦，三年后，1985 年剑桥大学出版社的英文版中，把小标题改成了"A Conflict of Cultures"，这样就直白地把"文化冲突"的意思表示了出来。这本书用到了很多中文的材料，同时又把中西文化对等研读，国内早在 1989 年就有第一个中译本问世。这本书在国内一直受到重视和推崇，先后有多个译本，深深影响了国内对这段历史的看法。表面上看，这本书对于之前的排外理论是一个进步，但是根子上二者并没有区别，都是预设基督教被禁是文化上的问题。谢和耐想找寻到底基督教哪里在中国水土不服，在这个问题指引下，谢和耐找出了很多当时文人写出的反基督教言论，然后分析这些言论文化上的根源，从而得出结论：中西文化的不兼容是清初传教失败的原因。该书的最后一章把不兼容上升到了语言层面，说中西文化的不兼容是中西语言结构上的差异导致的。西方研究中，认为语言是交流和文化的载体，语言表达结构决定了人的思维方式。因而谢和耐讲到的语言结构不兼容是超越文化层面的更深层次的不兼容。谢和耐讲的文化上、语言结构上的问题，本质上并不是历史问题，只是他把这些问题放进了这段历史中，来取用素材。所以从历史取材这个角度上讲，谢和耐和持排外理论的学者在研究方法上并没有不同，都是在预知基督教被禁这个结果后，跑到历史中找自己需要的材料，来论证自己要论证的理论。

为什么说是在找材料？因为这些学者面对传教士这段历史，都只对冲突、矛盾的部分有兴趣，只看符合他们理论的那一面历史。纵观清初历史，哪一个与传教士有关联的汉人得到现当代学者最多的关注？是杨光先。为什么这个在清初士林都排不上号的末流人物，到了谢和耐等现当代学者那里，变成了热点，还把他当成时代的代表？就是因为他写下了反传教士、反基督教的论著，为各种冲突理论提供了大量弹药。反过来说，也是因为当时没有真正的名流反基督教，没有"更好"的素材，才让杨光先在后世"时无英雄，使竖子成名"。

文明冲突理论本来就是基于西方历史发展出来的，在中国找材料吃力也是意料之中的事。基督教和伊斯兰教文明冲突了上千年，互相都不能接受对方。文明冲突理论是在这个历史背景下发展出来的。后来的学者，非要把信奉"君子和而不同"的儒家文明也加入到这个理论中，就出现了各种削足适履的事例。鸦片战争以后，西方入侵中国，这时候看起来仿佛有很多冲突，但这些都是具体利益冲突，而非文明的冲突。英国在跟清朝打两次鸦片战争的同时，还在巴基斯坦、阿富汗、俄国、伊朗、新西兰等众多国家作战。英国打的这些殖民主义战争的核心是经济利益，这和后来与清朝有相似文化背景的日本入侵中国并没有根本的不同。

明末清初传教士入华，一直受到各领域理论研究学者的青睐，很大原因是这段历史中的材料足够丰富，同时又足够单纯。丰富是因为尽管中国和世界各地的交流早就开始了，但论深度、广度以及可用到的中西材料，明末清初都是之前时段难以企及的。而单纯是因为鸦片战争以后，尽管有更多的历史材料，但这以后历史有太多的政治军事经济因素掺杂其中。建构理论的人都偏好背景简单的时间段，这样可以减少理论中的变量。因而谈论现当代政治、经济、文化，在牵涉到中西对比的时候，往往都会回溯到这段历史。但讲理论，谈趋势，往往要牺牲的就是个体的多样性。比如跟杨光先（1597—1669）同时代的薛凤祚（1600—1680）就很少被提及。薛凤祚出身书香门第，年轻时学习陆王心学。中年后跟传教士学习了西方数学。他是最早学习对数、三角函数的中国人。薛凤祚在康熙时期以及后来的乾隆年间，都被公认为一代大才，学贯中西，受时人追捧。他把对数和三角函数中的几何知识运用到治水中，用来计算河道和河流速度，写下了《两河清汇》（两河指黄河和京杭运河）一书，是兼具中西方知识的治水名著。包括这本书在内，他有三本书被收入了《四库全书》。清代人写的书能被收入《四库全书》中，就是乾隆时期一流学者群体对该书价值的肯定。《四库全书》的编辑在《两河清汇》的书前提要中写道，薛凤祚的学问是跟着西洋人学的，在当时被称为青州之学。青州是山东益都县，是薛凤祚的家乡。学问能以家乡来命名，这在中国传统中是极高的认可。可惜的是，薛凤祚在现当代书写的清代历史中极少被提及。除了专门的数学史论文和书籍，他的名字很少出现。其中的原因很简单，因为在他身上没有中西冲突，有的只是中西汇通。

除了基督教引发的中西文化思考，传教士带来的西方数学、科学，也是文化理论找材料的热门领域。后来的历史中，西方科学没有在中国生根发芽，这是现当代学者都知道的。于是有很多"大"问题伴随这个结果而来。西方科学没能传入，到底是中国传统文化的问题，还是传统政治制度的问题，还是二者兼有？提出这些问题的人其实有两个预设，一是西方科学没能传进来，二是没能传进来是传统中国的问题。这些反思型的预设，都是拿着鸦片战争以后中国科学技术落后于西方的历史结果反推出来的。但在实际的明清历史中，这两个预设都是不成立的。传教士明末到中国，就发现中国士大夫对基督教兴趣不大，反而只对西方的数学、科学有兴趣。传教士金尼阁（Nicolas Trigault，1577—1628）在万历年间到达杭州，在那里传教两年后，返回罗马报告中国的传教事业。除了教会内部的问题，金尼阁回去很重要的一件事就是告诉欧洲，中国人对欧洲的自然科学、技术和数学感兴趣。他在欧洲四处募捐，买了7000册关于欧洲各方面的书籍，于1620年运到中国。西方科学技术图书是金尼阁购买书籍中的重要部分，这其中就包括当时欧洲最新的哥白尼日心说的证明等。而帮金尼阁选购图书的是邓玉函。邓玉函是伽利略的学生，在欧洲就是一流学者。金尼阁和邓玉函入华后，和江南士大夫交往频繁，他们费尽心力把西方的书籍运到中国，就用行动说明了他们认为当时中国社会能够接受这些书籍。

康熙末年的传教士也证明了金尼阁的判断。当时传教士真正头痛的问题是中国人学得太快了，他们担心以后没有科学知识继续教给中国。[1]如果把这些传教士看作西方科学的老师的话，那么他们对中国学生们的评价是极高的。传教士到中国的目的是来传教，而他们为方便传教，选择用教授西方科学技术作为先导，来融入中国士大夫群体，这不已经极大地说明问题了么？

牛顿（1643—1727）和康熙（1654—1722）基本算是同时代的人。如果把牛顿看作欧洲科学革命奠基人的话，那么康熙一朝就正好处在西方科学革命爆发的前夕。当时除了康熙自己和他的皇子们学习西方知识以外，康熙还在宫里组织八旗子弟来学。比如在宫里面学习的正白旗蒙古族人明安图（1692—1763），看到了法国传教士带来的牛顿无穷极数公式后，就用从传教士那里学来的西方几何证明方法，证明并推导出了卡塔兰数。明安图还推导出了一些衍生公式，这些公式在翻译成现代数学语言后，陆续被国外学者证明。卡特兰数在函数、离散数学中广为使用。它是卡塔兰（1814—1894）在1838年推导出来的，比明安图的证明晚了一百年。[2]我们知道有明安图这样的八旗子弟存在，就理解为什么当时传教士担心中国人学习西方知识太快。他们的担忧并不是空穴来风。

除了对薛凤祚、明安图这样的人物视而不见外，传统文化阻碍西方科学传入的论说还经常对历史材料断章取义。像本书前面提到过的康熙晚年与皇子们一起学习代数的事，就被用来说明康熙阻碍了西方科学的进入。这件事很多书中都有提到，因为有一张康熙亲笔写给他奴才的谕旨存留，谕旨图片和全文如下：

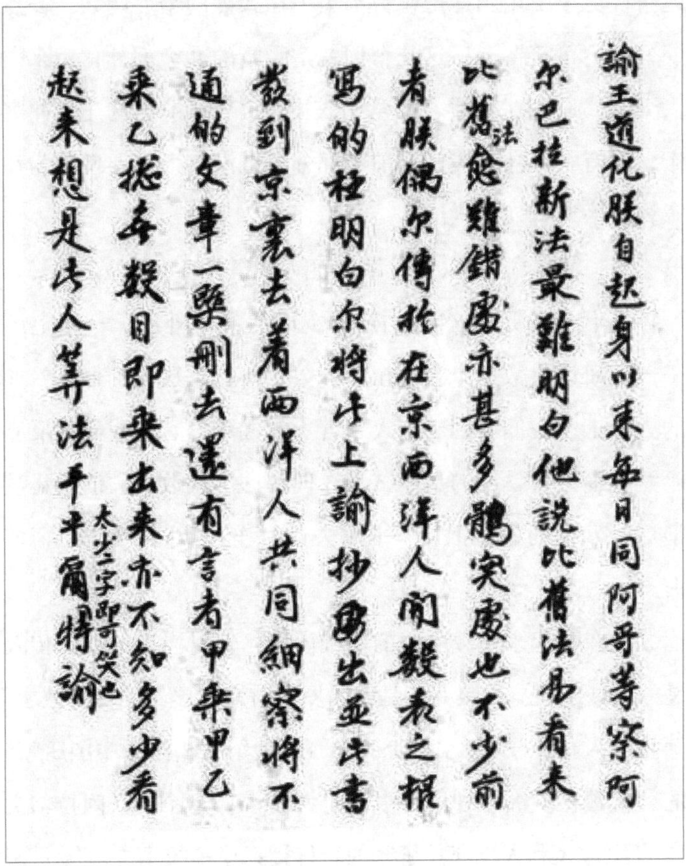
諭王道化朕自起身以來每日同阿哥等察阿
尔巴拉新法最難明白他說比舊法易看來
比舊法愈難錯處亦甚多鶻突處也不少前
者朕偶尔傳於在京西洋人開數表之根
寫的極明白尔將此上諭抄出並此書
發到京裏去着西洋人共同細察將不
通的文章一槩刪去還有言者甲乘甲乙
乘乙揔無數目即乘出來亦不知多少看
起來想是此人筭法平平尔 太少二字即可笑也 特諭

图 8.1　康熙谈论代数谕旨

图片来源:《清中前期西洋天主教在华活动档案史料》，1: 52。

谕王道化：朕自起身以来，每日同阿哥等察阿尔巴拉新法，最难明白。他说比旧法易，看来比旧法愈难，错处亦甚多，鹘突处也不少。前者朕偶尔传于在京西洋人开数表之根，写得极明白。尔将此上谕抄出并此书发到京里去，着西洋人共同细察，将不通的文章一概删去。还有言者：甲乘甲、乙乘乙总无数目，即乘出来亦不知多少。看起来想是此人算法平平尔，太少二字即可笑也。特谕。

现当代史家引用到这份谕旨都集中在康熙的最后两句，评点代数"算法平平""可笑"上。这几个词就是吸睛的冲突部分，用来说明康熙自大无知，耽误了西学、科学引入中国。[3] 除了把这几个冲突字眼拣出来，没有人关注这段话的前半部分，也没有人想要理解为什么康熙说"算法平平""可笑"。

第一句："朕自起身以来，每日同阿哥等察阿尔巴拉新法。""阿尔巴拉"就是代数，是 Algebra 的音译。康熙皇帝外出，一路上还和他的皇子一起研读代数这个当时全新的数学科目。这说明什么？如果在旅途的火车上，我们看到一个人拿着一本代数书看，我们的反应是什么？康熙整篇谕旨，说的是他试着在理解这本代数书，但明显没有看懂，最后指示他的奴才把这本书拿去让西洋人共同"细察"，把问题写明白。

代数现在看起来是数学中的基础内容，但对当时的欧洲传教士来说也是一门新学科。代数并不是希腊罗马时期发展出的传统数学部分，而是阿拉伯人花拉子密（Al-Kwarizmi）9 世纪（相当于中国唐朝时期）创立的。代数在欧洲各种语言中都叫 Algebra，这个词是阿拉伯文的音译。12 世纪意大利人把花拉子密的著作翻译成了拉丁文。16 世纪法国数学家韦达（Francois Viète，1540—1603）发展出了用字母来演算的新代数，这也是我们现代人所学代数的基础。从康熙朝编订的《数理精蕴》可以看到，大量有代数思维的演算已经被康熙重视和接受了。《数理精蕴》是康熙和皇三子实际参与编订的书。里面有许多二元二次方程的题，还有一元三次方程需要求立方根的题以及求解。康熙和他的儿子没有弄明白的是代数和方程使用的意义是什么。当时康熙对不出现数字，以及为什么要这样来演算数学并不理解，也就是康熙谕旨中抱怨的"无数目，即乘出来亦不知多少"。

代数其实是人类数学思维的一次重大革命。数学本来是一种确定性的表达，而代数是在确定性中融入了不确定性，也就是用字母表达的部分。欧洲从韦达开始，到经过笛卡尔完善的新代数，也是经过了上百年才慢慢被消化，一直到牛顿把代数应用到物理中，代数这个数学工具才逐渐开始显示其大用处。牛顿在物理领域取得突破前，是剑桥大学教代数的教授。他之前的物理大师，如伽利略和开普勒等都还没有使用代数。1707 年牛顿的《广义算术》（*Arithmetica Universalis*）问世，这是牛顿在剑桥关于代数和方程方面的讲稿汇编。在这本书中，牛顿把开普勒的天体轨道运算重新用代数的方法来演算，展示出了代数演算的优势。牛顿还用一道道题，具体讲解代数的用处。比如，一个石头从井口落下，知道从石头开始下落到听到底部传来回声的时间，问井有多深。这道题中，牛顿把深度设为 x，这样石头落下和回声传回来的两段物理过程中的距离都是 x。方程建立在时间 $t=t_1+t_2$ 上（t_1 是石头落下的时间，t_2 是回声传回的时间，两段都用距离 x 和石头以及声波运行速度来求得）。这样两段物理过程就通过未知的距离 x 联系到了一起。[4]

牛顿的《广义算术》严格来说并没有多少学术上的突破，但其主要特点是实用，讲的是技巧，从而大大推动了代数的使用范围。牛顿当时对代数在应用上的推动，有点类似于微软做出了 Windows 系统，大大拓展了电脑的使用范围。当时给康熙讲代数的是法国傅圣泽神父，他 1699 年就到中国，大概率他没有看过牛顿的大作，对代数真正的用途也所知有限。为了方便康熙阅读，傅圣泽没有用字母来替代未知量，而用的是天干地支。[5] 比如他给康熙的书中讲的甲与乙之和的平方等于甲平方加乙平方再加二倍甲乙相乘的乘积。这是大家都熟知一元二次方程中的公式 $(x+y)^2 = x^2 + 2xy + y^2$。康熙能看懂这个，但是他不知道这样做的用处是什么。所以他会评价"他说比旧法易，看来比旧法愈难"。上面提到石头下落的题里，牛顿就讲到了一元二次方程几个公式的应用。由于石头落下还涉及自由落体下坠，也就是下落距离和时间平方成正比（$d = kt^2$），因此在这道例题中，牛顿就展示了求解技巧，用到一元二次方程中的求根公式：

$$x = \frac{-b \pm \sqrt{b^2 - 4ac}}{2a}$$

这个求根公式就是从 $ax^2+bx+c=0$ 这个一元二次方程的标准式中推出来的。代数对当时的传教士来说，也是新东西，没有办法给康熙深入讲解分析也情有可原。在不明白代数用途的情况下，康熙读完代数后的第一反应其实和当时欧洲人的反应是一样的，对为什么学习代数以及代数的用处有疑问，对思维转变有不适应。

平心而论，就算不知道代数在欧洲的发展历史，如果不是先入为主对论证某些理论有需求，任何看到康熙读代数这段史料的人，都会感叹康熙学习数学之用功。而且康熙为什么要写这封谕旨？这封谕旨的接收人王道化，是康熙在宫里的奴才。他写这封谕旨传回京城的目的不是要嘲笑代数新法"可笑"，而是要让奴才把它拿给传教士重新书写编辑。

康熙的奴才确实把这封谕旨抄了一份，交给传教士，让他们赶紧重新把代数整理翻译清楚。这份谕旨的抄件在罗马还有保留。尽管康熙文字中说新法"可笑"，但他直觉到其中有新东西，所以一直在催促传教士把代数重新写清楚。其实传教士当时要介绍代数，也是不容易的。这要求他们自己对代数要有透彻的理解，知道这个方法的新意到底在哪里。现在回看历史，所有人都同意代数是无可取代的数学工具。但这个认识是因为后来的发展让代数的作用完全显露了出来。笛卡尔（1596—1650）创造了坐标系，用代数来计算几何，又经过牛顿和后来的数学家欧拉的完善，代数被用来对世间万物进行运算经过了上百年的发展历程。后来所有科目的科学运算，都离不开代数和方程，这是我们都知道的事。但当时的传教士并不能完全看到代数未来的妙用。除了代数知识以外，要把问题给康熙讲清楚，还要求中文水平高。注意这里要求的中文水平是写作水平，这是中文学习中最难的部分。当时在京的传教士懂代数的有三人，但只有傅圣泽一人勉强能写中文。1716 年（康熙驾崩前六年），有号称懂数学的新传教士来华时，康熙还让皇三子专门去询问欧洲有没有新的求立方根和平方根的方法。[6] 康熙其实要问的就是代数中的求根方法。中国传统数学中有平方根和立方根的求解方法，康熙也是知道的。他想要知道的是代数里面的新方法。

比如康熙朝编订的《数理精蕴》中有应用题，列出的算式是 $x^3 + 8x = 1824$（书中没有用 x，但用代数写出来就是这个等式），这就需要求立方根。[7] 康熙想知道的立方根求解方法，也是困扰了欧洲上百年的问题。按照代数的方法，立方根求解中会出现负数开根号的情况。

最后解决这个问题是定义出了虚数概念。虚数在英文中叫 Imaginary number，直接翻译过来就是"想象出来的数字"。虚数最早是由笛卡尔提出，但在与实数一起进行运算时还有大量实际操作问题。而虚数相关的各种问题完全解决是在 18 世纪中期，也就是在中国的乾隆年间。康熙想要知道的问题可能现在看起来不难，但放在当时都是大问题。康熙在得不到好的代数书翻译的情况下，让传教士直接把他们能找到的所有西文代数书都交给皇三子。[8] 六十多岁的康熙还寄希望自己能和他的皇子一起把代数弄明白。在数学中，"元""次"和"根"等专门术语都是康熙翻译的。

除了在历史细节上经不起推敲，基于清初传教士来华而衍生出的各种文化冲突理论还有一个先天缺陷：就是无法解释传教士事业在康熙时代的辉煌。如果中国传统文化和西方文化真的不能调和，西方科学和中国传统思维有冲突，那么为什么传教士在康熙年间能成功，教徒人数成几何级倍数增长，西方知识大量涌入？康熙一朝就是六十一年。六十一年放在历史长河中很短暂，但这也是传教士在中国，和中国百姓一天天、一年年过出来的六十一年。不能因为后来雍正禁了教，就选择性忽视之前调和的日子。传教士在康熙朝得到了各种优待不假，但百姓入教都是他们自己的选择。寺庙、道观，教堂，老百姓选择去哪里，到底有没有不可调和的文化冲突，他们是在用行动给出答案。

这又涉及一个历史的评判问题。历史应该最少有两次评判。一是当时的人——历史参与者流露出的主观感觉，这可以算作一种评判。二是后来人综合历史上下文的评判。这两种评判可以不同，但是后来的历史评判不能无视当时人自身的感受。比如藏传佛教中一路几千公里磕长头的苦行。如果一位苦行的信徒成为了历史人物，变成了历史研究对象，这时候他磕长头朝拜和朝拜时的满足与期待才是历史中的存在。后来人的历史评判，需要在当时人的行为和感受基础上来做评判。如果完全不考虑当时人的主观感受，而站在现代科学的立场，认为他的苦行没有价值和意义，那就跟当时历史没有了关系，这种评判严格讲也不属于历史研究。本书第二章讲到杨光先时，其实已经谈到过这个问题。杨光先的书和言论在当时没有得到士人的认同，没有引起反响。因而无论他去世一百年后有多少人关注他的观点，历史的事实只有一个：就是他的书当时没有引起反响和认同。所有明末清初相关的历史论述，也都应该建立在杨光先在当时没有得到主流文人认可这个历史事实的基础上。而鸦片战争以后，杨光先的论说在特定的历史条件下被重视，被研究，这属于另外一段历史，和明末清初的历史应该区分开来。两段历史的不同，西方已经形成了一个专门的研究派别，就是后世"接受理论"（reception theory）。比如杜甫，唐朝以后各个时代对他的作品有不同的评论和看法，但这些评论和看法不能当成杜甫自身历史的一部分。[9]

明末清初传教士一批一批来到中国，他们就是当事人。在我们做出任何关于当时中西文化对比的判断时，应该首先看他们怎么说。传教士来到中国后，确实观察到了中西文化方方面面的差异，而且还留下了各种记录。但他们认为那些文化差异是冲突，而且是不可逾越的吗？显然不是。全球化之初，商人和传教士是最早走遍世界的两大群体。跟牟利的过往商人不同，传教士到了世界各地都需要深度融入当地社会。因此，他们的记录都是他们在当地生活后的切身体验。当时生活在中国的传教士，在定居中国前，都到过许多国家，也了解世界各个地区的文化差异。对他们来说，中国社会和文化是很包容的，是在传统文明发达的地区中很有可能接受基督教的地方。当他们在中国发现已在开封定居几百年的犹太人，并得知他们依然保持着自己的信仰时，就感叹过传统中国的包容。当时耶稣会神父还去到印度的莫卧儿帝国（1526—1857）。他们也走入了当时莫卧儿帝国一代明君阿克巴大帝（Akbar the Great，1542—1605）的皇宫。但是面对伊斯兰势力，耶稣会神父能够发挥的空间很小。[10] 同时，意大利的耶稣会神父伊波里托·德基德利（Ippolito Desideri，1684—1733）在 1716 去到了中国西藏。当时西藏知道一些耶稣会神父在北京的事迹，因而伊波里托在西藏还受到了款待，被允许留在拉萨学习藏语、佛教和西藏文化。西藏并没有排斥这位意大利去的神父，还允许他建立一个小的天主堂（一个小房间）。只是伊波里托神父自己发现很难把基督教传进西藏，很难找到信徒。[11] 如果按今天流行的经济学观点，我们把信仰需求看作一个市场的话，那么可以说基督教作为一款信仰产品进入不了西藏市场，因为那里的本土信仰产品已经足够强大。[12] 但当时的内地不一样，基督教作为信仰产品是能够进入到内地的，内地的百姓和主流文人都抱有一种开放的观念，把基督教当作一个外来的新产品在看待。尽管来华的传教士在对待中国传统习俗的态度上有分歧，但那是他们内部的分歧。他们在中国文化和中国土地能容纳西方科学和宗教这个大问题上是没有分歧的，所以我们看到，不同的修会都在增派人手到中国。传教士内部的分歧，就像今天跨国大公司不同部门之间对产品如何进入中国市场，如何对待中国传统消费习惯，以及如何让产品本土化的过程中有分歧是一样的。佛教于汉代进入中国以后，如何让佛教本土化，如何接入中国传统观念和文化，也是一个持续了上千年的问题。

对于当时的传教士和教皇来说，中西文化没有冲突，冲突的只是他们天主教内部的不同派别。罗马教皇收到康熙的红票，给康熙的回信中说："我们从来没有想到过，我们对教内做出的规定会让您不高兴。"天主教即便是在欧洲内部争论时，对孔子以及儒家传统都抱有十足的敬意，认为孔子提倡的"慎终追远"、重视丧葬、敬畏神灵是和天主教教义精神暗合的。他们并没有想过要反对这个传统，而他们要规定的只是受洗的教徒，要他们坚持心中只有一个神灵，就是天主，入教之后不能再求祖先等其他神灵保佑和庇护了。在这个思路指导下，他们规定了教徒哪些传统活动能参加，哪些不能。在传教士和教皇眼中，中西文化在某些具体操作上是有差异的，但不是互相冲突，是可以共存的。后来的历史其实也证明了传教士的基本判断。当儒家文化圈里的中日韩决定引进西方文化的时候，都很快速从容地做到了。在引进西方文化的历史进程中，这几个国家真正担忧的是西方文化是否引进得太多、太快。

哪怕在雍正禁教以后，也没有任何传教士认为这是中西文化冲突所致。一切不过是宫廷政治罢了。雍正禁教在当时传教士看来也只是暂时的挫折。康熙初年鳌拜时期，在汤若望被参劾后，传教士的教堂都被没收了，后来又靠南怀仁东山再起。雍正时期北京的传教士就在等待下一次东山再起的时机。1735年，雍正去世，乾隆登位，康熙朝就活跃于北京官场的巴多明神父马上认为这是一次机会。他找到了内阁官员和康熙的皇十二子，让他们帮忙活动，同时他自己也写了一份折子。尽管最后巴多明没能说动乾隆，但这份折子充分说明了传教士的希望和等待。

乾隆登基后，尽管他没有像康熙那样允许天主教传播，但和雍正不一样，乾隆是愿意使用传教士的。圆明园的喷水池部分就是传教士设计，仿照欧洲宫廷建造的。近年来颇有名气的十二生肖兽首，就是安装在圆明园里用作喷水龙头之用的。巴多明神父年迈之时，还曾上奏乾隆，说自己年纪大了，希望能允许两个年轻传教士来北京照顾他。乾隆允准了。来的两个传教士就是来继承他北京的教堂的。巴多明于1741 年在北京病逝，是经历了康雍乾三朝的元老。像巴多明一样在北京等待机会的传教士还有很多。鼎鼎大名的郎世宁也是这样。康熙朝就到北京的他，一直在宫廷里作画，乾隆的母亲就很赏识他，还坚持要乾隆给郎世宁安排个官职，发薪俸给他。[13] 郎世宁从雍正 1724 年禁教，一直到他 1766 年去世，又在北京待了四十多年。他到死都还在等待机会，希望有一天能让天主教被朝廷重新认可。乾隆登基后不久，在澳门的传教士专门开过会讨论天主教在中国是否还有希望。会上没有人认为他们的困难来自于中西文化差异或者是文化冲突，他们都认为问题的关键是皇帝的想法。他们都寄希望于北京的传教士能像南怀仁当年一样，找到机会。乾隆中期以后，以郎世宁为代表的宫廷传教士，通过他们的努力，确实也让乾隆对传教士的看法有所改变。乾隆不仅越来越多地使用传教士，还像康熙一样把传教士召入了他的内务府。一些文件显示，传教士又开始找内务府，而不是朝廷部门来处理他们在北京生活上的具体问题。[14] 现存的奏折中可以看到，1760 年代后，乾隆又像康熙一样，命令两广总督选送有技术的西洋人到北京。而且1778年以后，乾隆还几次问询沿海官员为什么没有有技术的西洋人前来。乾隆的这些谕旨，最直接地说明传教士耐心等待时机的既定思路是没有错的。

早年制定政策的传教士没有想到的是，欧洲教廷内部发生了巨变。从1750年代开始，耶稣会在欧洲受到排挤打压，各国相继取消了耶稣会。1773年教皇宣布解散了耶稣会。（直到1956年，罗马教廷才又恢复了耶稣会的地位。现任教皇方济各就是耶稣会神父。）所以1760年代以后，留守在北京的耶稣会神父基本没有了欧洲的支持。在乾隆日渐对西方感兴趣的时候，耶稣会没有能力再派人到中国来。乾隆发现来北京效力的西洋人越来越少，其实也是这个原因。

当然历史就是历史，结果就是传教士没有等来基督教解禁的那一天。但有这样的结果，不等于必然是这样的结果。长期以来，写史的人都希望妙笔生花，把一个个故事讲得逻辑井然，头头是道，同时还希望自己能发前人之未发，概括出事件背后的大势。在历史中总结规律的想法源自于18—19世纪的西方史家和哲学家，他们受到西方科学革命的影响，希望像研究自然界的物理现象一样，找到历史发展的规律。寻找历史规律主导了现当代历史研究，同时也支配了现当代的历史书写。这一影响最具体的表现就是史家热衷于讲抽象的"大"历史，而忽视了历史中的个人和那些有血有肉的细节，以及个体生命轨迹中展现出的偶然性和不确定性。就是华语世界的一流史家如陈寅恪，他那部拒绝历史规律、深挖历史细节的《柳如是别传》，在出版半个世纪后，依然不被重视，甚至有评论为陈寅恪惋惜，认为这部书浪费了他晚年的时间和心血。但如果我们能够接受历史并不抽象，它就是由一个一个鲜活的个体共同演绎出来的，那么我们就应该重视历史中的个人，以及接受个人命运及其带有的偶然性和不可测部分都可能会影响到历史。

比如前面提到的带了 7000 本欧洲书籍在明朝万历年间再次进入中国的金尼阁神父。回到中国后，他渐渐开始后悔在教皇面前赞同利玛窦把天主教的神（deus，英文译为 god）翻译成中文"上帝"这个词。随着他对中文研究的深入，他认为这个基督教里最关键的词翻译得不对，铸成了不可挽回的错误。最后他在 1628 年一天的清晨四点和神父们一起做完祷告回到房间后，上吊自杀了。自杀在天主教神父中是极其罕见的，而且对于教会来说是丑闻。当时的罗马教会内部都是用密信外加密码交流此事。[15] 之前金尼阁神父为买书到中国一事，在欧洲云游募捐筹款，这让他在欧洲很有名气。现在纽约大都会博物馆还藏有一副鲁本斯（Peter Paul Rubens）在金尼阁到安特卫普（Antwerp，比利时城市）募捐时，为金尼阁画的身穿中国儒家冠服的全身像（见图8.2）。金尼阁神父出人意料地自杀身亡，对中国来说，最大的损失就是他要进行的西学翻译事业戛然而止了。我们其实谁也不知道，玄奘要是在路上遇到强盗，没能把佛经带回长安，没把印度的佛经翻译出来会怎样影响佛教在中国的传播。不过二人个体生命中的偶然性，肯定或多或少都影响了某段历史的演进。

历史在一个个的个人选择中充满着不可预料的偶然，正如我们现在的世界在个人决策下充满着不可预测的偶然一样。现在的世事就是未来的历史，而历史就是以前的世事。就像 2020 年开始的新冠疫情，

图 8.2 鲁本斯绘金尼阁着儒服全身像

图片来源: 纽约大都会博物馆网站。文件编号 337844。

对于个人、国家、世界都是一个偶然性事件，到底它会怎样影响到历史的演进，我们不知道，但我们能感受到的是，这个突然出现的事件，会是无数个人生命中的变量。

在本书涉及的历史时段中，康熙对西学的兴趣和雍正对佛教的修行也都是横跨古今、独一无二的个案。恰好传教士和西学相关的历史都和这两个皇帝的个人喜好紧密相连。1722年秋，康熙已经出去打过一次猎了，回到北京后六十八岁的他竟还意犹未尽。当他再次离开北京去打猎的时候，身体状态应该是不错的。可惜出去不久，他就感染风寒，很快去世了。康熙在病床上匆匆开始了传位，皇四子也在完全没有预兆的情况下，突然登基了。几个月后，皇三子被发配去给康熙守陵墓，他负责的西学事业也随之停止。又过了几个月，传教士的教也被禁了，这在影响天主教入华的同时也影响了西方科学的传播。当时所有的西方知识都是靠这些来华的传教士亲自带到中国的。他们人不再来，西学传播的渠道也随之减少。对于中国来说，这就使得中国错过了西方科学革命中最重要的18世纪。在谈论近代西方科学革命时，很多人都喜欢上追希腊罗马。但实际上希腊罗马后一千多年，欧洲科学并没有什么大发展。欧洲科学革命中最关键的反而是从阿拉伯传到欧洲的代数，以及在代数上发展出的微积分这两个实用的数学工具。牛顿就是使用这两个工具来解释现实世界的第一人，开启了18世纪欧洲科学的井喷式发展。可惜在代数就快要进入中国时，持续了大约一百年的西学东传，随着康熙的驾崩和雍正的登台而逐渐停止了。当然历史无法假设，要是康熙之后的雍正皇帝没有为难皇三子，是不是西学引进还能持续，从而改变中国的历史进程？我们无从知道答案。但可以知道的是，西学没能继续传播并不是中国传统文化的问题，也不是传统士人不接受西学的问题。毕竟从万历年间算起，中西互通在明清之际切切实实地走过了一百年。

传统中讲"一朝天子一朝臣"，康雍之间的皇位更替不仅改变了传教士和康熙众多皇子的个人命运，同时也改变了那些跟这些人命运紧密相连的历史。庙堂之上的变动，我们后来者似乎能带着"后见之明"来评点一番；但变动发生前，谁也预料不到，哪有什么规律可总结？史家要做的，也许就是把发生过的故事和细节挖掘出来就好。

注 释

第一章　佟家的奴才

1　　该奏本藏于台湾史语所内阁大库档案，档案编号为038202。内阁大库档案网站有该奏本的图像供调阅。

2　　关于两位神父在张献忠大西朝的史事，参看：Zürcher, "In the Yellow Tiger's Den: Buglio and Magalhães at the Court of Zhang Xianzhong, 1644-1647", 355-374.

3　　关于二位神父到京后的史事，参看：Dunne, *Generation of Giants*, 327；魏特，《汤若望传》，396，401。

4　　参看安文思的记录：Magalhães, *A New History of China, Containing a Description of the Most Considerable Particulars of That Vast Empire*, 346.

5　　Oxnam, *Ruling from Horseback*, 47-49.

6　　本文关于两位神父从四川到北京的经历，主要来自两方面材料。一是利类思神父在安文思神父1677年去世以后，为他写的一篇简短的传记。在传记开头，利类思自称是"与安文思36年未曾分离的挚友，传记于1677年从北京寄出"。后来这篇传记附在安文思神父写的《新中国史》书后，于1688年在伦敦出版。第二个材料是，古洛东注解的《圣教入川记》。古洛东是法国传教士，原名 Francois Marie Joseph Gourdon。他19世纪末年入华后在重庆传教，后来在上海从一位耶稣会士那里得到一部手写本，内容是关于利类思、安文思明末在成都开辟四川教区的往事。由于古洛东也在四川传教，所以他为这部手写本中记录的人物、地点作了注解，最后在1918年出版了该书。该书记录了许多利类思、安文思在张献忠朝廷的所见所闻，以及后来他们跟随豪格大军去北京的历史细节。Buglio, "An Abridgement of the Life and Death of F. Gabriel Magaillans", 340-352；古洛东，《圣教入川记》。对于两位神父的传教经历，参看：汤开建，《沉与浮——明清鼎革变局中的欧洲传教士利类思与安文思》。

7　　Buglio, "An Abridgement of the Life and Death of F. Gabriel Magaillans", 345.

8　　Buglio, "An Abridgement of the Life and Death of F. Gabriel Magaillans", 346.

9　　古洛东，《圣教入川记》，57。

10　古洛东，《圣教入川记》，59。

11　古洛东，《圣教入川记》，52。

12 古洛东，《圣教入川记》，55-56。

13 古洛东，《圣教入川记》，55；Buglio, "An Abridgement of the Life and Death of F. Gabriel Magaillans", 345-346。

14 Crossley, *A Translucent Mirror*, 140.

15 《满文老档》，165。

16 胡祥雨，《"逃人法"入顺治律考——兼谈"逃人法"的应用》。

17 魏特，《汤若望传》，397。

18 Chu, *Law and Society in Traditional China*, 9, 128, and 280-283; Sommer, *Sex, Law, and Society in Late Imperial China*, 5-8.

19 对二人转到佟图赖名下，法国学者 Pih 根据当时传教士寄回罗马的报告，已有详细考证。参看：Pih, *Le P. Gabriel de Magalhães*, 94-95.

20 对此问题，20 世纪以来，许多清史大家都有论述。认为佟家是汉化的满人的有：孟森，《清初三大疑案考实》，120-129；孟森，《明元清系通纪》1:190；陈寅恪，《柳如是别传》，1001-1002；牟润孙，《注史斋丛稿》，431-434。认为佟家是汉人，后来迁徙到东北的有：郑天挺，《清史探微》，22-28；Crossley, *A Translucent Mirror*, 57-88。

21 陈寅恪，《柳如是别传》，1001。

22 《满文老档》，370；对于清初政治通婚研究，参看：Rawski, "Ch'ing Imperial Marriage and Problems of Rulership"。

23 相关内容佟世思在其撰写的家族史中有记载：佟世思，《先高曾祖三世行略》，408-409。

24 Crossley, *A Translucent Mirror*, 62-63.

25 《清史稿》，2: 34。

26 孟森在 1936 年的文章中就提到，包衣奴才就是身边最近的家奴。包衣奴才只是奴隶的一种。相关研究参看：祁美琴，崔灿，《包衣身份再辨》，117-128；孟森，《八旗制度考实》，260-262；郑天挺，《清代包衣制度与宦官》；左云鹏，《清代旗下奴仆的地位及其变化》；傅克东，《从内佐领和管领谈到清代辛者库人》；杜家骥，《八旗清朝政治论稿》，435-488；鹿智钧，《根本与世仆：清朝旗人的法律地位》，185-194。在红学研究领域，在研究家庭内部运作的研究中，家中奴仆也是一个部分，这些红学研究对于了解清初奴仆也有贡献。比如杜家骥，《清代内务府旗人复杂的旗籍及其多种身份——兼谈曹雪芹家族的旗籍及其身份》；另外英文研究中，参看：Elliott, "Vocabulary Notes from the Manchu Archives 2: On the '*booi*'", 18-21; Spence, *Ts'ao Yin*; Torbert, *The Ch'ing Imperial Household Department*; Crossley, *A Translucent Mirror*, 140-142; Elliott, *The Manchu Way*, 81-83.

27 魏特，《汤若望传》，468。

28 明代对使用红衣大炮获胜的报告，参看：《明熹宗实录》，68:1a。

29 《明熹宗实录》，70: 17b。

30 《明熹宗实录》，79: 19b。

31 《皇朝文献通考》，636: 461-462。

32 整个行程，参看：Cooper, *Rodrigues the Interpreter*, 341-342.

33 Cooper, *Rodrigues the Interpreter*, 338.

34 张小青，《明清之际西洋火炮的输入及其影响》，72。

35 张小青，《明清之际西洋火炮的输入及其影响》，75-76。

36 黄一农，《红夷大炮与皇太极创立的八旗汉军》，77-78。

37 对大凌河之战，魏斐德《洪业：清朝开国史》一书中有精彩论述。

38 《皇朝文献通考》，636：461-462。

39 《天聪五年八旗值月档（一）》，自《历史档案》，2000（4），4。

40 牟润孙，《注史斋丛稿》，435。

41 对于清朝突然能造出大炮，黄一农认为是满人在 1629 年突袭中，抓了一批汉人工匠。后来清朝铸造的大炮炮身上都刻有这些工匠的名字。同时，黄一农还注意到满人在这段时间内在大海中打捞出的沉船中有一尊红夷大炮。于是黄一农认为这批汉人工匠通过模仿海中打捞出的大炮，成功仿制出了红衣大炮。我认为黄一农此论对冶炼技术中的技术难点估计不足。明末 1620 年代起，明朝的工匠就在积极仿制，希望制造出红衣大炮来。但是炮管等冶炼温度火候掌握不好，造出来的大炮有使用问题及安全隐患。因而明朝在 1630 年代都没有造大炮的技术，需要到澳门购买。所以说，清朝靠自己的能力解决了制造大炮中的各种技术问题，这种可能性是很小的。参看：黄一农，《红夷大炮与皇太极创立的八旗汉军》。

42 黄一农，《天主教徒孙元化与明末传华的西洋火炮》，911-959。

43 Cooper, *Rodrigues the Interpreter*, 350.

44 董少新，黄一农，《崇祯年间援华葡兵新考》，78。

45 董少新，黄一农，《崇祯年间援华葡兵新考》，79；黄一农，《红夷大炮与皇太极创立的八旗汉军》，90-91。

46 孔有德被封"恭顺王"，参看：《满文老档》，1446。

47 张小青，《明清之际西洋火炮的输入及其影响》，86。

48 《清史稿》，234：9398-9399。

49 对于清朝早期，八旗中汉人以及他们成立汉军旗的起源，参看：Li, "The Manchu-Chinese Relationship", 1-32.

50 陈寅恪，《柳如是别传》，158。

51 《皇清开国方略》，341：205。

52 对地位的变化，参看：Li, "The Rise of the Early Manchu State", 139-142.

53 对于整个汉军八旗的形成，参看：Li, "The Manchu-Chinese Relationship", 25.

54 对于红衣大炮的估算，参看：黄一农，《红夷大炮与皇太极创立的八旗汉军》，92。

55 《明清史料·乙编》，2：396。

56 乌真超哈就是汉军的意思。见：《钦定大清会典事例》，1111：1b。

57 Ujen 的满语中本意，参看：Li, "The Manchu-Chinese Relationship", 25；又陈佳华、傅克东，《八旗汉军考略》，19。

58 陈寅恪，《柳如是别传》，158。

59 《清太宗实录》，卷 9。

60 《皇清开国方略》，341：262。

61 《清史稿》，231：9329。

62 Dunne, *Generation of Giants*, 216。

63 Dunne, *Generation of Giants*, 217。

64 Dunne, *Generation of Giants*, 318。

65 《火攻挈要》，1643。

66 萧若瑟，《天主教行传中国考》，274。

67 孙元化没有听孔有德劝告跟他一起降清。不过，后来孔有德对孙元化一直心存挂念。当他得势以后，还主动照顾孙元化的后人。参看：黄一农，《天主教徒孙元化与明末传华的西洋火炮》，945。

68 孔有德是孙元化部下，有跟西洋人打交道的经验，最后再救下谢务禄，这里面的联系是当时传教士就公认的。参看：《鞑靼战纪》，54。

69 Witek, "Johann Adam Schall von Bell and the Transition from the Ming to the Ch'ing Dynasty", 114。

70 满人占领明的领土后，由于八旗中的汉军同时会满汉两种语言，也就成为明疆域内地方官差的首选。相关比较参看：Spence, *T'sao Yin*, 4-5。

71 Witek, "Johann Adam Schall von Bell and the Transition from the Ming to the Ch'ing Dynasty", 116。

72 《先高曾祖三世行略》，408-409。

73 《清史稿》，232: 9350。

74 Wakeman, *The Great Enterprise*, 302.

75 礼部大臣对日食观测结果的报告，见：《奏疏》，1258；《正教奉褒》，24b；Witek, "Johann Adam Schall von Bell and the Transition from the Ming to the Ch'ing Dynasty", 114.

76 Witek, "Johann Adam Schall von Bell and the Transition from the Ming to the Ch'ing Dynasty", 116.

77 魏特，《汤若望传》，244。

78 陈寅恪，《柳如是别传》，1001。

79 Hummel, *Eminent Chinese*, 793; Crossley, *A Translucent Mirror*, 110。

80 方豪，《中国天主教人物传》2: 50-52。

81 黄一农，《天主教徒孙元化与明末传华的西洋火炮》，947。

82 Hummel, *Eminent Chinese*, 793。

83 Pih, *Le P. Gabriel de Magalhães*, 95-96；魏特，《汤若望传》，468-469。

84 《耶稣会士中国书简集》3: 26。

85 魏特，《汤若望传》，468-469。具体关于二位神父去除奴籍以后，变成了哪一种身份，还有待确认。根据现知清初旧例，出了奴籍以后的人被称为"开户"。关于这类人，参看：刘小萌，《八旗户籍中的旗下人诸名称考释》，65-66。

86 佟家引荐了两位神父给顺治皇帝。安文思神父为顺治皇帝管理他私人所有的西洋奇珍异物。Buglio, "An Abridgement of the Life and Death of F. Gabriel Magaillans", 346.

87 根据满文档案，顺治皇帝派佟吉负责教堂修建的事务。参看：《清初西洋传教士满文档案译本》，266。

88 也不是所有的清朝奴仆都想去除奴籍。这很大程度上取决于这些奴仆的主人的经济条件以及主人的社会地位等诸多因素。一方面,有很多奴仆由于生活艰难,私自逃跑;但同时也有一些汉人的平民,由于发现给富裕的满人贵族为奴的生活更富裕,主动加入奴籍。对于这个问题的探讨,参看:杜家骥,《八旗清朝政治论稿》,435-488;鹿智钧,《根本与世仆》,185-194。

89 比如曹寅一家,从他爷爷起,曹家已经去除奴籍,但曹家知道,他们家世中最显赫部分就是做过爱新觉罗家的家奴。所以到曹寅一代,他一直在康熙面前称奴,而且他也确实因为有康熙家包衣奴才的身份,取得了很多特权和利益。参看:傅克东,《八旗户籍制度初探》,34-35; Spence, *T'sao Yin*, 10-11。

90 Dunne, *Generation of Giants*, 326.

91 波士顿大学梅欧金教授为我提供了该信的原件以及英文翻译。该信的原始出处:Longobardi, Niccolò SJ. "Originale [in Portuguese] della lettera del P. Nicolao Longobardi scritta da Pechino al P. Francesco Brancato consultor della Viceprovincia della China". Ms., Beijing, 17 August 1651. ARSI, Japonica Sinica vol. 142, ff. 135r-136v. 这封信的原件是葡萄牙文写成的,当时还有一份意大利文的翻译,出处是:Longobardi, Niccolò SJ. "Copia [in Italian] della lettera del P. Nicolao Longobardi scritta da Pechino al P. Francesco Brancato consultor della Viceprovincia della China". Ms., Beijing, 17 August 1651. ARSI, Japonica Sinica vol. 142, ff. 137r-138v.

92 Pih, *Le P. Gabriel de Magalhães.*, chapter 3. 双方恩怨,参看夏伯嘉,《从安文思与汤若望之间的恩怨论说明宫廷耶稣会士》。

93 Dunne, *Generation of Giants*, 325-338.

94 Buglio, "An Abridgement of the Life and Death of F. Gabriel Magaillans", 345.

95 古洛东,《圣教入川记》,52。

96 《皇清开国方略》,341: 262。

97 Givon, "Connecting Eurasia: Jesuit Experimentation with Overland Mobility Between China and Europe, 1656-1664", 655-656.

第二章　满汉之争中的传教士

1 曹树基,《中国人口史:清代卷》,17。

2 Brockey, *Journey to the East*, 112.

3 信件的英文译本,参看:Chan, "A European Document on the Fall of the Ming Dynasty (1644-1649)", 105.

4 Brockey, *Journey to the East*, 112.

5 Rouleau, "The First Chinese Priest of the Society of Jesus", 3-50.

6 关于汤若望与顺治的私交早有研究。比较著名的是陈垣的《汤若望与木陈忞》。该文比较了汤若望、禅师木陈忞与顺治之间的不同私交。传教士安文思与顺治的私人关系少有人注意。当时世界的航海贸易已经成熟,西洋的各种精巧器件、把玩之物已经大量进入中国权贵家中。顺治作为皇帝,当然也有各种西洋送来的奇珍异宝。安文思神父是个能工巧匠，能够修理制作很多东西。所以他被安排管理、维修顺治的这些宝贝。从跟顺治的关系上来说，算是顺治私下的仆人。安文思去世以后，利类思神父为其写的小传中曾专门提到他的这个角色。另外，康熙为安文思写的墓志铭上也专门提到了安文思为他父亲效力的事。安文思的墓碑现存于中共北京市委党校（北京行政学院）内滕公栅栏传教士墓地，该墓地现为全国重点文物保护单位。

7 关于卫匡国神父在福建的情况简介，参看：Menegon, *Ancestors, Virgins, & Friars*, 94-95.

8 陈垣，《汤若望与木陈忞》。

9 魏特，《汤若望传》，323-324。

10 顺治出家，以及五台山的相关传说考证，参看：孟森，《清初三大疑案考实 》，12-57。

11 谢和耐《中国和基督教》应当算是从中西文化冲突角度观察明清基督教的奠基之作。在谢作发表的 1980 年以前，历狱被看作是一次在中国发生的排外案子。相关著作参阅：Cohen, *China and Christianity*, 20-34; Young, "An Early Confucian Attack on Christianity", 159-186; Young, *Confucianism and Christianity*, 77-96.

    1980 年代后，整个历狱案子主要在中西文化冲突的框架下进行解读，相关论文参看：Zurndorfer, "One Adam Having Driven Us out of Paradise, Another Has Driven Us out of China", 141-168; Chu, "Scientific Dispute in the Imperial Court: The 1664 Calendar Case", 7-34.

12 1990 年代以来，黄一农教授发表了多篇论文，深入研究了历狱涉及的多个方面，发现了许多前人未发现的细节。黄一农认为案子涉及很多实际问题，并非是在空谈文化冲突。但是黄一农教授并未探索满人在这个案子中扮演的角色。对于以往历狱研究的综述，参看 Jami, "Revisiting the Calendar Case (1664-1669)"。黄一农，《择日之争与 "康熙历狱"》，247-280;《清初期对觜、参两宿先后次序的争执：社会天文学史之一个案研究》，71-93。

13 关于议政王大臣会议在清初的地位和作用，参看：傅宗懋，《清初议政体制之研究》，245-294。另英文研究参看：Oxnam, "Policies and Institutions of the Oboi Regency, 1661-1669", 271-273.

14 《清史稿》，卷 5。

15 Spence, "The Kang-hsi Reign", 131.

16 杨光先 1659 年的参劾，见黄伯禄，《正教奉褒》，33b。

17 奥地利国家博物馆现存 1661 年版。另该书的各种版本比较，参看：纪建勋，《〈 碑记赠言合刻 〉版本篇目互校》，81-97。

18 1663 年开封犹太教教堂外立的石碑，就是一位汉人进士撰写的。碑文相关研究参看：Leslie, *The Survival of the Chinese Jews*, 40-41.

19 前面提到的龚鼎孳就把汤若望与僧一行作对比。南怀仁也把神父研治天文与唐代的僧一行做类比。参看:《熙朝定案》，1394；黄伯禄，《正教奉褒》，54b。

20 魏特，《汤若望传》，323-324。

21 陆世仪，《复社纪略》，131。

22 王士禛，《池北偶谈》，88。

23 黄仁宇《万历十五年》的第二和第三章中对于明末朝廷中的参劾文化有细致描述。另外，对于明代的监察制度，参看：Hucker, The Censorial System of Ming China.

24 王士禛，《池北偶谈》，88。

25 黄一农，《张宸生平及其与杨光先间的冲突》，82-83。

26 《四库全书总目》，3: 822。

27 《圣祖仁皇帝实录》，16: 235。

28 黄一农，《清前期对觜、参两宿先后次序的争执：社会天文学史之一个案研究》，71-94。审讯汤若望时，有问到这个问题。见《清初西洋传教士满文档案译本》，164。

29 黄一农，《张宸生平及其与杨光先间的冲突》，82-83。

30 朱维铮，《走出中世纪》，205。

31 对于议政王大臣会议的人员组成和背景分析，参看：Oxnam, "Policies and Institutions of the Oboi Regency", 271-273。

32 魏特，《汤若望传》，501。

33 《奏疏》，1300。

34 汤若望在中国做占算并不是什么秘密，当时有许多在华传教士都不同意汤若望参与到中国这些算命活动中。有传教士把汤若望的这些活动报告给了罗马教廷，希望罗马方面能出面制止。参看：Collani, "Astronomy versus Astrology: Johann Adam Schall von Bell and his "superstitious" Chinese Calendar", 439。

  回欧洲汇报中国事务的卫匡国神父为汤若望辩护，认为汤若望参与的占算和欧洲当时流行的占星术是一样的。既然罗马允许欧洲的占星术，那么汤若望在中国参与的也应该被允许。更为关键的是，卫匡国神父认为汤若望的占算活动总体上是有利于天主教在华传播的。Collani, "Two Astronomers", 83-84。

35 《明清史料》，2:396。这段史料西方学者很早就注意到了，并探索过到底汤若望奏疏中影射的是哪个女人。见：Rosso, *Apostolic Legations to China*, 116-118; Lippiello, "Astronomy and Astrology: Johann Adam Schall von Bell", 424-425。

36 汤若望掌控的钦天监总共上报了 22 次日珥。与之相对，后来的南怀仁神父领导的钦天监一次日珥都没有上报过。《世祖章皇帝实录》，卷 5，卷 12，卷 21，卷 30，卷 35，卷 70，卷 72，卷 75，卷 76，卷 78，卷 79，卷 80，卷 84，卷 86，卷 91，卷 94，卷 98，卷 100，卷 118，卷 129，卷 132。

37 魏特，《汤若望传》，396，455。

38 Collani, "Astronomy versus Astrology", 439.

39 五世达赖的自传中记载汤若望，纯粹是惊讶于他的预测技术，他和汤若望没有私交，对他也没有其他评价。五世达赖喇嘛，《五世达赖喇嘛传：云裳》，328。

40 《实录》中记录这件事时，就是以满汉官员互相争执的形式来记录的。《世祖章皇帝实录》，卷 68。

41 《世祖章皇帝实录》，卷 69。

42 最早全面梳理历狱案子的是魏特的《汤若望传》。在传记中，魏特认为汤若望没有参与到测算中，他只是在做科学的天文观测。

43 Deiwiks, "The Secret Manchu Documents on the Trial of Jesuit Missionary Johann Adam Schall (1592-1666) before the Supreme Court of Peking", 643.

44 黄一农，《择日之争与“康熙历狱”》，257-258。

45 历狱的审判资料是用满文记录的，现存中国第一历史档案馆。2015 年全部档案已经翻译成汉语出版。参看《清初西洋传教士满文档案译本》。对该档案的研究有：安双成，《汤若望案始末》；Deiwiks, "The Secret Manchu Documents"; Deiwiks, "Some Cultural and Psychological Aspects of the Trial of Johann Adam Schall Before the Supreme Court of Peking According to the Secret Manchu Documents".

46　《清初西洋传教士满文档案译本》，44。

47　《清初西洋传教士满文档案译本》，66。

48　《清初西洋传教士满文档案译本》，68。汤若望在他执掌钦天监的二十年中，以前也有很多次被参劾。但他以前都是引经据典，以专家自居。这是第一次，他以"没有参与"，"不懂"作为理由来抗辩。对于汤若望其他参劾抗辩，参看：《奏疏》，1314-1319。

49　《清初西洋传教士满文档案译本》，189。

50　《清初西洋传教士满文档案译本》，189。

51　《清初西洋传教士满文档案译本》，184。

52　《清初西洋传教士满文档案译本》，217。

53　《清初西洋传教士满文档案译本》，179-180。

54　《清初西洋传教士满文档案译本》，267-268。

55　《清初西洋传教士满文档案译本》，266。

56　叶梦珠，《阅世编》，10。

57　其实传教士早就预见到朝廷政治斗争的风险。在1649年，由安文思起草、10位传教士签名的一封信就警告过汤若望，提醒他在朝廷做官，管理一个部门不可避免会得罪人，早晚会有政敌出现。魏特，《汤若望传》，477。

58　魏特，《汤若望传》，516。

59　Gernet, *China and the Christian Impact*, 43.

60　Jami, *The Emperor's New Mathematics*, 58.

第三章　从铲除鳌拜到《尼布楚条约》谈判

1　昭梿，《啸亭杂录》，476；孟昭信，《康熙大帝全传》，27-28。

2　杨珍，《康熙朝鳌拜罪案辨析》，89-92。

3　《满文老档》，697。

4　Rawski, "Ch'ing Imperial Marriage and Problems of Rulership", 177-179.

5　杜家骥总结了清初所有的满蒙联姻。参看：杜家骥，《清朝满蒙联姻研究》，596-624。

6　1644年入关以前，满蒙通婚85桩，其中33次也就是40%都是和科尔沁部展开的。杜家骥，《清朝满蒙联姻研究》，12。

7　顺治后宫研究，参看：孟森，《清世祖董鄂妃生死特殊典礼》，178-184；《世祖出家史实考》，237-247。

8　蒋兆成，王日更，《康熙传》，9。

9　杨珍，《苏麻喇姑研究》。

10　Spence, "The Kang-hsi Reign", 140-141.

11　Oxnam, *Ruling from Horse Back*, 169.

12　Hummel, *Eminent Chinese*, 663.

13　对于中国传统士人而言，"文正"是谥号中的最高荣誉。而对于满人来说，"忠"才是他们最看重的，所以"文忠"是他们认为的最高评价。清初四朝，"文正"给出了四次。而"文忠"只给出一次。后来清末慈禧颁给李鸿章的谥号是"文忠"，其实是对李作为汉臣的最高认可。参看：宋秉仁，《从文臣谥号看明清谥法理论》，255。

14　Lawrence Kessler 注意到了相关的上奏，并做了统计。参看：Kessler, *K'ang-Hsi and The Consolidation of Ch'ing Rule*, 188.

15　Kessler, *K'ang-Hsi and The Consolidation of Ch'ing Rule*, 57.

16　常江，李理，《清宫大内侍卫》。

17　常江，李理，《清宫大内侍卫》，134。

18　常江，李理，《清宫大内侍卫》，149-150。

19　Hummel, *Eminent Chinese*, 795.

20　《圣祖仁皇帝圣训》，411:169。

21　《北京图书馆藏中国历代石刻拓本汇编》，65:107。

22　南怀仁参劾的折子全文参看《熙朝定案》，1389-1390。

23　《圣祖仁皇帝实录》，386。

24　《圣祖仁皇帝实录》，387-388。

25　Kessler, *K'ang-Hsi and The Consolidation of Ch'ing Rule*, 1661-1684, 63.

26　Verbiest, *The Astronomia Europaea of Ferdinand Verbiest, S.J.*, 66.

27　Cullen, C., & Jami, C. "Christmas 1668 and After: How Jesuit Astronomy Was Restored to Power in Beijing", 10-11; Pih, *Le père Gabriel de Magalhães*, 214-215.

28　《熙朝定案》，1390。

29　《正教奉褒》，58。

30　《圣祖仁皇帝实录》，416。

31　《圣祖仁皇帝实录》，417-418。

32　汤若望墓现存于滕公栅栏，位于车公庄大街 6 号中共北京市委党校（北京行政学院）院内。很多著名来华传教士都安葬于此。这里是全国重点文物保护单位。

33　Verbiest, *The Astronomia Europaea of Ferdinand Verbiest, S.J.*, 61.

34　Verbiest, *The Astronomia Europaea of Ferdinand Verbiest, S.J.*, 66.

35　Verbiest, *The Astronomia Europaea of Ferdinand Verbiest, S.J.*, 66, 68-69.

36　Verbiest, *The Astronomia Europaea of Ferdinand Verbiest, S.J.*

37　Verbiest, *The Astronomia Europaea of Ferdinand Verbiest, S.J.*, 63.

38　《正教奉褒》，57a-58b。

39 《清初西洋传教士满文档案译本》，179-180；另见魏特，《汤若望传》，493。

40 当时谋反主谋已经供出钱谦益。柳如是贿赂了南方相关官员后，官员上书帮助钱谦益脱罪。脱罪的理由是钱谦益不认识主谋。陈寅恪考证出钱谦益跟案件确实有牵连。陈寅恪，《柳如是别传》，913-923。

41 《正教奉褒》，65a-65b。

42 《正教奉褒》，33b-34a。

43 魏特，《汤若望传》，468。

44 陈垣，《汤若望与木陈忞》，502。

45 《正教奉褒》，74b。

46 Verbiest, *The Astronomia Europaea of Ferdinand Verbiest, S.J.*, 99.

47 Verbiest, *The Astronomia Europaea of Ferdinand Verbiest, S.J.*, 101.

48 《熙朝定案》，1394。

49 《熙朝定案》，1395。

50 Landry-Deron, "The Kangxi Emperor's Lessons in Western Sciences as Recounted by the Jesuit Fathers J. Bouvet and J.-F. Gerbillon", 257-270.

51 《圣祖仁皇帝实录》，卷146。

52 Verbiest, "Journeys into Tartary", 110.

53 舒理广，胡建中，周铮，《南怀仁与中国清代铸造的大炮》，25-31。

54 Stary, "The 'Manchu Cannons' Cast by Ferdinand Verbiest and the Hitherto Unknown Title of His Instructions", 215-225.

55 Verbiest, Astronomia Europaea sub imperatore Tartaro Sinico Cám Hý appellato ex umbra in lucem revocata.

56 康熙的大哥应该是福全，他和康熙以及佟家都保持着良好关系。Verbiest, *Astronomia Europaea sub imperatore Tartaro Sinico Cám Hý appellato ex umbra in lucem revocata*, 87-88.

57 Scheel, "Beijing Precursor", 245-270; Needham, *Science and Civilization in China*, 4:225.

58 关于欧洲当时的中国热，参看：Hsia, *The European Construction of China in the Literature of the 17th and 18th Centuries.*

59 Wills, *Embassies and Illusions*, 120.

60 《鞑靼旅行记》，79。

61 《鞑靼旅行记》，76。

62 Hao, "Ferdinand Verbiest and His Role in the Formation of Sino-Russian Relations", 284-285.

63 Loewenthal, "Nikolai Gavrilovich SPAFARII-MILESKU (1636-1708): A Biobibliography", 95-111.

64 Mancall, *Russia and China*, 82-94.

65 Huang, 1587, *The Year of No Significance: the Ming Dynasty in Decline*, 85, 92.

66 Givon, "Connecting Eurasia: Jesuit Experimentation with Overland Mobility Between China and Europe, 1656-1664".

67　Sebes, *The Jesuits and the Sino-Russian Treaty of Nerchinsk*, 96.

68　Szczesniak, "Diplomatic Relations between Emperor K'ang Hsi and King John III of Poland", 157–61.

69　Sebes, *The Jesuits and the Sino-Russian Treaty of Nerchinsk*, 98.

70　Kajdanski, "Ferdinand Verbiest's Relations with King John III of Poland", 308。另外，莱布尼茨后来确实也给彼得大帝写了信，劝说俄罗斯如果能作为中西交流的桥梁，必定能获取不小的经济利益。Wiener, Leibniz Selection, 598。莱布尼茨和闵明我神父之间的通信已部分翻译成中文，收录在：夏瑞春编，陈爱政等译，《德国思想家论中国》。

71　《清代中俄档案》，1:58-59。不过荷兰帮大清带去的信在 1690 年才到达俄罗斯，那时中俄《尼布楚条约》已经签完了，荷兰没帮上忙。后来大清内部以为是荷兰把信带到以后，才有中俄《尼布楚条约》会谈，这是错误的。见《朔方备乘》，53:1-2。

72　《圣祖仁皇帝庭训格言》，卷 1。

73　这些法国传教士在法国的筛选过程，参看：Jami, *The Emperor's New Mathematics*, 105.

74　《耶稣会士中国书简集：中国回忆录》，1: 264-265。

75　Bouvet, *The History of Cang-Hy*, 52-53.

76　Chen, "Sino-Russian Diplomatic Relations since 1689", *in The Chinese Social and Political Science Review*, 10 (1926), 476-479. 该刊物是民国时期北京出版的英文刊物，汇集了众多民国一流华人学者的英文研究。该刊所有论文都在网上可以免费查阅。该文作者陈复光从清华大学政治系毕业后，获得庚子赔款资助留学哈佛。学成后回国，执教于云南大学，一直到 1949 年以后。他 20 世纪 40 年代用中文写的《有清一代之中俄关系》，参考了俄语、拉丁语等多种西方文献，仍然是中俄关系研究的经典。

77　Jaskov, "The Negotiated Geography of the Treaty of Nerchinsk (1689) and the Role of the Jesuits"；Sebes, *The Jesuits and the Sino-Russian Treaty of Nerchinsk*, 264.

78　Sebes, *The Jesuits and the Sino-Russian Treaty of Nerchinsk*, 271. 徐日升神父的日记是用葡萄牙文写的，该日记的葡萄牙文和英文翻译对照，在 Sebes 书的最后部分。

79　Jaskov, "The Negotiated Geography of the Treaty of Nerchinsk (1689) and the Role of the Jesuits", 66.

80　Sebes, *The Jesuits and the Sino-Russian Treaty of Nerchinsk*, 271.

81　Sebes, *The Jesuits and the Sino-Russian Treaty of Nerchinsk*, 271.

82　Jaskov, "The Negotiated Geography of the Treaty of Nerchinsk (1689) and the Role of the Jesuits", 71, Note 78.

83　Jaskov, "The Negotiated Geography of the Treaty of Nerchinsk (1689) and the Role of the Jesuits", 72.

84　Jaskov, "The Negotiated Geography of the Treaty of Nerchinsk (1689) and the Role of the Jesuits", 66.

85　Jaskov, "The Negotiated Geography of the Treaty of Nerchinsk (1689) and the Role of the Jesuits", 70-72.

86　Jaskov, "The Negotiated Geography of the Treaty of Nerchinsk (1689) and the Role of the Jesuits", 73-74.

87 Jaskov, "The Negotiated Geography of the Treaty of Nerchinsk (1689) and the Role of the Jesuits", 73–74.

88 Chen, "Sino-Russian Diplomatic Relations since 1689", 482–484.

89 Jaskov, "The Negotiated Geography of the Treaty of Nerchinsk (1689) and the Role of the Jesuits", 64–65.

90 Sebes, *The Jesuits and the Sino-Russian Treaty of Nerchinsk*, 103–104.

91 Sebes, *The Jesuits and the Sino-Russian Treaty of Nerchinsk*, 109.

92 俄罗斯代表最早是希望从传教士那里知道中国的谈判底牌。Chen, "Sino-Russian Diplomatic Relations since 1689", 502.

93 Chen, "Sino-Russian Diplomatic Relations since 1689", 177–179.

94 《圣祖仁皇帝庭训格言》，717:650。白晋在他 1699 年出版的康熙传记中，也写到康熙是在杨光先参劾汤若望时期开始学习西学的。Bouvet, *The History of Cang-Hy*, 52.

95 昭梿，《啸亭杂录》，476。昭梿（1776—1829）是康亲王杰书的后人。

96 《清中前期西洋天主教在华活动档案史料》，1:57。

97 何秋涛，《朔方备乘》，1:23。

98 Sebes, *The Jesuits and the Sino-Russian Treaty of Nerchinsk*, 279.

99 《朔方备乘》，53:1–2。

100 Chen, "Sino-Russian Diplomatic Relations since 1689", 507–508.

101 陈复光，《十八世纪初叶清廷进攻准噶尔期间第一次到俄属及俄京的中国使节》；李齐芳，《清雍正皇帝两次遣使赴俄之谜》；Hsü, "Russia's Special Position in China during the Early Ch'ing Period".

第四章　　内务府的人

1 《耶稣会士中国书简集》，1:282。

2 Witek, "Understanding the Chinese: A Comparison of Matteo Ricci and the French Jesuit Mathematicians Sent by Louis XIV", 90–93.

3 容教诏书尚未在任何清宫档案中发现。现知最早一份写有容教诏书全文内容的文件是徐日升神父（Thomas Pereira）写的一份折子的手抄副本，这个折子中写有容教诏书的全文。该抄本是什么时候抄录的没有注明时间，其存放在雍正时期的军机处档案中。这份抄本很可能是在雍正初期抄录，当时雍正的朝廷在讨论禁止天主教的问题。（在雍正朝廷讨论是否要禁止天主教的时期，耶稣会传教士在一封信中说他们私下重金贿赂了一位礼部文员，让他抄写了有关康熙容教诏书的文件。参看：《耶稣会士中国书简集》，2:324）该抄本现存于内阁大库资料，可网络调阅 http://archive.ihp.sinica.edu.tw/mctkm2/index.html；文档编号为 048450。

另外一份早期的容教诏书记载，见于徐日升（1645—1708）墓碑背面的碑文。该碑文记载，石碑刻于 1692 年，是容教诏书颁布的那一年。不过也有可能是徐日升 1708 年逝世后刻写的。石碑碑文在 1914 年做过拓本。拓本高 184 厘米，宽 87 厘米，藏于北京国家图书馆。容教诏书全文是碑文的最后一部分。碑文的前面部分撰写自自汤若望以来耶稣会传教士对康熙宫廷的贡献。（因碑损，拓本前半部分已不清晰。）这块碑在1949年后损毁遗失。该拓片的图片已经出版，见：《北京图书馆藏中国历代石刻拓本汇编》，65:3。对于其他版本的容教诏书的考证，参看：Standaert, "The Edict of Tolerance: A Textual History and Reading", 308-358.

4 1701年时，据统计有140名欧洲传教士在中国，大概有20万的信徒。Standahert, *Handbook*, 301-303, 383.

5 胡祥雨，《"逃人法"入顺治律考——兼谈"逃人法"的应用》。

6 《满文老档》，165。

7 Spence, *Ts'ao Yin*, 10-11.

8 Chu, *Law and Society in Traditional China*, 9, 128, 280-283; Sommer, *Sex, Law, and Society in Late Imperial China*, 5-8.

9 陈国栋，《清代内务府包衣三旗人人员及其旗下组织——兼论一些有关包衣的问题》，325-343。

10 Chang, "The Economic Role of the Imperial Household in the Ching Dynasty", 243-273; Feng, "The Emperor's Coffer: The Qing Imperial Fiscal Separation Between Privy Purse and State Treasury (1644-1912).", 138-168.

11 祁美琴，《清代内务府》。

12 Chang, "The Economic Role of the Imperial Household in the Ching Dynasty", 251.

13 杜家骥，《清代八旗官制与行政》171; 193。

14 Wu, "Foreword", in Torbert, Preston M., *The Ch'ing Imperial Household Department*, vii; *Spence*, *Ts'ao Yin*, 134. 王钟翰在给祁美琴《清代内务府》写的序言中，也提出内务府和官僚机构是一种并存关系。

15 "王者无私"出自《汉书·文帝纪》。

16 明代皇帝的个人生活的限制参看《万历十五年》。

17 傅克东，《八旗户籍制度初探》，34-35; Spence, *Ts'ao Yin*, 10-11.

18 Stumpf, *The Acta Pekinensia, or, Historical Records of the Maillard de Tournon Legation: First Transcribed Edition and English Annotated Translation*, Volume.1 183. 注释406。 以后注释中，该书（中文名《北京纪事》）简称AP。该书的第二卷（Leiden: Brill, 2019）在注释中称为AP2 。在AP书中，用"mancipia"来翻译"包衣"。当然很有可能耶稣会士在其他的写作中还用过别的词语来翻译"包衣"。在出版的AP书的书末，还附带了一张CD，里面有AP拉丁文全文PDF文档，该拉丁文文档以后注释中称为拉丁AP。对于"mancipia"这个词在AP中的应用，参看拉丁AP，81, 132, 138, 139, 198, 210, 279, 317, 319, 338, 344, 359, 365, 366, 394, 398, 399。

《北京纪事》（*Acta Pekinensia*）是由耶稣会神父纪理安编订，由北京大部分耶稣会神父成员署名确认其真实性，是一部记录关于教皇使节到北京后各种事情的备忘录。该备忘录用拉丁文书写，在教皇使节离开不久后，就发回了欧洲。该备忘录一直存放在耶稣会士罗马档案中。直到2015年，该备忘录的第一部分（截至1706年8月）被翻译成了英文出版。 关于《北京纪事》的介绍，以及整个翻译项目的前前后后，参看 Rule, "The Acta Pekinensia Project", 17-29.

19　AP，198.

20　AP，525.

21　《雍亲王致年羹尧书》全文见附录一。

22　孟光祖是旗人，是皇三子的人。他到地方各省结识督抚，后来被抓。被抓后，给出的判词是孟光祖是骗子，是打着皇三子的名义出来行骗的。不过孟光祖是否真是骗子，还是皇三子一派为了摆脱干系，把此人说成骗子来和他撇清关系，现在很难知晓。正史中记载，不只是年羹尧，还有好几个地方大员都和孟光祖搭上了关联。《圣祖仁皇帝实录》，卷279。

23　拉丁 AP，81；AP，78.

24　拉丁 AP，319；AP，529.

25　陈垣，《论奴才》，603-607。

26　以上选自《关于江宁制造曹家档案史料》。

27　参看《康熙朝汉文朱批奏折》。

28　侯寿昌，《辽东佟氏族属旗籍考辨》，367。

29　《清初西洋传教士满文档案译本》，317-318。

30　传教士是否能算作包衣奴才？根据我与中外学者的私下交流来看，这个问题还有争议。争议的原因在于学界尚未在何者算作包衣奴才这个问题上达成一致。一部分学者认为，包衣奴才必须有严格的档案和奴籍记录支持。比如曹寅家，就在《八旗满洲氏族通谱》中有明确记载（感谢李文益博士为我提供资料）。目前尚未在八旗档案中发现传教士的记录，因而传教士不能算作包衣奴才。另外一些学者，认为在没有档案记录的情况下，可以通过行为方式来认定包衣奴才身份。通过行为来认定的逻辑与今天如果没有找到结婚证，通过双方的实际行为方式来认定婚姻关系相类似。为了避免不必要的争论，本书认为康熙是把传教士当作包衣奴才在对待。这一说法，相当于今天我们说某人把某小孩，当作儿子在对待（这样的表述表明了双方实际行为中反映出了父子关系，但同时也承认尚无户口资料或者出生证明来表明二者确实是父子关系）。

31　《清初西洋传教士满文档案译本》，312; 313-316; 321; 324。

32　AP2，275.

33　《康熙朝汉文朱批奏折汇编》，6: 108。

34　《康熙朝满文朱批奏折全译》，12。

35　《耶稣会士中国书简集》，1: 294。

36　1704年11月，康熙把总管内务府大臣找来，说准备从自己私人账户上，也就是"内库"里，借一万两银子给传教士修教堂。而且康熙还专门强调不收利息，借给传教士八年。一万两银子在当时算是一笔巨款。南怀仁做钦天监监正的时候，一年的俸禄是一百两，也就是一次借了一百位南怀仁同级别官员的年俸给传教士。康熙可能也感觉钱借的比较多，还给总管内务府大臣解释了一下他为什么要借款。康熙说："伊等皆为外国之人，除朕之外，又有何人照顾伊等？"见《清初西洋传教士满文档案译本》，283。

37　《清初西洋传教士满文档案译本》，323。

38　《清初西洋传教士满文档案译本》，281。

39　《清初西洋传教士满文档案译本》，283。

40　AP，112.

41　AP，347.

42　各种称谓见于《关于江宁制造曹家档案史料》。

43　Hsia, "Some Observations on the *Observations*: the Decline of the French Jesuit Scientific Mission in China", 309.

44　Witek, "Understanding the Chinese", 72.

45　《耶稣会士中国书简集》，1: 146-148。

46　《耶稣会士中国书简集》，1: 147。

47　《耶稣会士中国书简集》，1: 290。

48　和太监的友善关系，见《耶稣会士中国书简集》，1: 294；Ripa, *Memoirs of Father Ripa*, 47-48.

49　《耶稣会士中国书简集》，1: 313-315。

50　《耶稣会士中国书简集》，1: 315。

51　《耶稣会士中国书简集》，1: 324-327。

52　Jami, *The Emperor's New Mathematics*, 102-119.

53　《清初西洋传教士满文档案译本》，326。

54　《耶稣会士中国书简集》，2: 106。

55　《耶稣会士中国书简集》，2: 90。

56　Hanson, and Pomata, "Travels of a Chinese Pulse Treatise: The Latin and French Translations of the Tuzhu maijue bianzhen 圖註脈訣辨真 (1650s-1730s)", 24.

57　Szczesniak, "John Floyer and Chinese Medicine", 133-138.

58　Puente-Ballesteros, "Jesuit Medicine in the Kangxi Court (1662-1722): Imperial Networks and Patronage", 144-145.

59　《清初西洋传教士满文档案译本》，297。

60　《耶稣会士中国书简集》，4: 159。

61　《耶稣会士中国书简集》，2: 305-306。

62　《耶稣会士中国书简集》，2: 308-309。

63　《耶稣会士中国书简集》，2: 310-311。

64　Menegon, "Beijing as a Missionary Translation Center in the Eighteenth Century", 37-74.

65　Curtis, "A Plan of the Emperor's Glassworks", 81-90.

66　Puente-Ballesteros, "Jesuit Medicine in the Kangxi Court (1662-1722): Imperial Networks and Patronage", 143.

67　《清初西洋传教士满文档案译本》，327。

68　该药的功能和为什么安多的病上要使用，参看：Puente-Ballesteros, "Antoine Thomas, SI As a 'Patient' of the Kangxi Emperor (r. 1662-1722): A Case Study on the Appropriation of Theriac at the Imperial Court", 213-250.

69　刘世珣，《底野迦的再现：康熙年间宫廷西药德里雅噶初探》。

70　《关于江宁制造曹家档案史料》，98-99。

71　《耶稣会士中国书简集》，1: 282。

第五章　教皇使团和康熙派出的洋钦差

1　Dai, *The Sichuan Frontier and Tibet*, 44.

2　Antonucci, "Notes on the Qing-Zunghar War (1690–1697): The Jesuit Sources", 371–387.

3　Tuttle, "Tibetan Buddhism at Wutai Shan in the Qing", 171–173.

4　Farquhar, "Emperor as Bodhisattva in the Governance of The Ch'ing Empire", 23.

5　Dai, *The Sichuan Frontier and Tibet*, 47.

6　以前关于这个使团的研究，参看：Rouleau, "Maillard de Tournon", 269; Collani, *"Kangxi's Mandate of Heaven and Papal Authority"*, 185–192; Menegon, "A Clash of Court Cultures: Papal Envoys in Early Eighteenth Century Beijing", 141–142.

7　本章主要是通过当时传教士留下的记录和清宫中档案的对比研读来完成的。清宫中档案主要来源：《康熙朝满文朱批奏折全译》与《清初西洋传教士满文档案译本》。

8　《清初西洋传教士满文档案译本》，284-285；AP，92；AP2，36.

9　该圣旨全文见：Rosso, *Apostolic Legations*, 112-116.

10　《清初西洋传教士满文档案译本》，284。

11　传教士内部确实对要不要接待多罗有过分歧。北京传教士开会达成了一致，参看：Rosso, *Apostolic Legations*, 156. 后来在多罗到京前一个多月，北京传教士在1705年10月31日又开过一次会。所有传教士在这次会上对于如何会见多罗达成了一致。参看：Collani, "Kilian Stumpf and his '*Acta Pekinensia*': Life, Context and Purpose of a Manuscript", 65.

12　《清初西洋传教士满文档案译本》，284。

13　《清初西洋传教士满文档案译本》，284。

14　《清初西洋传教士满文档案译本》，285；AP，15.

15　《清初西洋传教士满文档案译本》，286。

16　《清初西洋传教士满文档案译本》，287。

17　《清初西洋传教士满文档案译本》，289。

18　《清初西洋传教士满文档案译本》，289。

19　《清初西洋传教士满文档案译本》，290。

20　AP2，37.

21　AP，81.

22　AP，83.

23　AP，84.

24　AP，85-86.

25 AP, 63.

26 AP, 88. 建立与大清的联系是多罗来华的一项使命。他到广州后，已经在广州买了一处房子，专门用于罗马与大清的联系用。参看: Menegon, "Interlopers at the Fringes of Empire", 36–37.

27 AP, 88.

28 AP, 89–90.

29 AP, 90–92.

30 传信部和多罗来华的关系，参看: Menegon, "Interlopers at the Fringes of Empire: The Procurators of the Propaganda Fide Papal Congregation in Canton and Macao, 1700–1823", 29–33.

31 AP, 101–102.

32 AP, 111, 116.

33 AP, 112.

34 AP, 378.

35 AP, 398.

36 《康熙朝满文朱批奏折全译》，448–449。

37 AP, 122.

38 AP, 157–170.

39 三个石碑具体内容参看: Jerome Tobar, "Inscriptions juives de K'ai-Fong-Fou".

40 Chen, "Buddhist Monk or Jewish Rabbi?", 142.

41 Pollak, *The Torah Scroll of the Chinese Jews*, 90.

42 英国图书馆对此有专文介绍: https://blogs.bl.uk/asian-and-african/2020/06/an-eighth-century-judaeo-persian-letter-from-dandan-uiliq.html.

43 开封犹太人，参看: Leslie, *The Survival of the Chinese Jews*; Xu, *The Jews of Kaifeng, China: History, Culture and Religion*.

44 《耶稣会士中国书简集》，2: 11–20。

45 AP, 156.

46 关于中印两国的礼仪之争的争论，最新研究总结参看: Županov, *The Rites Controversies in the Early Modern World*.

47 AP, 141.

48 AP, 202.

49 前后过程，参看: Minamiki, *The Chinese Rites Controversy from Its Beginning to Modern Times*, 25–42.

50 AP, 141.

51 AP, 12–13.

52 《清初西洋传教士满文档案译本》，No. 33。

53 对于《北京纪事》，有一位拉丁语读者写过一篇读后感报告。他在报告中写道: 他是一个懂拉丁文，但对中国历史一无所知的人。所以他的读后感，更接近当时欧洲人读过该报告后的感觉。Hughes, "The Acta's Four Portraits", 89–138.

54 AP, 141.

55 AP, 181–197.

56 《康熙朝满文朱批奏折全译》，1577—1578。

57 《清初西洋传教士满文档案译本》，294。

58 AP, 285. 关于北京当时水资源管理，参看：Lei, "One City with Two Waters: Drinking Water in Beijing, 1644—1900", 483–484.

59 AP, 407–409.

60 AP, 408.

61 AP, 411.

62 AP, 412.

63 AP, 412.

64 AP, 414.

65 AP, 417.

66 《康熙朝满文朱批奏折全译》，418；《清初西洋传教士满文档案译本》，297。

67 《康熙朝满文朱批奏折全译》，419–421。

68 《康熙朝满文朱批奏折全译》，421。

69 关于颜珰在礼仪之中的角色，参看：Collani, "Charles Maigrot's Role in the Chinese Rites Controversy", 149–183.

70 《康熙朝满文朱批奏折全译》，422；《清初西洋传教士满文档案译本》，300。

71 AP, 690–691.

72 AP, 691.

73 《康熙朝满文朱批奏折全译》，435。

74 AP, 583–586.

75 《康熙朝满文朱批奏折全译》，435。

76 AP, 4.

77 《清初西洋传教士满文档案译本》，308。

78 AP, 5, 注释 5.

79 《康熙朝满文朱批奏折全译》，462。

80 AP, 5.

81 《清初西洋传教士满文档案译本》，308；AP2, 124–125.

82 AP2, 269.

83 《康熙朝满文朱批奏折全译》，435。

84 《正教奉褒》，364；类似文字还见于：《清初西洋传教士满文档案译本》，311。

85 《清初西洋传教士满文档案译本》，314。

86 AP2, 275.

87 关于多罗谕令，参看：Malatesta, "A Fatal Clash of Wills".

88 《中国礼仪之争：西文文献一百篇(1645—1941)》，文献 8。译文有少许改动。

89 《康熙与罗马使节关系文书》，文件 14。

90 AP2，377-380；395-397.

91 Fairbank; Tĕng, "On The Ch'ing Tributary System", 135-246.

92 AP2，107-108.

93 《康熙朝满文朱批奏折全译》，421。

第六章 彼得大帝使团和教皇新使团

1   Malatesta, "A Fatal Clash of Wills", 219-225; AP2, 304-308.

2   AP2，321.

3   徐日升神父写给南方神父的信，已经翻译成英文，参看：Malatesta, "A Fatal Clash of Wills", 242-245; AP2, 331-333.

4   Malatesta, "A Fatal Clash of Wills", 240; AP2, 333-334.

5   张诚写给多罗的信，参看：Malatesta, "A Fatal Clash of Wills", 234-239; AP2, 268-269. 对于张诚葬礼的分析，参看：Collani, "From the Earthly Court to the Heavenly Court", 128-130.

6   Rosso, *Apostolic Legations*, 156.

7   AP，71.

8   AP，70.

9   张诚写给多罗的信全文见：Malatesta, "A Fatal Clash of Wills", 234-239.

10 从康熙 1706 年派出使节出使欧洲，到 1720 年第二次接待教皇特使，再到 1721 年特使离开，康熙在欧洲问题上花了很多心思。以前有人说康熙在与欧洲漫长的打交道过程中，丧失了与欧洲交流的兴趣。再加上雍正皇帝登位后一年多，于 1724 年 1 月禁止了天主教在华传播。这段康熙与欧洲的交往就被认为是天主教在华传播失败的导火索。前人在总结天主教在清初被禁的原因之时，也把禁教与康熙联系到了一起。雍正的禁教被说成是康熙晚年天主教政策的延续。这是当下学界流行了几十年的解释。关于雍正禁教源于康熙的论述，始于 1940 年代的 Rowbotham, *Missionary and Mandarin*, 176；六十年后出版的基督教传华史研究手册，也坚持该论。见 Standaert, *Handbook of Christianity in China*, 498-499, 519。国内学界也把海外研究中这个说法当成定论。比如新近的中文研究中，陈青松《关于康熙朝查禁天主教史料的重新认识》文中第一段就明言："由于礼仪之争中罗马教廷的蛮横态度，康熙帝下令禁教，这已经成为学界的共识。"由于此论在中外学界流行了八十年，这里就不一一列举。最新近的两篇：Hsia, "Imperial China and Jesuit Mission", 44; Collani, "The Jesuit Rites Controversy".

11 Rouleau, "Maillard de Tournon", 265-266, note 3.

12 Witek, "Eliminating Misunderstandings", 211-247.

13 《康熙朝满文朱批奏折全译》，544。

14　Rosso, *Apostolic Legations*, 199.

15　《康熙朝满文朱批奏折全译》，586。

16　《康熙朝满文朱批奏折全译》，594。

17　《康熙朝汉文朱批奏折汇编》，2: 334, 364, 370-371, 380-382。

18　《康熙朝汉文朱批奏折汇编》，2: 385-597, 410, 439-441。

19　《康熙朝满文朱批奏折全译》，633，634，650。

20　《康熙朝汉文朱批奏折汇编》，2: 761。

21　《康熙朝汉文朱批奏折汇编》，3: 5。

22　《康熙朝汉文朱批奏折汇编》，3: 6-11。

23　《康熙朝满文朱批奏折全译》，735，741。

24　《康熙朝满文朱批奏折全译》，804。

25　《康熙朝满文朱批奏折全译》，804-805。

26　《康熙朝满文朱批奏折全译》，818。

27　内阁大库档案，档案编号 401001362。

28　《康熙朝汉文朱批奏折汇编》，8: 198。

29　《康熙朝汉文朱批奏折汇编》，6: 439-442, 7: 356-357, 422, 451-452。

30　《康熙朝汉文朱批奏折汇编》，6: 439。

31　教皇这一次用了他们天主教内部最高级别的命令手段来强制执行禁约。相关分析参看：Minamiki, *The Chinese Rites Controversy*, 58-62.

32　Rosso, *Apostolic Legations*, 192.

33　Dai, *The Sichuan Frontier and Tibet*, 48.

34　Rosso, *Apostolic Legations*, 199.

35　信的全文已经有中文翻译，参看：《中国礼仪之争：西文文献一百篇（1645—1941）》，文献 17。

36　《康熙与罗马使节关系文书》，文件 13。

37　Bell, John, *Travels from St. Petersburg, in Russia, to diverse parts of Asia*, 2: 47.

38　Spence, "Claims and Counter-claims: The Kangxi Emperor and the Europeans (1661-1722)", 22.

39　Dawson, *The Chinese Chameleon*, 56.

40　Allsop, "Teodorico Pedrini: The Music and Letters of an 18th-century Missionary in China", 57-58.

41　Malatesta, "A Fatal Clash of Wills", 230-231; AP2, 293.

42　AP, 4.

43　Michele Fatica 在罗马一个档案馆中发现这份密折的抄件。抄件的全文图片收录在：Fatica, "Matteo Ripa Journal III (1716-1720) with New Documents for the History of the Kangxi Era", 406-417.

44　Paul Rule 教授在一封电子邮件中告诉我此人是多罗使团中的人物，原名是 Giuseppe Ignazio Cordero.

45 《康熙朝满文朱批奏折全译》，823-824。这封罗若德转来的信，康熙收到后，找传教士翻译成了中文。关于这封信的一些背景，参看：韩琦，《姗姗来迟的"西洋消息"——1709 年教皇致康熙信到达宫廷始末》，1-14。

46 《清初西洋传教士满文档案译本》，331；对于刘应对中国礼仪的看法，见：AP, 310-311; AP2, 45-46.

47 Tarsetti, "'Mariner, musician and missionary, and true priest always:' – Teodorico Pedrini's life in Xitang", 130.

48 《康熙朝满文朱批奏折全译》，1158, 1160。

49 Cams, *Companions in Geography*.

50 《清初西洋传教士满文档案译本》，326。

51 《清中前期西洋天主教在华活动档案史料》，1: 23.

52 Jin, "The Mission to Congratulate the Kangxi Emperor on his Seventeenth Birthday: Father JoaoMourao and His Plan to Bring an Ambassador of the King of Portugal to Beijing", 428.

53 《清代中俄关系档案史料选编》，400。

54 Mancall, *Russia and China*, 216-217.

55 《清代中俄关系档案史料选编》，408。

56 Bell, *Travels from St. Petersburg, in Russia, to diverse parts of Asia*, 1: 356.

57 Bell, *Travels from St. Petersburg, in Russia, to diverse parts of Asia*, 2: 3.

58 Bell, *Travels from St. Petersburg, in Russia, to diverse parts of Asia*, 2: 5.

59 Bell, *Travels from St. Petersburg, in Russia, to diverse parts of Asia*, 2: 7.

60 整个接待的详情: Bell, *Travels from St. Petersburg, in Russia, to diverse parts of Asia*, 2: 7-11.

61 Bell, *Travels from St. Petersburg, in Russia, to diverse parts of Asia*, 2: 18.

62 Bell, *Travels from St. Petersburg, in Russia, to diverse parts of Asia*, 2: 32-34.

63 Bell, *Travels from St. Petersburg, in Russia, to diverse parts of Asia*, 2: 19-20.

64 Bell, *Travels from St. Petersburg, in Russia, to diverse parts of Asia*, 2: 44.

65 Bell, *Travels from St. Petersburg, in Russia, to diverse parts of Asia*, 2: 46-47.

66 Bell, *Travels from St. Petersburg, in Russia, to diverse parts of Asia*, 2: 54, 73.

67 Benedict, *Golden-Silk Smoke: A History of Tobacco in China, 1550-2010*, 7.

68 Bell, *Travels from St. Petersburg, in Russia, to diverse parts of Asia*, 2: 102.

69 Bell, *Travels from St. Petersburg, in Russia, to diverse parts of Asia*, 2: 50.

70 Bell, *Travels from St. Petersburg, in Russia, to diverse parts of Asia*, 2: 71.

71 《清代中俄关系档案史料选编》，407.

72 《清代中俄关系档案史料选编》，407.

73 Bell, *Travels from St. Petersburg, in Russia, to diverse parts of Asia*, 2: 85-86.

74 《康熙与罗马使节关系文书》，文件 12。

75 《康熙与罗马使节关系文书》，文件 13。

76 《康熙与罗马使节关系文书》，文件 13。

77 《康熙与罗马使节关系文书》，文件 13。

78 《康熙与罗马使节关系文书》，文件 13。

79 《康熙与罗马使节关系文书》，文件 13。

80 《康熙与罗马使节关系文书》，文件 13。

81 关于康熙先让传教士和嘉乐谈，最后又决定亲自和嘉乐谈，这个转变约翰·贝尔有记录：Bell, *Travels from St. Petersburg, in Russia, to diverse parts of Asia*, 2: 47.

82 《康熙与罗马使节关系文书》，文件 13。

83 Witek, *Controversial Ideas in China and in Europe*, 6.

84 Minamiki, *The Chinese Rites Controversy*, 64–65.

85 《中国礼仪之争：西文文献一百篇（1645-1941）》，文献 24。

86 《康熙与罗马使节关系文书》，文件 13。

87 这一天是康熙派人记录和嘉乐谈判的最后一天。这份记录，用今天的话说，相当于会议纪要。这份记录用汉语写成。尽管后来嘉乐一直在北京待到过完春节，还参加了康熙的元宵节聚会，但这段话是整个记录的最后一段。也就是说，在康熙眼里，整个谈判在这里就结束了。

88 《康熙与罗马使节关系文书》，文件 13。

89 Rosso, *Apostolic Legations*, 383–387.

90 Minamiki, *The Chinese Rites Controversy*, 72.

91 《康熙朝汉文朱批奏折汇编》，8: 905–906。

92 Gray, *Walks in the City of Canton*, 633–635.

93 Rosso, *Apostolic Legations*, 209.

94 《康熙朝汉文朱批奏折汇编》，8: 912。

95 Rosso, *Apostolic Legations*, 211.

96 Bell, *Travels from St. Petersburg, in Russia, to diverse parts of Asia*, 2: 69–70.

97 比如乾隆年间，官方编订介绍世界各国的《皇清职贡图》在写到意大利的时候，就提到了教皇，书中称其为"教化王"。但提到和大清的关系时，该书说教皇是雍正年间开始派使团到大清的，也就是不知道康熙年间的两个使团。《皇清职贡图》，1: 33a。

第七章　雍正争位与禁教

1 《雍正起居注》，2: 1175–1176。

2 Rosso, *Apostolic Legations*, 216–219.

3 Ripa, *Memoirs of Father Ripa*, 124.

4 AP, 415–416.

5 Jami, *The Emperor's New Mathematics*, 290–291.

6　《康熙朝满文奏折全译》, 1158。

7　Huang, *Autocracy at Work*, 71-75.

8　《允禩允禟案·穆经远口供》, 1: 1b。

9　Bell, *Travels from St. Petersburg*, 2: 124.

10　Spence, *Treason by the Book*.

11　孟森, 《清世宗入承大统考实》, 519-572。

12　《允禩允禟案: 穆经远口供》。

13　全文刊载于 Rosso, *Apostolic Legations*, 407-419.

14　《耶稣会士中国书简集》, 4: 66-74。

15　王钟翰, 《清世宗夺嫡考实》, 147-193。

16　满保在雍正元年七月二十九日用满语写了一封密折向雍正汇报过这件事了。雍正在批示中夸满保汇报的好, 让他用"缮本"奏到朝廷的渠道中去。《雍正朝满文朱批奏折全译》, 1: 257-258。

17　《耶稣会士中国书简集》, 2: 314-315。

18　Menegon, *Ancestors, Virgins, & Friars*, 116-124.

19　《耶稣会士中国书简集》, 2: 322。

20　《耶稣会士中国书简集》, 2: 323。

21　《耶稣会士中国书简集》, 2: 323。

22　《耶稣会士中国书简集》, 2: 324。

23　《耶稣会士中国书简集》, 2: 324-325。

24　《耶稣会士中国书简集》, 2: 327。

25　《耶稣会士中国书简集》, 2: 334-335。

26　《耶稣会士中国书简集》, 2: 334-335。

27　《清中前期西洋天主教在华活动档案史料》, 1: 58-59。

28　《耶稣会士中国书简集》, 2: 337, 340。

29　《雍正朝满文朱批奏折全译》, 1: 258。

30　《耶稣会士中国书简集》, 2: 324-325。

31　《清中前期西洋天主教在华活动档案史料》, 1: 59。

32　《宫中档雍正朝奏折》, 3: 393。

33　《耶稣会士中国书简集》, 2: 322。

34　《耶稣会士中国书简集》, 2: 335。

35　欧美学者的论述: Farquhar, "Emperor as Bodhisattva", 32; Rockhill, "The Dalai Lamas of Lhasa and Their Relations with the Manchu Emperors of China, 1644-1908"; Petech, *China and Tibet in the Early 18th Century*; Hevia. "Lamas, Emperors, and Rituals: Political Implications in Qing Imperial Ceremonies", 243-278; Schwieger, *The Dalai Lama and the Emperor of China*, 112-145.

36　孟森, 《清代史》, 257; 冯尔康, 《雍正传》, 505-517。

37　杭世骏，《理安寺志》，21: 243-244。

38　《御选语录》，854-855。

39　《御选语录》，855。

40　对该活佛在北京的活动，参看：Wang, "The Qing Court's Tibet Connection: Lcang skya Rol pa'i rdo rje and the Qianlong Emperor", 125-163.

41　《清世宗关于佛学之谕旨》，4: 8b-9a。

42　释虚云，《上海玉佛寺禅七开示》。

43　释印光，《拣魔辨异录石印序》，卷 3。

44　Menegon, "Yongzheng's Conundrum. The Emperor on Christianity, Religions, and Heterodoxy", 330.

45　《康熙与罗马使节关系文书》，39。

46　Rosso, *Apostolic Legations*, 214.

47　对于苏努一家的研究，参看：陈垣，《雍正间奉天主教之宗室》；方豪，《清代旗人之信奉天主教与遭禁》。

48　王冕森，《允禟西洋密码字档案初探》。

49　《耶稣会士中国书简集》，3: 26-27。

50　Tarsetti, "Mariner, musician and missionary, and true priest always: Teodorico Pedrini's life in Xitang", 147.

51　《允禩允禟案 · 穆经远口供》，1:1b。

52　曹树基估计清代初年有一亿六千万人口，然后清代有千分之七的年人口增长率。所以雍正年间有约两亿人口。曹树基，《中国人口史 : 清代卷》，51。

53　根据 1668 年的一个统计数据。周叔迦，《清代佛教史料辑稿》，88。

54　杜文凯，《清代西人见闻录》，145。

55　《世宗宪皇帝实录》，卷 3。

56　《雍正起居注》，1: 466。

57　Perdue, *China Marches West*, 245.

跋

1　Jami, *The Emperor's New Mathematics*, 288-294.

2　罗见今，《明安图是卡塔兰数的首创者》，239-245; Larcombe, "The 18th Century Chinese Discovery of the Catalan Numbers", 5-6.

3　比如，席泽宗院士影响大的文章就专门引用到了这段话。参看：席泽宗，《论康熙科学政策的失误》，21。

4　Katz, and Parshall, *Taming the Unknown: A History of Algebra from Antiquity to the Early Twentieth Century*, 277-279.

5   Jami, *The Emperor's New Mathematics*, 300-301.

6   《康熙朝满文奏折全译》，1158；1160。

7   潘亦宁，《韦达方程解法在康熙时代的传播》，365。

8   Jami, *The Emperor's New Mathematics*, 299.

9   比如：Hao, *Reception of Du Fu (712-770) and His Poetry in Imperial China*.

10 du Jarric, *Akbar and the Jesuits: an account of the Jesuit missions to the court of Akbar*.

11 Pomplun, *Jesuit on the Roof of the World: Ippolito Desideri's Mission to Tibet*.

12 早期传教士往亚洲传教，在决定传教地点时，分析思路确实类似今天对市场的分析。顺治时代，去过中国西藏、尼泊尔等地的传教士，就认为西藏难度大，传教机会小，但是他们认为尼泊尔有机会，因为那里的统治者不是和尚。Givon, "Connecting Eurasia: Jesuit Experimentation with Overland Mobility Between China and Europe, 1656-1664", 664.

13 Musillo, "The Jesuit Memoir of Giuseppe Castiglione Lay Brother and Qing Imperial Painter."

14 1760 年代，传教士在遇到财产分配等问题，是找内务府官员来断他们的是非，而不是找官府。Hsia, "Jesuit Survival and Restoration in China", 251-256.

15 关于金尼阁的自杀，以及后来耶稣会内部的调查，参看：Logan, and Brockey, "Nicolas Trigault, S. J.: A Portrait by Peter Paul Rubens", 161.

附录一 雍亲王致年羹尧书

自《文献丛编》（北京，故宫博物院，1930），卷1。这封信的原件图片在全国报刊索引和读秀的数据库上都能调阅。

知汝以儇佻恶少，屡逢侥幸，君臣大义，素所面墙。国朝祖宗制度，各王门旗属，主仆称呼，永垂久远，俱有深意。尔狂昧无知，具启称职，出自何典？屡谕尔父，尔犹抗违不悛，不徒腹诽，而竟公然饰词诡拒，无父无君，莫此为甚！

况妃母千秋大庆，阿哥完婚之喜，而汝从无一字前来称贺，六七个月无一请安启字，视本门之主已同陌路人矣。且汝所称，捐资助饷，家无余财，更属无谓之甚。况我从未问及汝家囊橐，何得以鄙亵之心测我，而肆进其矫产之词？

况汝在蜀，骄横不法，狂悖无忌，皇上将来不无洞鉴。而尚敢谓今日之不负皇上，即异日之不负我者，是何言欤。以无法无天之谈而诱余以不安分之举也，岂封疆大臣之所当言者？"异日"二字足可以诛戮尧全家。且汝于孟光祖馈遗授受，不但众所共知，而且出自汝家人之亲口以告我者，尚敢曚眬皇上，得以漏网？即此一事，即汝现在所以负皇上而将来之所以必负我者也！

至于我之培植下人，即并其家人父子亦无不委曲作养成全，在汝固已无人心，谅必非无耳无目者。于此不思所以报称，而反公然跋扈，尔所蓄何心，诚何所挟持而竟敢于如此耶？即此无状，是即汝之现在所以负我，即异日必负皇上者也！

况在朝廷称君臣，在本门称主仆，故自亲王、郡王、贝勒、贝子以至公等，莫不皆称主子、奴才，此通行常例也。且汝父称奴才，汝兄称奴才，汝父岂非封疆大臣乎？而汝独不然者，是汝非汝兄之弟，亦非汝父之子矣？又何必称我为主？既称为主，又何不可自称奴才耶？汝父兄所为，不是，汝当劝；约而同之，则犹可也。不遵父训，抗拒本主，无父无君，万分可恶。若汝或另有所见，或别有委曲，汝不妨具折启奏，申明汝之大典。我亦将汝必不肯称奴才之故，以至妃母大庆、阿哥喜事，并于我处终年无一字请安，以及孟光祖之事，与汝所具"异日"之启，好好存留在此，一一奏明，谅皇上自有定夺也。

再，汝父年老，汝子自当代汝奉养。汝毫不为意，七八个尽留任所，岂人心之能恶也。只待汝子娶亲方令来京，信乎？求忠臣于孝子也。而又使及于我所具启，似苟简无礼，言词皆谬，皆汝之不肖下属，无可奈何之所以应塞汝者，而即施之于我，是岂主子奴才之礼乎？凡此皆汝之不学无术，只知逞一时刚愎之私，而自贻乃父之戚耳。

自今以后，凡汝子十岁以上者，俱着来京侍奉汝父，即汝昔年临行时向我讨去读书之弟侄，亦必着令作速来京，毋留在外，法成汝无父无君之行也！

观汝今日藐视本门主子之意，他日为谋反叛逆之举，皆不可定。汝父见汝此启，当余之面痛哭气恨倒地，言汝疯狂乱为。汝如此所为，而犹敢以伪孝欺人，腆言父子天性，何其丧心病狂，一至于此？

况汝父在京，我之待他恩典甚重，谅汝无父之人亦未必深悉其委曲也。然圣主以孝治天下，而于我惜老之夙心有所不忍，故不惜如此申斥，警汝愚蒙。汝诚能于此爽然自失，真实悔悟，则诚汝之福也！其犹执迷不悛，则真所谓噬脐莫及者矣！汝其图之！

附录二　内务府内传教士名录

该名录原始文字为满文，中文翻译出自《清初西洋传教士满文档案译本》，314—316。

查得，康熙四十五年十一月二十日，员外郎赫世亨呈称，于本月十八日，由多罗直郡王〔皇长子〕、赫世亨、赵昌奏称，王以仁，日耳玛尼亚国人，五十六岁，系耶稣会人，来中国已经十七年，原住湖广，因患疾欲医治而来京城。高尚德，波尔托噶尔国人，四十二岁，系耶稣会人，来中国已经十年，现住真定府。等因奏览。奉旨：为永不复回之西洋人，可以给发信票，钤盖内务府印。该票文内要写明西洋某国人某，某岁，系某会人，来中国已经某年，永不复回西洋，曾赴京都陛见，为此给发信票。要以清汉字写，以《千字文》编写序号，从头开始记录。着制作票文式样奏览。钦此。钦遵，已给发信票者如下：

康熙四十七年十一月十七日，西洋波尔托噶尔国人高尚德，四十二岁，耶稣会人，现住真定府。

同日，西洋日耳玛尼亚国人王以仁，五十岁，耶稣会人，原住湖广省武昌府，现住京城。

十二月二十七日，西洋意大利亚国人康和子，三十八岁，耶稣会人，现住山东省临清州。

同日，西洋意大利亚国人鲁保禄（罗），四十七岁，耶稣会人，现住河南省开封府。

四十六年正月十九日，西洋意大利亚国人伊大仁，六十二岁，方济格会人，现住山东省临清州。

二十日，西洋罗大领日亚国人汤尚贤，三十八岁，耶稣会人，现住山西省太原府。

同日，西洋意大利亚国人方全纪，三十九岁，耶稣会人，现住山东省济南府。

同日，西洋意大利亚国人艾若瑟，四十八岁，耶稣会人，现住山西省绛州府。

四月初四日，西洋意大利亚国人艾斯玎，五十二岁，耶稣会人，现住杭州府。

同日，西洋法郎西亚国人郭仲传，四十三岁，耶稣会人，现住宁波府。

同日，西洋法郎西亚国人龚当信，三十七岁，耶稣会人，现住绍兴府。

五月十三日，西洋伊斯巴尼亚国人郭纳璧，七十七岁，方济格会人，现住山东省泰安州。

同日，西洋伊斯巴尼亚国人卞述济，四十五岁，方济格会人，现住山东省济宁州。

同日，西洋伊斯巴尼亚国人景明亮，四十一岁，方济格会人，现住山东省青州府。

同日，西洋伊斯巴尼亚国人南怀德，三十九岁，方济格会人，现住山东省济南府。

同日，西洋伊斯巴尼亚国人巴琏仁，三十九岁，方济格会人，现住山东省临朐县。

四月二十六日，西洋法郎西亚国人方西满，四十六岁，耶稣会人，现住湖广武昌府。

同日，西洋法郎西亚国人殷弘绪，四十岁，耶稣会人，现住江西省饶州府。

同日，西洋法郎西亚国人马若瑟，四十四岁，耶稣会人，现住湖广省汉阳府。

同日，西洋法郎西亚国人庞克修，四十四岁，耶稣会人，现住江西省建昌府。

同日，西洋法郎西亚国人戈维理，三十九岁，耶稣会人，现住江西省抚州府。

同日，西洋法郎西亚国人聂若翰，三十八岁，耶稣会人，现住湖广省黄州府。

同日，西洋法郎西亚国人沙守信，三十七岁，耶稣会人，现住江西省抚州府。

同日，西洋法郎西亚国人赫苍璧，三十六岁，耶稣会人，现住湖广省黄州府。

同日，西洋法郎西亚国人冯秉正，三十六岁，耶稣会人，现住江西省九江府。

同日，西洋波尔托噶尔国人聂若望，三十五岁，耶稣会人，现住湖广省长沙府。

同日，西洋波尔托噶尔国人林安年（音），五十三岁，耶稣会人，现住江南江宁府。

同日，西洋波尔托噶尔国人孟由义，五十二岁，耶稣会人，现住上海县。

同日，西洋波尔托噶尔国人毕安，四十六岁，耶稣会人，现住上海县。

同日，西洋意大利亚国人利国安，四十一岁，耶稣会人，现住松江府。

同日，西洋波尔托噶尔国人马安能，三十七岁，耶稣会人，现住嘉定县。

同日，西洋波尔托噶尔国人阳若望，三十六岁，耶稣会人，现住苏州府。

同日，西洋法郎西亚国人隆盛，四十岁，耶稣会人，现住无锡县。

同日，西洋法郎西亚国人顾铎泽，四十岁，耶稣会人，现住贵阳府。

同日，西洋法郎西亚国人彭觉世，三十八岁，耶稣会人，现住崇明县。

同日，西洋波尔托噶尔国人张安多，二十九岁，现住上海县。

同日，西洋波尔托噶尔国人金澄，四十三岁，耶稣会人，现住广东省廉州府。

同日，西洋波尔托噶尔国人德其善，三十三岁，耶稣会人，现住广东省雷州府。

五月十三日，西洋意大利亚国人梅述圣，三十九岁，方济格会人，现住陕西省西安府。

同日，西洋意大利亚国人叶崇贤，三十七岁，方济格会人，现住陕西省西安府。

二十八日，西洋法郎西亚国人卜嘉年，四十三岁，耶稣会人，现住陕西省汉中府。

同日，西洋法郎西亚国人孟正气，四十一岁，耶稣会人，现住陕西省西安府。

三十日，西洋意大利亚国人杨若翰，四十岁，方济格会人，现住江西省吉安府。

同日，西洋波尔托噶尔国人穆代来，三十二岁，耶稣会人，现住江西省南昌府。

十月二十六日，西洋法郎西亚国人傅圣泽，四十二岁，耶稣会人，现住江西省临江府。

为此知会。

总管内务府大臣凌普、郝奕咨行。

装有此文之封套，已交付兵部主事鸿泰收讫。

附录三　颜珰关于中国礼仪布告

节选自《中国礼仪之争：西方文献 100 篇（1645—1911）》，文献 6。

整篇文献是罗马对颜珰 1693 年关于中国礼仪的布告的评估。整个评估包括四个部分：（1）布告本文；（2）引发的问题；（3）圣职部对这些问题的答复；（4）克莱孟十一世批准圣职部的答复的谕令。本附录选取的是文献中颜珰的布告部分。

I.福建宗座代牧、尊敬的颜珰主教的训令

颜珰，司铎，福建的宗座代牧，巴黎神学院博士，索邦神学院院士，在基督教内向本代牧区全体司铎致意，基督是众人的真正的救主。

自从我们在天主的眷顾之下来到中国之日起，我们的宗座代牧区所一直关注的问题是在可能的情况下，尽快结束传教士们之间长期以来争论的种种问题。另外在圣座解决纷争之前，要给予传教士一个准

则，让他们在理论和实践上都可以遵守。我们很遗憾地注意到，在有关崇敬天主和铲除偶像崇拜的事情上，传播福音的使者们之间意见不一。这些不同意见经常给教堂带来严重损失。有的人认为一些行为犯了偶像崇拜罪，而另外一些人则认为不然，允许基督徒去做，或劝他们去做。尽管有些人认为某些活动是迷信的，但为了求得安宁，还是暂时允许了这些活动。长期的经验告诉我们，对邪恶的宽容，反而使得邪恶得以生根并一天天地蔓延。

1. 我们教区的不少传教士在如此重大的问题上，不仅非常希望消除不同意见，而且还要在行动上保持一致。出于对我们这些管理者的信任，他们征求我们的意见。他们不愿意始终处于无休止的忐忑不安中，他们坚持要求我们暂时做出决定。由于这问题比较严重，我们没有如他们所希望的那样很快给予答复。前任福建代牧区的主教把其任务交给了我们。我们在很长一段时间内，都在按照他的命令全神贯注地思考这些问题。在教廷选择了我们来管理这个代牧区后，似乎我们需要更加勤奋努力地来解决这些问题。我们可以千真万确地说，我们并没有蓄意忽视过任何能帮助我们解决这些问题的东西，不管是出自中文的资料，还是某一种欧洲语言写下的评论，或者出自于与学者的谈话。我们在每天的弥撒及热切的祈祷中祈求天主在黑暗中照亮我们，教给我们走他的道路，告诉我们在他的眼睛里什么是他喜欢的，是他欢迎的，从而来解决这些问题。

2. 教廷的敕令和宪章明确指出，主教有责任在自己的代牧区范围内为崇拜天主及维护伦理道德作好准备。为了履行我们的职责，我们命令我们教区内的每一个传教士在教廷另做出新决定之前，都要遵守下列规定：

I. 除了特殊情况外，不要用中文去表达无法表达的欧洲名词。我们宣布应称真神为天主（天上的主人），这已经是用了很久的名称了。另外两个词——天和上帝（最高的皇帝）——应该完全取消用来翻译真神。不要让任何一个人知道在汉语中——天和上帝——是我们基督徒崇拜的真神。

II. 我们严禁在任何教堂里置放刻有"敬天"二字的匾。不管在什么地方，放上这匾的，我们都下令在两个月之内去掉。凡把真神称为天或上帝的其他的牌子和类似意义的对联也都要去掉。我们的意见是，所有这些牌子，尤其那些有"敬天"字样的不能被认为与偶像崇拜无关。即使事情并没有我们看得那么严重，但也真正暗示着有危险。经验告诉我们，我们代牧区内那些不让把这些牌子放在自己教堂里的传教士们，在传播福音方面毫不逊色，他们的收获并不比其他传教士们小。

III. 我们声明：我们之前呈交给教宗亚历山大七世〔教皇亚历山大七世之前同意中国礼仪的施行〕的文件，没有如实反映许多问题，从而教宗认可了中国人中间已经盛行的祭孔和祭祖。因此，传教士们不能继续依赖教宗之前做出的答复——教宗的答复当然是正确，明智的，但却是根据可疑及含糊地描绘的情况而做出的。

IV. 传教士在任何情况下都不能允许基督徒主持、参与或者出席一年数度例行的祭孔、祭祖的隆重仪式，我们宣布这种供祭是带有迷信色彩。

Ⅴ. 有的传教士在他们传播福音的地方力求取消信徒在家里供先人的牌位，我们对这些传教士大加赞扬，我们鼓励他们继续做下去。但是，有的地方很难做到这一点。在这些地方，至少采取这种方法：把"神主""神位""灵位"等字取掉，只能把亡者的名字写在牌位上，最多只能加一个"位"字。在教廷对这些问题做出裁决以前，我们可以接受上述形式出现的此种牌位。但是对这种牌位，我们也不能同意以迷信的眼光来看待。所以，在家里，牌位放置的地方必须用粗体字写上一个声明，声明基督徒对死者的想法和子孙应该对祖宗行孝道。我们在这个指令的结尾附了此种声明的一个具体实例。我们并不反对采用其他类似意义的声明，不过它首先应得到我们的同意。

Ⅵ. 我们注意到有些在口头上，或在书面上流传着的一些说法，正把单纯的人引向错误，甚至为迷信打开方便之门。

这些说法包括：

a. 中国人教授的哲学，如正确加以理解并没有什么和基督教教规相违背的；

b. 古代的贤人用"太极"这词，把天主解释为世界一切事物的缘由；

c. 孔子向神灵所致的敬意其世俗意义更甚于宗教意义；

d. 中国的《礼经》（有关中国所有的习俗和礼仪的书）无论对自然界还是道德修养来说，都是一部集大成之作。

在我们整个代牧区，我们严格禁止散播大量这类似是而非、错误百出的言论或文字。

Ⅶ. 在学校里用中文讲课的基督徒们，不向他们的学生灌输这些书的原文及注释中层出不穷的无神论及其他迷信的东西。传教士们应该要求学生驳斥明显的错误，利用批驳错误的机会，趁机孜孜不倦地教导学生，基督教是如何解释天主及其创造世界、主宰世界的。传教士们应经常告诫这些基督徒们不要把他们在课外学到的违背基督教义的东西掺杂进他们的著作中，这种情况是很容易发生的。

其他有些问题可能我们目前还没有考虑到。上述规定是在可靠的信息来源的基础上制订的。这些信息来源在很大范围内也是其他一些事情的根据。这些规定指出了实践中应该如何去做。

如果某个传教士——但愿此事不会发生——没有按我们的指令在两个月内把他管辖的教堂里或屋子里的牌位和我们所指出的条幅拿掉的话，或者在规定的时间内不努力把我们的准则带进当地的习俗，我们将撤销我们及任何代牧发放给他的权力，并且我们还要在某个指定的时间当众宣布。

我们现在重申，并且公开声明，我们并不想给那些以前有另外的想法，但又不按我们命令去行事的人找岔子。所有传教士们如果意见不一致，各行其是，每人都认为自己的想法和做法更与真理一致，这是不足为怪的。但现在让我们大家尝试达到一个共识，大家统一意见，这样我们将会证明教会并没有被带上污点或缺点，它还是它，神圣而又纯洁。和平与博爱的天主和我们在一起。

1693 年 3 月 26 日于福建省长乐

颜珰

福建宗座代牧

附录四　穆经远判决书

出自：Rosso, *Apostolic Legations to China of the Eighteenth Century*, 407–418.

雍正四年六月二十二日

刑部　為諮

音等會看得穆經遠附和塞思黑朋奸不法　一案據穆經遠供我在塞思黑處行走有七

八年他待我甚好人所共知如今承

音審我不敢隱瞞當年

太后欠安聽得塞思黑得了病我去看他何我說我興八爺十四爺三人有一個望太子

大約我身上居多我不顧坐天下所以整病叫家人後十四爺出兵時說這望太子一定

是他怎都是塞思黑說過的話我原要年竟相興在年希克家會過年羮堯

後年　在口外塞思黑寫了何圖名字叫我拿列年羮堯託他照看我問他要

什麼西洋物件他說別的都不要就只要小狗包我就何塞思黑說他叫我拿了三

四十個小将包給年羹尭他留下了我因何年羹尭説塞思黑大有福氣将来必定

要做望太子的原是我贊揚他的好處要年羹尭為他的後年羹尭何我説

望上把九貝子罵了我聽見這話心上不服回到他説

字不敢隱瞞塞思黑将到西寧時我何他説我們到了西寧

望上罵九貝子是你用不足為這的帅年羹尭不俗我的話所以何他怎樣説的如△一

思黑原與阿其那兄題狠妤但

望上叫我們出口如何受塞思黑説越遠越好看他的意思速了由他做什麼不塞

望上發挑後他不如意雖不説我在傍之省得出来他到西寧後有㦬夫張五雅来寧

信他兒子五阿哥到西大同来塞思黑何我抱怨塞思黑的五阿哥告訴塞思黑

説他家人大監把九題當日出兵時曽嘱付塞思黑若

聖祖皇帝但有欠安帶一信給允禵的話塞思黑也向我說這話是有的。在西寧聽見

十四爺拏出塞思黑的帖子向我說我同十四爺往來的帖子我原叫他看了

就燒不知道他竟把帖子留下不燒也為這事抱怨十四爺我如今想來他們的

帖子不是好話塞思黑在西寧常向他跟隨人抱怨把我一人怎麼操也已了

把我跟隨的都累在這裏我心上過不去若是他過一平安日我死也甘心底下

人聽這話都感激他我也說他是好人造出字來寫信叫他兒子他不願帶累

他們邀買人心甚麼用我有一本揭物窮壁書他看了說有些像俄羅素的

字據這字可以添改不想他後來添改了寫家信我不知節我住的去處與塞思

黑只隔一墻他將墻上開了一窻時常看著羌公叫我後我病了他自己從這窻到

我懷處是實他時常把怨我勸他來

皇上說不是時候等三年孝滿親可求得的話我實不知道他為甚麼緣故在西

同我商量說京中家抄了這裏定不得也要抄我要將銀子三十放在你處同

你取用怕

萬歲爺知道不曾拿遠銀上年冬天我到塞思里那裏去問我說有一怪市外

還有個人說是山陝百姓拿了一個帖子我看了隨送了問那人說我要

兄沒有爭天下的理此後再說我要拿了我問他說定人該拿交與楚仲銳是

他說若拿他就大吃虧了帖子上的話我沒有看見只見他說話神情那帖子

中明有不好的話事情我當日原看他是個好人後來他知道

聖祖皇帝賓天時眼淚也沒有我是外國人逢人贊揚他就是該死之處有何

辦處等語查經穆遠以兩角洋微賤之人幸托身于輦轂之下不遵法

352

廖嫦附塞思黑聊其诓惨当塞思黑在京時養奸溺黨曲庇魁魁什物

遺將交結朋黨而經遠潛與往來竇為心腹廣行交㪽煽惑人心至塞

思黑雖病閒居伴言畀于靡秉實心僭位自許鮮恥喪心已無倫比而

經遠發人贊揚塞思黑大有福氣有將來必為皇太子之言及塞思黑

諸惡敗露本當立正典刑蒙我

皇上至聖至仁令往兩審居住奧其流心悔罪乃不但絕無愧懼之心益肆

怨尤之惡而經遠之火牆往來搆謀竇奸送愈深是誠王法之所不容

人心之所共憤除塞思黑已經諸王大臣公同議罪奏

諸王法外拯經遠應照奸黨律擬斬監拯經遠黨附誆送情罪更大

應將拯經遠立決梟示以為黨送之戒可也

参考文献

一、外文文献史料

[1] Beijing xingzheng xueyuan eds., *History Recorded on Stone: The Cemetery of Matteo Ricci and Other Foreign Missionaries during Four Turbulent Centuries*, Beijing: Beijing chubanshe, 2011.

[2] Dalai Lama V, *The Illusive Play: The Autobiography of the Fifth Dalai Lama*, Chicago: Serindia Publications, 2014.

[3] Donald St. Sure, Ray R. Noll and Edward Malatesta eds., *100 Roman Documents Concerning the Chinese Rites Controversy (1645–1941)*, San Francisco: Ricci Institute for Chinese-Western Cultural History, 1992.

[4] Ferdinand Verbiest, "Journeys into Tartary," in Pierre Joseph d'Orléans, *History of the Two Tarter Conquerors of China*. London: Hakluyt Society, 1854.

[5] Ferdinand Verbiest, *The Astronomia Europaea of Ferdinand Verbiest, S.J. (Dillingen, 1687): Text, Translation, Notes and Commentaries*, Nettetal: Steyler Verlag, 1993.

[6] Joachim Bouvet, *The History of Cang-Hy, the Present Emperor of China*, London,

printed for F. Coggan, 1699.

[7] John Bell, *Travels from St. Petersburg, in Russia, to Diverse Parts of Asia*, Glasgow, printed for the author by R. and A. Foulis, 1763.

[8] Kilian Stumpf, *The Acta Pekinensia, or, Historical Records of the Maillard de Tournon Legation: First Transcribed Edition and English Annotated Translation*, Rome: Institutum Historicum Societatis Iesu; Macau: Macau Ricci Institute, 2015.

[9] Kilian Stumpf, *The Acta Pekinensia, or, Historical Records of the Maillard de Tournon Legation. Volume II: September 1706–December 1707*, Leiden: Brill, 2019.

[10] Ludovico Buglio, "An Abridgement of the Life and Death of F. Gabriel Magalhaens," in de Magalhaens, Gabriel, *A New History of China, Containing a Description of the Most Considerable Particulars of That Vast Empire*, London, printed for Thomas Newborough, at the Golden Ball, in S. Paul's Church-Yard, 1688。

[11] Matteo Ripa, *Memoirs of Father Ripa During Thirteen Years' Residence at the Court of Peking in the Service of the Emperor of China*, London: J. Murray, 1855.

二、中文文献史料

[1] 北京图书馆金石组编,《北京图书馆藏中国历代石刻拓本汇编》,郑州:中州古籍出版社,1989。

[2] 《大清太宗文皇帝实录》,自《大清历朝实录》,台北:华文书局,1964。

[3] 第一历史档案馆编译,《康熙朝满文朱批奏折全译》,北京:中国社会科学出版社,1996。

[4] 杜赫德编,《耶稣会士中国书简集:中国回忆录》,郑州:大象出版社,2001。

[5] 杜文凯编,《清代西人见闻录》,北京:中国人民大学出版社,1985。

[6] 故宫博物院明清档案部编,《关于江宁织造曹家档案史料》,北京:中华书局,1975。

[7] 杭世骏编,《理安寺志》,自《中国佛寺史志汇刊》,台北:民文书局,1980,卷21。

[8] 《合硕雍亲王致年羹尧书》,自《文献丛编》,北京:故宫印刷所,1930。

[9] 《皇清开国方略》,自《景印文渊阁四库全书》,台北:商务印书馆,1986。

[10] 《皇朝文献通考》,自《景印文渊阁四库全书》,台北:商务印书馆,1986。

[11] 陆世仪,《复社纪略》,上海:国粹学报馆,1905。

[12] 《明熹宗实录》,台北:中研院历史研究所,1966。

[13] 《穆经远口供》,自《文献丛编》,北京:故宫印刷所,1930。

[14] 《钦定大清会典事例》,上海:商务印书馆,1909。

[15] 《圣祖仁皇帝圣训》,自《景印文渊阁四库全书》,台北:台湾商务印书馆,1986。

[16] 《圣祖仁皇帝庭训格言》,自《景印文渊阁四库全书》,台北:台湾商务印书馆,1986。

[17] 《圣祖仁皇帝实录》,自《大清历朝实录》,台北:华文书局,1964。

[18] 《世宗宪皇帝实录》,自《大清历朝实录》,台北:华文书局,1964。

[19] 《世祖章皇帝实录》,自《大清历朝实录》,台北:华文书局,1964。

[20] 佟世思,《先高曾祖三世行略》,自盛昱编,《八旗文经》,沈阳:辽沈书社,1988。

[21]　王士禛，《池北偶谈》，北京：中华书局，1982。

[22]　叶梦珠，《阅世编》，北京：中华书局，2007。

[23]　雍正编著，申中美整理，《御选语录》，北京：全国图书馆文献缩微复制中心，1993。

[24]　张伟仁编，《明清档案卷册》，台北：中央研究院，1986。

[25]　赵尔巽等，《清史稿》，北京：中华书局，1976。

[26]　昭梿，《啸亭杂录》，北京：中华书局，1980。

[27]　中国第一历史档案馆编，《康熙朝汉文朱批奏折汇编》，北京：中国档案出版社，1984。

[28]　中国第一历史档案馆编，《清中前期西洋天主教在华活动档案史料》，北京：中华书局，2003。

[29]　中国第一历史档案馆、中国海外汉学研究中心合编，安双成编译，《清初西洋传教士满文档案译本》，郑州：大象出版社，2015。

[30]　中国第一历史档案馆，中国社会科学院历史研究所译注，《满文老档》，北京：中华书局，1990。

[31]　中研院历史语言研究所编，《明清史料·乙编》，北京：北京图书馆出版社，2008。

[32]　周岩编校，《熙朝定案》，自《明末清初天主教史文献新编》，北京：国家图书馆出版社，2013。

[33]　周岩编校，《赠言》，自《明末清初天主教史文献新编》，北京：国家图书馆出版社，2013。

[34]　周岩编校，《奏疏》，自《明末清初天主教史文献新编》，北京：国家图书馆出版社，2013。

三、专著及论文

[1] Aigle, Denise. *The Mongol Empire between Myth and Reality: Studies in Anthropological History*. Leiden: Brill, 2014.

[2] Allan, C. W.. *Jesuits at the Court of Peking*. Shanghai: Kelly and Walsh, 1935.

[3] Allsop, Peter and Lindorff, Joyce. "Teodorico Pedrini: The Music and Letters of an 18th-century Missionary in China," in *Vincentian Heritage Journal*, Vol. 27 (2008), Issue 2.

[4] 安双成，《汤若望案始末》，自《历史档案》，1992, V. 3。

[5] Antonucci, Davor. "Notes on the Qing-Zunghar War (1690–1697): The Jesuits Sources", in the Macau Ricci Institute eds., *Acta Pekinensia: Western Historical Sources for the Kangxi Reign: International Symposium Organized by the Macau Ricci Institute, Macau, 5th–7th October, 2010*. Macau: Macau Ricci Institute, 2013.

[6] Asen, Daniel. "Manchu Anatomy: Anatomical Knowledge and the Jesuits in Seventeenth- and Eighteenth-Century China", in *Social History of Medicine*, 4/2009, V. 22 (2009), Issue 1.

[7] Bartlett, Beatrice. *Monarchs and Ministers: The Grand Council in Mid-Ch'ing China, 1723–1820*. Berkeley: University of California Press, 1990.

[8] Bayuk, Dimitri. "Father Antoine Gaubil, S. J. (1689–1759) and his Election to the Saint Petersburg Academy of Sciences," 2018, in https://www.researchgate.net/publication/324953517.

[9] Blussé, Leonard and Zurndorfer, Harriet T., eds. *Conflict and Accommodation in Early Modern China: Essays in Honour of Erik Zürcher*. Leiden: Brill, 1993.

[10] Brockey, Liam Matthew. *Journey to the East: The Jesuit Mission to China 1579–1724*. Cambridge: Harvard University Press, 2007.

[11] Cams, Mario. *Companions in Geography: East-West Collaboration in the Mapping of Qing China (c.1685–1735)*. Leiden: Brill, 2017.

[12] 曹树基,《中国人口史：清代卷》, 上海：复旦大学出版社，2001。

[13] Chan, Albert. "A European Document on the Fall of the Ming Dynasty (1644–1649)," *Monumenta Serica*, Vol. 35 (1981–1983).

[14] Chang, Chia-feng. "Disease and its Impact on Politics, Diplomacy and the Military: The Case of Smallpox and the Manchus (1613–1795)," in *Journal of the History of Medicine and Allied Sciences 57*, no. 2 (2002).

[15] 常江，李理,《清宫大内侍卫》, 北京：故宫出版社，1993。

[16] Chang, Michael. *A Court on Horseback: Imperial Touring & the Construction of Qing Rule, 1680–1785.* Cambridge: Harvard University Press, 2007.

[17] Chang, Ping-Ying. "Chinese Hereditary Mathematician Families of the Astronomical Bureau, 1620–1850." Ph.D. Diss: The Graduate Center, City University of New York, 2015.

[18] Chang, Te-chang, "The Economic Role of the Imperial Household in the Ching Dynasty," in *The Journal of Asian Studies*, vol. 31, No.2 (1972).

[19] Chapman, Allan. "Tycho Brahe in China: The Jesuit Mission to Peking and the Iconography of European Instrument-making Processes," in *Annals of Science* 41 (1984): 417–443.

[20] 陈国栋,《清代内务府包衣三旗人人员及其旗下组织——兼论一些有关包衣的问题》, 自《食货月刊》, 1989, 卷 10。

[21] ____.《康熙小臣养心殿总监造赵昌生平小考》, 自冯明珠编,《盛清社会与扬州研究》, 台北：源流出版社，2014。

[22] 陈佳华，傅克东,《八旗汉军考略》, 自《民族研究》, 1981。

[23] 陈寅恪,《柳如是别传》, 北京：三联出版社，2001, 1981 年初版。

[24] 陈垣,《论奴才》, 自《陈垣史学论著选》, 上海：上海人民出版社，1981。

[25] ____.《汤若望与木陈忞》, 自《陈垣学术论文集》, 北京：中华书局，1980。

[26] ____.《雍正间奉天主教之宗室》，自《陈垣学术论文集》，北京：中华书局，1980。

[27] Chu, Pingyi. "Scientific Dispute in the Imperial Court: The 1664 Calendar Case," in *Chinese Science*, No. 14 (1997).

[28] Chu, T'ung-Tsu. *Law and Society in Traditional China*. Paris: Mouton, 1965.

[29] Cohen, Paul. *China and Christianity: The Missionary Movement and the Growth of Chinese Antiforeignism 1860–1870*. Cambridge: Harvard University Press, 1963.

[30] Collani, Claudia von. "Astronomy versus Astrology: Johann Adam Schall von Bell and his 'superstitious' Chinese Calendar," in *Archivum Historicum Societatis Iesu* 82, No. 164.

[31] ____. "Kilian Stumpf and his '*Acta Pekinensia*': Life, Context and Purpose of a Manuscript," in The Macau Ricci Institute eds., *Acta Pekinensia: Western Historical Sources for the Kangxi Reign: International Symposium*. Macau: The Macau Ricci Institute, 2013.

[32] ____. "Two Astronomers: Martino Martini and Johann Adam Schall von Bell," in Paternicò, Luisa M., Collani, Claudia von and Scartezzini, Riccardo, eds., *Martino Martini: Man of Dialogue*. Trento: Università di Trento, 2016.

[33] ____. "The Jesuit Rites Controversy," in Županov, Ines G. eds., *The Oxford Handbook of the Jesuits*. New York: Oxford University Press, 2018.

[34] ____. "Charles Maigrot's Role in the Chinese Rites Controversy," in Mungello, D. E, eds., *The Chinese Rites Controversy: Its History and Meaning*. San Francisco: The Ricci Institute for Chinese-Western Cultural History, 1994.

[35] ____. "From the Earthly Court to the Heavenly Court," in Wardega and de Saldanhapp eds., *In the Light and Shadow of an Emperor: Tomás Pereira, SJ (1645–1708), the Kangxi Emperor and the Jesuit Mission in China*. Cambridge: Cambridge Scholar Publishing, 2012.

[36] ____. "Kangxi's Mandate of Heaven and Papal Authority," in Deiwiks and Führer

and Geulen eds., *Europe Meets China — China Meets Europe: The Beginnings of European-Chinese Scientific Exchange in the 17th Century*. Routledge, 2014.

[37] ____. "Thomas and Tournon—Mission and Money," in Willy Vande Walle & Noel Golvers (eds.), *The History of the Relations between the Low Countries and China in the Qing Era (1644–1911)*. Leuven: Leuven University Press, 2003.

[38] Cooper, Michael. *Rodrigues the Interpreter: An Early Jesuit in Japan and China*. New York: Weatherhill, 1974.

[39] Crossley, Pamela. "Manchu Education," in Benjamin A. Elman and Alexander Woodside ed, *Education and Society in Late Imperial China, 1600–1900*. Berkeley: University of California Press, 1994.

[40] ____. *A Translucent Mirror: History and Identity in Qing Imperial Ideology*. Berkeley: University of California Press, 1999.

[41] ____. "Slavery in Early Modern China," in David Eltis and Stanley L. Engerman eds., *The Cambridge World History of Slavery*. Cambridge: Cambridge University Press, 2011, Volume 3.

[42] Dai, Yingcong. *The Sichuan Frontier and Tibet: Imperial Strategy in the Early Qing*. Seattle: University of Washington Press, 2011.

[43] D'Arelli, Francesco. "The Chinese College in Eighteenth-Century Naples," in *East and West* 58, No. 1/4 (2008).

[44] Dawson, Raymond. *The Chinese Chameleon: An Analysis of European Conceptions of Chinese Civilization*. London: Oxford University, 1967.

[45] Deiwiks, Shu-Jyuan. "Some Cultural and Psychological Aspects of the Trial of Johann Adam Schall Before the Supreme Court of Peking According to the Secret Manchu Documents," in Deiwiks, S. J., Führer, B., Geulen, T., eds., *Europe Meets China—China Meets Europe: The Beginnings of European-Chinese Scientific Exchange in the 17th Century*. Routledge: 2014.

[46] Deiwiks, Shu-Jyuan. "The Secret Manchu Documents on the Trial of Jesuit Missionary Johann Adam Schall (1592–1666) before the Supreme Court of Peking,"

in *Monumenta Serica*, 2003, V. 51 (2003).

[47] 董少新, 黄一农,《崇祯年间援华葡兵新考》, 自《历史研究》,2009, 卷 5。

[48] 杜家骥,《清朝满蒙联姻研究》, 北京: 人民出版社, 2003。

[49] ____.《八旗清朝政治论稿》, 北京: 人民出版社, 2008。

[50] ____.《清代八旗官制与行政》, 北京: 社会科学出版社, 2015。

[51] ____.《清代内务府旗人复杂的旗籍及其多种身份——兼谈曹雪芹家族的旗籍及其身份》, 自《民族研究》, 2011, 卷 3。

[52] Dunne, George. *Generation of Giants: The Story of the Jesuits in China in the last Decades of the Ming Dynasty*. Notre Dame: University of Notre Dame Press, 1962.

[53] Elliott, Mark. *The Manchu Way: The Eight Banners and Ethnic Identity in Late Imperial China. Stanford*. Stanford: Stanford University Press, 2001.

[54] ____. Vocabulary Notes from the Manchu Archives 2: On the "booi". *Saksaha: A Review of Manchu Studies 3* (1998).

[55] ____. "Ethnicity in the Qing Eight Banners," in Pamela Kyle Crossley, Helen Siu, and Donald Sutton, eds., *Empire at the Margins: Culture, Ethnicity, and Frontier in Early Modern China*. Berkeley and Los Angeles: University of California Press, 2006.

[56] ____. "The Manchu Language Archives and the Origins of the Palace Memorial System," in *Late Imperial China*, V. 22 (2001).

[57] Elman, Benjamin. "New Perspectives of the Jesuits and Science in China: 1600–1800," in *Bucknell Review*, Volume 47 (2004), Issue 2.

[58] ____. "The *Jesuit Role as Experts in High Qing* Cartography and Technology," in *Taida lishi xu bao* 台大历史学报, V. 31 (2003).

[59] ____. *A Cultural History of Civil Examinations in Late Imperial China*. Berkeley: University of California Press, 2000.

[60] Elverskog, Johan, *Our Great Qing: The Mongols, Buddhism, and the State in Late Imperial China*. Honolulu: University of Hawaii Press, 2008.

[61] Fairbank, J. K., and Têng, S. Y. "On the Ch'ing Tributary System," in *Harvard Journal of Asiatic Studies* 6, No. 2 (1941).

[62] 方豪，《清代旗人之信奉天主教与遭禁》，自《故宫文献》，1962，卷 4。

[63] ＿＿＿.《中国天主教人物传》，北京：中华书局，1988。

[64] Farquhar, David M. "Emperor as Bodhisattva in the Governance of The Ch'ing Empire," in *Harvard Journal of Asiatic Studies*, vol. 38, No. 1 (Jun. 1978).

[65] Fatica, Michele. "Matteo Ripa Journal III (1716–1720) with New Documents for the History of the Kangxi Era," in the Macau Ricci Institute eds., in *Acta Pekinensia: Western historical Sources for the Kangxi Reign: International Symposium Organized by the Macau Ricci Institute, Macau, 5th–7th October 2010*.

[66] 冯尔康，《雍正传》，台北：商务印书馆，1992。

[67] Feng, Jia. "The Emperor's Coffer: The Qing Imperial Fiscal Separation Between Privy Purse and State Treasury (1644–1912)." PhD diss., UCLA, 2017.

[68] 傅克东，《八旗户籍制度初探》，自《民族研究》，1983，6 期。

[69] ＿＿＿.《从内佐领和管领谈到清代辛者库人》，自《清史研究通讯》，1986，卷 3。

[70] Fu, Lo-shu. *Documentary Chronicle of Sino-Western Relations (1644–1820)*. Tucson: The University of Arizona Press, 1966.

[71] 冯明珠，《坚持与容忍——档案中所见康熙皇帝对中梵关系生变的因应》，自《中梵外交关系史国际学术研讨会论文集》，台北：辅仁大学出版社，2003。

[72] 傅宗懋，《清初议政体制之研究》，自《政治大学学报》，卷 11，1965。

[73] Givon, Yuval. "Connecting Eurasia: Jesuit Experimentation with Overland Mobility Between China and Europe, 1656–1664." *Journal of World History* 33, No. 4 (2022).

[74] Gray, John Henry. *Walks in the City of Canton*, Victoria, Hong Kong: De Souza & Co., 1875.

[75] Gernet, Jacques. *China and the Christian Impact: A Conflict of Culture*. Cambridge: Cambridge University Press,1982.

[76] 古洛东，《圣教入川记》，成都：四川人民出版社，1981（1918 初版）。

[77] Guy, R. Kent. "Who Were the Manchus? A Review Essay," in *Journal of Asian Studies*, V. 61, No. 1 (2002).

[78] 韩琦，《姗姗来迟的〈西洋消息〉——1709 年教皇致康熙信到达宫廷始末》，自《文化杂志》，15 (2005b)。

[79] 韩琦，吴昊校注，《熙朝崇正集熙朝定案》，北京：中华书局，2006。

[80] Hanson, Marta and Pomata, Gianna, "Travels of a Chinese Pulse Treatise: The Latin and French Translations of the Tuzhu maijue bianzhen 圖註脈訣辨真 (1650s–1730s)", in Harold J. Cook, ed.. *Translation at Work: Chinese Medicine in the First Global Age*, Leiden: Brill, 2020.

[81] Hevia, James. "Lamas, Emperors, and Rituals: Political Implications in Qing Imperial Ceremonies," in *Journal of the International Association of Buddhist Studies*, V. 16, 1993.

[82] Hsia, Florence. "Some Observations on the *Observations*: the Decline of the French Jesuit Scientific Mission in China," in *Revue de synthèse*, 1999, V. 120.

[83] ＿＿＿. *Sojourners in a Strange Land: Jesuits and Their Scientific Missions in Late Imperial China*. University of Chicago Press, 2009.

[84] Hsia, R. Po-Chia. "Imperial China and Jesuit Mission," in Ribeiro, Roberto and O'Malley, John eds., *Jesuit Mapmaking in China*. Philadelphia: Saint Joseph's University Press, 2014.

[85] ＿＿＿. "Jesuit Survival and Restoration in China," in Robert A. Maryks and Jonathan Wright eds., *Jesuit Survival and Restoration: A Global History, 1773–1900*. Leiden: Brill, 2014.

[86] ＿＿＿. "The End of the Jesuit Mission in China," in Jeffrey D. Burson and Jonathan Wright eds., *The Jesuit Suppression in Global Context: Causes, Events, and Consequences*. Cambridge: Cambridge University Press, 2015.

[87]   Hu, Xiangyu. "The Juridical System of the Qing Dynasty in Beijing,1644–1900." Ph.D. diss., University of Minnesota, 2011.

[88]   黄伯禄,《正教奉褒》,上海：慈母堂，1904。

[89]   Huang, Pei. *Autocracy at Work: A Study of the Yung-cheng Period: 1723–1735.* Bloomington: Indiana University Press, 1976.

[90]   Huang, Ray. *1587, The Year of No Significance: the Ming Dynasty in Decline.* New Haven, Yale University Press, 1981.

[91]   黄一农,《清初期对觜、参两宿先后次序的争执：社会天文学史之一个案研究》，自杨翠华，黄一农编，《近代中国科技史论集》，台北："中研院"近代史研究所，1991。

[92]   ____.《择日之争与"康熙历狱"》，自《清华学报》，21，卷 2 (1991)。

[93]   ____.《康熙朝汉人士大夫对"历狱"的态度及其所衍生的传说》，《汉学研究》，2000，V. 11。

[94]   ____.《耶稣会士对中国传统星占术数的态度》，自《九州学刊》，1991，卷 4。

[95]   ____.《张宸生平及其与杨光先间的冲突》，自《汉学研究》，1993，卷 11。

[96]   ____.《红夷大炮与皇太极创立的八旗汉军》，自《历史研究》，2004，卷 4。

[97]   ____.《天主教徒孙元化与明末传华的西洋火炮》，自《中研院历史语言研究所集刊》，1996，卷 67。

[98]   Hucker, Charles. *The Censorial System of Ming China.* Stanford: Stanford University Press, 1966.

[99]   Hughes, Gerard. "The Acta's Four Portraits," in The Macau Ricci Institute eds., *Acta Pekinensia: Western Historical Sources for the Kangxi Reign: International Symposium*, Macau: The Macau Ricci Institute, 2013.

[100]   Hummel, Arthur eds. *Eminent Chinese of the Ch'ing Period (1644–1912)*, Washington: U.S. Government Printing Office, 1944.

［101］ Jaskov, Helena. "The Negotiated Geography of the Treaty of Nerchinsk (1689) and the Role of the Jesuits." in *Late Imperial China*, 2019, 40, No.2.

［102］ Jami, Catherine. "Tomé Pereira (1645–1708); Clockmaker; Musician and Interpreter at the Kangxi court: Portuguese Interests and the Transmission of Science," in Saraiva, Luis, and Jami, Catherine eds., *The Jesuits, the Padroado and East Asian Science (1552–1773)*. Singapore: World Scientific Press, 2008.

［103］ ____. "Revisiting the Calendar Case (1664–1669): Science, Religion, and Politics in early Qing Beijing," in *Korean Journal of History of Science*, 2015, 27 (2).

［104］ ____. *The Emperor's New Mathematics: Western Learning and Imperial Authority During the Kangxi Reign (1662–1722)*. London: Oxford University Press, 2011.

［105］ Jensen, Lionel. *Manufacturing Confucianism: Chinese Traditions and Universal Civilization*. Duke: Duke University Press, 1997.

［106］ 纪建勋，《〈碑记赠言合刻〉版本篇目互校》，自《国际汉学》，2014，卷 2。

［107］ 蒋兆成，王日更，《康熙传》，北京，人民出版社，1998。

［108］ Jin, Guoping. "The Mission to Congratulate the Kangxi Emperor on his Seventeenth Birthday: Father Joao Mourao and His Plan to Bring an Ambassador of the King of Portugal to Beijing," in Macau Ricci Institute eds., *Acta Pekinensia: Western Historical Sources for the Kangxi Reign: International Symposium Organized by the Macau Ricci Institute, Macau, 5th–7th October 2010* Macau: Macau Ricci Institute, 2013.

［109］ ____. "'Amicissimos' Tomas Pereira and Zhao Chang," in *In the Light and Shadow of an Emperor: Tomás Pereira, SJ (1645–1708), the Kangxi Emperor and the Jesuit Mission in China*. Cambridge: Cambridge Scholar Publishing, 2012.

［110］ Kato, Naoto. "Warrior Lamas: The Role of Lamas on Lobjang Danjin's Up-rising in Kokonor, 1723–1724," in *Memoirs of the Research Department of Toyo Bunko* (62), Tokyo, 2004.

［111］ ____. "Lobjang Danjin's Rebellion of 1723," in Gray Tuttle and Kurtis R. Schaeffer eds., *The Tibetan History Reader*. New York: Columbia University Press,

2013.

[112] Katz, Victor J., and Parshall, Karen Hunger. *Taming the Unknown: A History of Algebra from Antiquity to the Early Twentieth Century*, Princeton: Princeton University Press, 2014.

[113] Kessler, Lawrence. *K'ang-Hsi and The Consolidation of Ch'ing Rule, 1661–1684*. Chicago: University of Chicago Press, 1976.

[114] Kutcher, Norman A. *Eunuch and Emperor in the Great Age of Qing Rule*, Berkeley: University of California Press, 2018.

[115] Lach, Donald. *The Preface to Leibniz' Novissima Sinica: Commentary, Translation, Text*. Honolulu: University of Hawaii Press, 1957.

[116] Landry-Deron, Isabell. "The Kangxi Emperor's Lessons in Western Sciences as Recounted by the Jesuit Fathers J. Bouvet and J.-F. Gerbillon," Macau Ricci Institute eds., *Acta Pekinensia: Western Historical Sources for the Kangxi Reign: International Symposium Organised by the Macau Ricci Institute, Macau, 5th–7th October 2010*. Macau: Macau Ricci Institute, 2013.

[117] Larcombe, P. J. "The 18th century Chinese discovery of the Catalan numbers." *Mathematical Spectrum* 32.1 (1999).

[118] Latourette, Kenneth Scott. *A History of Christian Missions in China*. New York: The Macmillan Company, 1929.

[119] Lei, Zhang. "One City with Two Waters: Drinking Water in Beijing, 1644–1900," in *Water History*, 2017, Issue 9.

[120] Leslie, Donald. *The Survival of the Chinese Jews: The Jewish Community of Kaifeng*. Leiden, Brill, 1972.

[121] Li, Gertraude Roth. "The Rise of the Early Manchu State: A Portrait Drawn from Manchu Source to 1636." Ph.D. diss.: Harvard University, 1975.

[122] ____. "State Building Before 1644," in *The Cambridge History of China*, V. 9. Cambridge: Cambridge, 2002.

[123] ____. "The Manchu-Chinese Relationship," in Jonathan Spence and John Wills

eds., *From Ming to Ch'ing: Conquest, Region, and Continuity in Seventeenth-Century China*. New Haven: Yale University Press, 1979.

［124］ 李天纲,《中国礼仪之争：历史、文献和意义》,上海：上海古籍出版社, 1998。

［125］ Lindorff, Joyce. "Missionaries, Keyboards and Musical Exchange in the Ming and Qing Courts," in *Early Music*, V. 32 (2004), Issue 3.

［126］ Lippiello, Tiziana. "Astronomy and Astrology: Johann Adam Schall von Bell," in Malek, Roman, eds. *Western Learning in China: The Contribution and Impact of Johann Adam Schall von Bell, S.J. (1592–1666)*. Nettetal: Steyler Verlag, 1998.

［127］ 刘小萌,《八旗户籍中的旗下人诸名称考释》, 自《社会科学集刊》, 1987, 卷 3。

［128］ 鹿智钧,《根本与世仆：清朝旗人的法律地位》, 台北：台湾师范大学出版社, 2017。

［129］ Lui, Adam. *Two Rulers in One Reign: Dorgon and Shun-Chih, 1644–1660*. Australian National University Press, 1989.

［130］ 罗见今,《明安图是卡塔兰数的首创者》,《内蒙古大学学报（自然科学版)》, 1988 (2)。

［131］ Malatesta, Edward. "A Fatal Clash of Wills: The Condemnation of the Chinese Rites by the Papal Legate Carlo Tommaso Maillard de Tournon," in Mungello, David, eds., *The Chinese Rites Controversy: Its History and Meaning*. San Francisco: The Ricci Institute for Chinese-Western Cultural History, 1994.

［132］ Malek, Roman, eds. *Western Learning and Christianity in China: The Contribution and Impact of Johann Adam Schall von Bell, S. J. (1592–1666)*. Nettetal, 1998.

［133］ Menegon, Eugenio. *Ancestors, Virgins, & Friars: Christianity as a Local Religion in Late Imperial China*. Cambridge: Harvard University Press, 2009.

［134］ ＿＿. "Yongzheng's Conundrum. The Emperor on Christianity, Religions, and Heterodoxy," in Hoster, Barbara, Kuhlmann, Dirk and Wesolowski, Zbigniew, eds., *Rooted in Hope / In Der Hoffnung Verwurzelt. Festschrift in Honor of Roman Malek S.V.D. on the Occasion of His 65th Birthday.* Routledge: Monumenta Serica Institute, 2017. vol. I .

[135] ____. "Interlopers at the Fringes of Empire: The Procurators of the Propaganda Fide Papal Congregation in Canton and Macau, 1700–1823," in *Cross-Currents: East Asian History and Culture Review*, V. 7 (2018).

[136] ____. "A Clash of Court Cultures: Papal Envoys in Early Eighteenth Century Beijing," in Barreto, Luís Filipe eds., *Europe-China. Intercultural Encounters (16th–18th Centuries)*. Lisbon: Centro Científico e Cultural de Macau, 2012.

[137] Marinescu, Jocelyn M. N, "Defending Christianity in China: The Lettres édifiantes et curieuses et Ruijianlu in Relation to the Yongzheng Proscription of 1724." Ph.D. diss.: Kansas State University, 2008.

[138] 孟森，《八旗制度考实》，自《明清史论著集刊》，北京：中华书局，1959。

[139] ____.《清代史》，台北：中正出版社，1962。

[140] ____.《清世祖董鄂妃生死特殊典礼》，自《明清史论著集刊续编》，北京：中华书局，1986。

[141] ____.《世祖出家史实考》，自《明清史论著集刊续编》，北京：中华书局，1986。

[142] ____.《明元清系通纪》，台北：广文书局，1972 重印，初版，1934。

[143] ____.《清初三大疑案考实》，成都：巴蜀书社，2002。

[144] 孟昭信，《康熙大帝全传》，长春：吉林文史出版社，1987。

[145] Miasnikov, Vladimir. "Ferdinand Verbiest and His Role in the Formation of Sino-Russian Diplomatic Relations," in eds. Witek, John, *Ferdinand Verbiest (1623–1688) Jesuit Missionary, Scientist, Engineer and Diplomat*. Nettetal, Germany: Steyler, 1994.

[146] Minamiki, George. *The Chinese Rites Controversy from Its Beginning to Modern*

Times. Chicago: Loyola University Press, 1985.

[147] 牟润孙,《注史斋丛稿》, 北京: 中华书局, 1987。

[148] Mungello, David. *Curious Land: Jesuit Accommodation and the Origins of Sinology*. Wiesbaden: Steiner Verlag, 1985.

[149] Musillo, Marco. "Reconciling Two Careers: The Jesuit Memoir of Giuseppe Castiglione Lay Brother and Qing Imperial Painter," in *Eighteenth-Century Studies*, Volume 42, Issue 1 (2008).

[150] ____. "The Jesuit Memoir of Giuseppe Castiglione Lay Brother and Qing Imperial Painter." *Eighteenth-Century Studies* 42, No. 1 (2008).

[151] ____. *Bridging Europe and China: The Professional life of Giuseppe Castiglione (1688–1766)*. Ph.D. Diss.: University of East Anglia, 2006.

[152] Naquin, Susan. "Giuseppe Castiglione/Lang Shining: A Review Essay." in *T'oung Pao*, Second Series, 95, No. 4/5 (2009).

[153] Oxnam, Robert B, *Ruling from Horseback: Manchu Politics in the Oboi Regency, 1661–1669* Chicago and London: University of Chicago, 1975.

[154] ____. "Policies and Institutions of the Oboi Regency, 1661–1669," *The Journal of Asian Studies,* Vol. 32, No. 2 (1973).

[155] Pagani, Catherine. "*Eastern Magnificence & European Ingenuity*": Clocks of Late Imperial China. Ann Arbor: University of Michigan Press, 2001.

[156] Pelliot, Paul. "Michel Boym." *T'oung Pao*, Second Series, 31, No. 1/2 (1934).

[157] Perdue, Peter. *China Marches West: The Qing Conquest of Central Eurasia*. Cambridge, Harvard University Press, 2005.

[158] Petech, Luciano. *China and Tibet in the Early 18th Century: History of the Establishment of Chinese Protectorate in Tibet*. Leiden: Brill, 1950.

[159] Piastra, Stefano. "The *Shenjianlu* by Fan Shouyi Reconsidered: New Geo-Historical Notes." In *Fudan Journal of the Humanities and Social Sciences*, 5.4 (2012).

[160] Pih, Irene. *Le P. Gabriel de Magalhães. Un jesuite portugais en Chine au XVIIe siècle* Paris: Fundação Calouste Gulbenkian-Centro Cultural Português, 1979.

[161] 祁美琴，崔灿，《包衣身份再辨》，自《清史研究》，2013，卷1。

[162] ＿＿＿.《清初内务府及其与十三衙门的关系》，自《清史研究》，1997，卷1。

[163] ＿＿＿.《清代内务府》，北京：中国人民出版社，1998。

[164] Rawski, Evelyn. "Ch'ing Imperial Marriage and Problems of Rulership," in Rubie Waston and Patricia Buckly Ebrey, eds. *Marriage and Inequality in Chinese Society*. Berkeley: University California Press, 1991.

[165] ＿＿＿. "Presidential Address: Reenvisioning the Qing: The Significance of the Qing Period in Chinese History," in *Journal of Asian Studies*, Vol. 55, No. 4. 1996.

[166] ＿＿＿. *The Last Emperors: A Social History of Qing Imperial Institutions*. Berkeley: University of California Press, 1998.

[167] Rinaldi, Bianca Maria. *Ideas of Chinese Gardens: Western Accounts, 1300–1860*. Philadelphia: University of Pennsylvania Press, 2016.

[168] Rockhill, W. W. "The Dalai Lamas of Lhasa and Their Relations with the Manchu Emperors of China, 1644–1908." in *T'oung Pao*, Second Series, 11, No. 1 (1910).

[169] Rosso, Antonio Sisto. *Apostolic Legations to China of the Eighteenth Century*. P.D. and I. Perkins, 1948.

[170] Rouleau, Francis. "Maillard de Tournon, Papal legate at the court of Peking: the first imperial audience (31 December 1705)," in *Archivum historicum Societatis Iesu* 31 (1962).

[171] ＿＿＿. "The First Chinese Priest of the Society of Jesus: Emmanuel de Siqueira. Cheng-Ma-no Wei-hsin. 1633–1673," in *Archivum Historicum Societatis Iesu*, V. 28 (1959).

[172] Rowbotham, Arnold. *Missionary and Mandarin: The Jesuits at the Court of China*.

Berkeley: University of California Press, 1942.

[173] Rule, Paul. "Louis Fan Shouyi and Macau." *Review of Culture*, 21 (1994).

[174] ____. *Kung-Tsu or Confucius: The Jesuit Interpretation of Confucianism*. Boston: Allen & Unwin Press, 1986.

[175] ____. "Louis Fan Shou-i: a Missing Link in the Chinese Rites Controversy," in Malatesta, Edward eds., Échanges *culturels et Religieux Entre la Chine et l'Occident*. San Francisco: Ricci Institute for Chinese-Western Cultural History, 1995.

[176] Schwieger, Peter. The *Dalai Lama and the Emperor of China: a Political History of the Tibetan Institution of Reincarnation*. New York: Columbia University Press, 2014.

[177] Sebes, Joseph. *The Jesuits and the Sino-Russian Treaty of Nerchinsk (1689): The Diary of Thomas Pereira, S.J* . Rome: Institutum Historicum, 1961.

[178] Sen, Sudipta. "The New Frontier of Manchu China and the Historiography of Asian Empire: A Review Essay," in *Journal of Asian Studies*, V. 61, No. 1 (2002).

[179] 史松,《康熙朝皇位继承斗争和雍正继位》，自中国人民大学清史研究所编,《清史研究集》，成都：四川人民出版社，1986，卷4。

[180] 圣空法师,《世宗与佛教》，中华佛学研究所，硕士论文，2000。

[181] Shu, Liguang. "Ferdinand Verbiest and the Casting of Cannons in the Qing Dynasty," in eds. Witek, John, *Ferdinand Verbiest (1623–1688) Jesuit Missionary, Scientist, Engineer and Diplomat*. Nettetal, Germany: Steyler, 1994.

[182] 舒理广,《南怀仁与中国清代铸造的大炮》，自《故宫博物院院刊》，1989，卷1。

[183] Smith, Richard J. "Divination in Ching Dynasty China," in Smith, Richard J. and Kwok, D. W. Y., eds., *Cosmology, Ontology, and Human Efficacy: Essays in Chinese Thought*. Honolulu: University of Hawaii Press, 1993.

[184] ____. *Fortune-tellers and Philosophers: Divinations in Traditional Chinese Society* (Boulder: Westview Press, 1991).

[185] Soloshcheva, Maria. "The 'Conquest of Qinghai' Stele of 1725 and the Aftermath of Lobsang Danjin's Rebellion in 1723–1724," in *Higher School of Economics Research Paper*, 2014.

[186] Sommer, Matthew. *Sex, Law, and Society in Late Imperial China*. Stanford: Stanford University Press, 2000.

[187] 宋秉仁，《从文臣谥号看明清谥法理论》，自《白沙人文社会学报》，2002，卷1。

[188] Spence, Jonathan. "Claims and Counter-claims: The Kangxi Emperor and the Europeans (1661–1722)," in Mungello, David, eds., *The Chinese Rites Controversy: Its History and Meaning*. San Francisco: The Ricci Institute for Chinese-Western Cultural History, 1994.

[189] ____. *Emperor of China: Self-Portrait of Kang-hsi*. New York: Vintage Books, 1974.

[190] ____. "The Kang-hsi Reign," in *The Cambridge History of China: The Ch'ing Empire to 1800*, V. 9. Cambridge: Cambridge University Press, 2002.

[191] ____. *The Search for Modern China*. New York: W.W. Norton, 1st edition, 1991.

[192] ____. *Treason by the Book*. New York: Viking, 2001.

[193] ____. *T'sao Yin and the K'ang-hsi Emperor: Bondservant and Master*. New Haven, Yale University Press, 1966.

[194] Standaert, Nicolas. "The Edict of Tolerance: A Textual History and Reading," in Wardega and de Saldanhapp, eds. *In the Light and Shadow of an Emperor: Tomás Pereira, SJ (1645–1708), the Kangxi Emperor and the Jesuit Mission in China*. Cambridge: Cambridge Scholar Publishing, 2012.

[195] ____ eds. *Handbook of Christianity in China: Volume One, 635–1800*. Brill: Leiden, Boston, Koln, 2001.

[196] 汤开建，《雍正教难期间驱逐传教士至广州事件始末考》，《清史研究》，2014，卷2。

[197] ____《沉与浮——明清鼎革变局中的欧洲传教士利类思与安文思》（上、

下),《北京行政学院学报》，2014 年第 4、5 期。

[198] Tarsetti, Gabriele，"Mariner, musician and missionary, and true priest always: Teodorico Pedrini's life in Xitang,", Proceedings of the papers on Teodorico Pedrini for the 11th Symposium on the History of the Church in China - KU Leuven 4th-7th September 2012.

[199] Torbert, Preston. *The Ch'ing Imperial Household Department: A Study of Its Organization and Principal Functions, 1662–1796*. Cambridge: Harvard University Press, 1977.

[200] Tuttle, Gray. "Tibetan Buddhism at Wutai Shan in the Qing," in *The Journal of the International Association of Tibetan Studies*, No. 6 (December 2011).

[201] Väth, Alfons. 杨丙辰译，《汤若望传》，台北：商务印书馆，1960。

[202] Wakeman, Frederic. *The Great Enterprise: the Manchu Reconstruction of the Imperial Order in Seventeenth-Century China*. Berkeley: University of California Press, 1985.

[203] Waley-Cohen, Joanna. "The New Qing History," in *Radical History Review*, V. 88, 2004.

[204] Walle, Willy Vande. "Ferdinand Verbiest and the Chinese Bureaucracy," in ed, Witek, John, *Ferdinand Verbiest (1623–1688) Jesuit Missionary, Scientist, Engineer and Diplomat*. Nettetal, Germany: Steyler, 1994.

[205] 王冕森，《允禵西洋密码字档案初探》，《清史研究》，2021 年 05 期。

[206] Wang, Xiangyun. "The Qing Court's Tibet Connection: Lcang skya Rol pa'i rdo rje and the Qianlong Emperor," in the *Harvard Journal of Asiatic Studies*, Vol. 60, No. 1 (Jun. 2000).

[207] 王钟翰，《清世宗夺嫡考实》，自《清史杂考》，北京：中华书局，1963。

[208] Wills, John. *Embassies and Illusions: Dutch and Portuguese Envoys to K'ang-hsi, 1666–1687*, Boston: Harvard University Press, 1984.

[209] Witek, John. *Controversial Ideas in China and in Europe: a Biography of Jean-François Foucquet, S.J., (1665–1741)*. Roma: Institutum Historicum S.I., 1982.

[210] ____. "Johann Adam Schall von Bell and the Transition from the Ming to the Ch'ing Dynasty," in R. Malek, eds. *Western Learning and Christianity in China. The Contribution and Impact of Johann Adam Schall von Bell, S. J. (1592–1666)*. Nettetal, 1998.

[211] ____. "Understanding the Chinese: a Comparison of Matteo Ricci and the French Jesuit Mathematicians Sent by Louis XIV." In *East Meets West: the Jesuits in China, 1582–1773*, eds Charles E. Ronan and Bonnie B.C. Chicago: Loyola University Press, 1988.

[212] ____. "Eliminating Misunderstandings: Antoine de Beauvollier (1657–1708) and His Eclaircissements Sur Les Controversies De La Chine," in Mungello, David, eds., *The Chinese Rites Controversy: Its History and Meaning*. San Francisco: The Ricci Institute for Chinese-Western Cultural History, 1994.

[213] 吴伯娅，《关于雍正禁教的几个问题：耶稣会士书简与清代档案的比读》，自《清史论丛》，2003—2004。

[214] Wu, Silas H.L. *Communication and Imperial Control in China: Evolution of the Palace Memorial system*. Cambridge: Harvard University Press, 1970.

[215] ____. *Passage to Power: K'ang-hsi and His Heir Apparent, 1661–1722*. Cambridge: Harvard University Press, 1979.

[216] 夏伯嘉，《从安文思与汤若望之间的恩怨论说明宫廷耶稣会士》，《北京行政学院学报》，2017，V. 3.

[217] 萧若瑟，《天主教传行中国考》，上海：上海书店，1989。

[218] 谢景芳，《天花与清初史实评议》，自《民族研究》，1995，卷1。

[219] 虚云，《上海玉佛寺禅七开示》，自《虚云法师讲演录》，北京：中华书局，2018。

[220] 徐宗泽，《明清耶稣会士译著提要》，台北：中华书局，1958。

[221] ____.《中国天主教传教史概论》，上海：上海书店出版社，1990。

[222] 杨珍，《康熙朝鳌拜罪案辨析》，自《历史档案》，2016，卷3。

[223] 印光法师，《拣魔辨异录石印序》，自《印光法师文钞》，北京：宗教出

版社，2000，卷 3。

[224] Young, John D. "An Early Confucian Attack on Christianity: Yang Kuang-hsien and His Pu-te-I," in *Journal of Chinese University of Hongkong*, 1975, V. 3.

[225] ____. *Confucianism and Christianity: The First Encounter*. Hong Kong: Hong Kong University Press, 1983.

[226] Zelin, Madeleine. "Yung-Cheng Reign," in *The Cambridge History of China: The Ch'ing Empire to 1800*. V. 9. Cambridge: Cambridge, 2002.

[227] 张小青，《明清之际西洋火炮的输入及其影响》，自《清史研究集》，成都：四川人民出版社，1986，卷 4。

[228] 郑天挺，《清史探微》，北京：北京大学出版社，1999。

[229] ____.《清代包衣制度与宦官》，自《探微集》，北京：中华书局，1980。

[230] 周叔迦，《清代佛教史料辑稿》，台北：新文风，2000。

[231] 朱维铮，《走出中世纪》，上海：上海人民出版社，1987。

[232] 左云鹏，《清代旗下奴仆的地位及其变化》，自《陕西师范大学学报》，1980，卷 1。

[233] Zürcher, Erik. "In the Yellow Tiger's Den: Buglio and Magalhães at the Court of Zhang Xianzhong, 1644–1647," in *Monumenta Serica*, vol.50 (2002).

[234] ____. "Jesuit Accommodation and the Chinese Cultural Imperative," in Mungello, David, eds., *The Chinese Rites Controversy: Its History and Meaning*. San Francisco: The Ricci Institute for Chinese-Western Cultural History, 1994.

[235] Zurndorfer, Harriet T. "One Adam Having Driven Us out of Paradise, Another Has Driven Us out of China": Yang Kuang-hsien's Challenge of Adam Schall von Bell," in Blussé, Leonard and Zurndorfer, Harriet T. eds. *Conflict and Accommodation in Early Modern China: Essays in Honour of Erik Zürcher*. Leiden: Brill, 1993.

致　谢

　　书写到"致谢"大概都是五味杂陈的。写书的过程是人生一段难忘的旅程，往事种种涌上心头。本书是我的第一部中文专著，承载着我许多年轻时的梦想。从 2004 年出国留学，到 2019 年拿到博士学位，历时十五年之久。其间因为导师职务变动，因为英文不好，因为选题不被接受，因为考试不过关，因为不确定是不是能写出有意义的东西，我很多次游走在放弃的边缘。现在回想起来，我依然不知道为什么还能坚持一路走来。如果确有原因的话，我想可能是读大学时我真的有过做学问的梦想，内心深处始终有继续写作的召唤。学术研究难以用功利来衡量，我也深知不是每一份坚持都会有结果，正因如此，在这部书完稿时，我感慨良多。

　　本书是在我博士论文以及先期出版的英文专著的基础上，扩充发展而来。2019 年 5 月，我博士论文答辩后，委员会五位教授都鼓励我去联系出版社出版。我论文中有些不同于前人的新论断。答辩委员会中唯一的华人教授李弘祺老师私下跟我讲，如果我的论断是正确的，那么这一时段的很多历史都需要改写，最起码很多网上的历史词条需要重写。李老师专攻宋史，嘱我找出版社前，先联系跟我领域直接相关的专家，进一步核实我的论点。一位美国的教授和一位澳大利亚的教授分别给了我回信，二人正好是跟我研究最有关联的两位学者。他们都看出了我论文中原创的部分，分别从不同角度提出了他们的疑问，我也做了解答。两位学者表示我发现的大方向可能是正确的，鼓励我继续深挖，争取做出更精确的描述。特别是美国的教授，发给我了几份他早年在梵蒂冈查阅到的原始资料，这些材料正好是支持我观点的直接证据。他还提到一本 1980 年代推出的法文专著，专门把相关章节用手机拍了图片发给我，告诉我里面的研究就是我证据薄弱部分的支持。跟两位学者交流后，我多了几分底气，便开始着手联系出版社。

我在网上找到了几所美国大学出版社的电邮地址，开始发摘要投稿。第一轮投了六所大学的出版社，三所直接拒绝了我，三所要去了我的书稿全文进行审核。不过后来也都拒绝了我，说书稿博士论文味道太浓，声称他们必须要考虑出版图书的市场。如何去除书稿论文感其实是世界所有文科博士计划出书时都会面临的问题。不仅网上已经有过很多讨论和经验总结，芝加哥大学出版社还出有专书讲解，书名就叫 *From Dissertation to Book*（从博士论文到书）。我花了三个月来修改文字和结构，学着把"论文"变成"书"。这时期，我的导师 Richard Lufrano 提醒我，跟天主教相关的内容，也许欧洲的出版社更有兴趣。

于是我想到了荷兰的博睿（Brill）出版社，我在写论文时就发现好多相关专著都是这里出版的。我把重新编好的书稿投到博睿后，学术编辑很快给我回复，告诉我已将书稿转给出版社责任编辑了。过了几天，责任编辑告诉我愿意受理我的书稿，外送匿名评审。在欧美，对于新毕业的博士来说，出版中很难的一步是出版社同意外送匿名评审。匿名评审把关学术部分，博士经过答辩，对这部分相对熟悉。反而是把关市场的出版社编辑，很难揣摩。这里面有很大的运气成分。最重要的是课题本身是否有潜在的读者市场。部分出版社愿意看我的书稿，大概就是稿子中的"耶稣会士""天主教传播"和"东西文化"这些关键词自带话题性。后来，还有国内一知名出版社的编辑通过私人关系找到我，希望看我的书稿，可能也是这个原因。我遇到过一位研究中国上古音韵的欧洲学者，他就很无奈地告诉我，他领域的书稿很少有出版社愿意接手。

差不多 2019 年 12 月的时候，博睿编辑告诉我书稿已经外送，需要等待 6—12 个月的评审期。很快疫情开始，我在紧张的抗疫中渐渐忘了书稿的事。没想到 2020 年 4 月，博睿编辑直接发来了出版合同，合同的附件中，附有两份审查报告。我打开几十页的报告，发现评审都是行家，优缺点都被他们找到了。二位评审均推荐出版。其中一位指出了不少问题，逐条列出，写了好几页。但在写完问题以后，他怕出版社编辑误解，专门说明这些问题只是为了让书稿更好，并不影响书稿整体的学术贡献，强烈建议立即出版。得到两位匿名评审的鼎力推荐，出版社直接给我发了合同，并且让我自己决定是否接受评审的修改建议。

我的英文书于 2021 年 3 月出版上市，书名是 *Jesuit Mission and Submission*: *Qing Rulership and the Fate of Christianity in China, 1644–1735*。书稿出版，这个研究原本也就告一段落了。出乎意料的是，我陆续收到一些素不相识的学者来信，以及发在世界各大学术刊物上的 8 篇英文书评和 2 篇德文书评。一位给我写过书评的学者，在他的书评刊登后不久，通过一个学术网站发信联系我，询问我的中文姓名，还问我国内的师承。后来，一位学界前辈在他写的书评里，还专门附上了我的中文名。他们都在提醒我，我的书最直接的读者在中国。

　　要把书变成中文版，是一个大工程。我博士答辩委员会中的周道本（Joseph Dauben）教授，也鼓励我出中文版。道本教授是研究欧洲数学史成名的，曾担任世界数学史协会主席。功成名就后，1980 年代他偶然接触到中国数学，便从头开始学中文，一步一步学到可以阅读简牍的水平，成为西方世界研究中国古代数学的核心人物。当他跟我提议出中文版的时候，我找不到借口说写中文很难。2022 年初，我试着把英文书的绪论翻译了出来，电邮发给了住在西昌师范学院的邓文树（1943—2023）先生。邓先生是经史子集、佛道音律全通的传统文人。只是为出身所累，一生隐居西南。邓先生看过绪论后，告诉我"句子很别扭"，要达到没有翻译味，需要大改。我自己也察觉到这一点，但无奈水平有限，很难去除翻译的痕迹。我遂放弃了翻译，变成了改写，因为我发现直接用中文书写其实还容易一些，这样写起来不受已有英文的约束，表达更自由。由于不是翻译，笔到之处，我也随着文思增减了许多内容。增减的标准中很重要的一条，就是要把故事写得"易读"和"好看"。这也是我之前学习"从论文到书"照顾市场的心得。学术味比较浓的绪论，我就将其分解，融入了各章节中。总体来说，中文版比英文版增加了约 50% 的内容。大约也是提前想到了市场，第一位看稿的国内编辑就接受了我的书稿。

中文书稿最后出版上市，也算是我对国内的师友有了一个交代。首先要感谢的是当年为我写推荐信，帮我申请出国读博士的老师们。其中有主管我们班级的张翔教授，记得我当时骑自行车去张老师家中取推荐信，张老师端出水果，掰下一根香蕉递给我，对我说了很多鼓励的话。张老师早年留学日本，是日本史专家，对我出国留学的想法很支持。另一位是当年分管历史系本科生教育的章清老师。我向他提起要写推荐信，他很爽快地就答应了。

另外两位给我写推荐信的老师已经作古。一位是王颋（1952—2018）教授。记得刚进大学，就是王颋老师给我们文史哲三系上大课，教中国古代史。他知识广博，每次来上课，总带着路上买的豆浆和蛋饼，站在讲台上匆匆吃完后，就根据当天的讲课内容，随手在黑板上画出讲课需要用到的历史地图，现在想来依然佩服不已。后来，我又选修了他的西北史地专业课。王颋老师读了我的期末论文《土尔扈特东归的"民族意义"别议》，不仅给了我 A 的成绩，还把这篇小文介绍到社科院办的学术网站上发表。为了出国留学，大四那一年，我除了准备英文考试以外，还希望能发表一些文章来帮助申请。当时我写了一篇《从〈世说新语〉看魏晋少年的早慧》，也是王颋教授帮我修改，后来投稿到中华书局的《书品》，还真被接收发表了。记得那时还收到了以汇款单形式邮寄给我的稿费。另一位给我写推荐信的是朱维铮（1936—2012）教授。朱维铮教授是历史系的前辈，并没有给本科生上课。我选修了他的学生廖梅老师开的"中国史学史"。最后几堂课廖老师是请朱维铮教授来上的，他现场给我们写的文章打分。我当时得到了 A-，这个成绩一直让我引以为傲，因为朱维铮老师从没有给出过 A。后来经廖梅老师引荐，我找到朱维铮教授谈了出国读书的想法，正巧我要做的传教士选题和他对这段历史的理解有切合之处（这在本书第二章有呈现），朱维铮教授于是同意帮我出推荐信。还记得在签名前，他拿起笔，又放下，看着我说："认真做点东西，不要只是出去混个文凭。"殷殷叮嘱，言犹在耳。

在决定写这部书后，我得到了多位大学同学的鼓励。特别是王晓刚、洪晓敏、夏炎和邹怡，他们通读了底稿，帮我梳理其中的错漏，在布局谋篇上为我提供建议。邹怡在读大学时就是系里学生刊物《史翼》的编辑，当年他就帮我改文章，使我在好几期《史翼》上都有发表。二十年后，再拿到他帮我改的书稿，有几分时光穿越之感。大学时的辅导员刘金华老师，当年和我一个寝室，现在复旦任教的徐建平同学，也帮我审读和修改了部分章节。2023 年 5 月，在回上海参加毕业二十年同学聚会期间，刘老师和建平还帮我安排讲座，让我有机会报告自己的研究。感谢史翔和马晓艺同学，他们听说我有意出书，都对我鼓励有加，热心帮我联系出版事宜。

还要感谢人大清史所的胡祥雨。老胡是我在明尼苏达大学读书时的同学，当年我们一起合租房子，做了两年的室友。老胡是清史专家，是我遇到过历史知识最丰富的同辈学者。我在写作中，许多清史的问题都要请教他。我之前撰写英文专著，以及这次的中文著作，老胡都给了我很多指导。

出国快二十年了，一直忙于英文学习。这次是许多年来第一次正式用中文长篇写作。提笔之后才发现，自己英文进步不多，中文却退步很大。感谢本书责编胡晓凯女士帮我修改字句。胡编辑让我见识了年轻一代中文编辑的火眼金睛和字词功夫。

穿越历史，怀古伤今，有苦有乐。现实世界中身边都是些做金融的朋友，耳濡目染，学到了些市场翻腾的本事，也少了些柴米油盐的烦恼。初中都没毕业的父母经常在我耳边唠叨，祖上都是读书人，给我讲些"陋室空堂""衰草枯杨"的前朝家事。"日月逝于上，体貌衰于下"，潜移默化中我也渐渐相信曹丕所谓"寄身于翰墨，见意于篇籍"是一种有意义的人生选择。好在妻子主外，我安于以 house husband 自居，才有了这些年咬文嚼字、捻须苦吟的奢侈。

最后要感谢读者，能坚持读到这里。如果掩卷之后，能在互联网上惠赐您的感想，无论赞美还是批评，都是我的荣幸，我乐于拜读。

孙立天

2023 年夏

于纽约郊外家中